Lebenskrisen · Lebenschancen
– eine Buchreihe,
in der Menschen aus eigenem Erleben
oder aus Anteilnahme am Schicksal eines anderen
versuchen, Ereignisse und Empfindungen
zu reflektieren und aufzuzeichnen,
die zu einem Wendepunkt im Leben führten.
Ob die Ursache der Krise
psychische oder körperliche Erkrankung,
das Scheitern einer Partnerschaft,
die Geburt eines behinderten Kindes
oder der Tod eines nahestehenden Menschen war –
sie wurde zum Anlaß, das Leben zu überdenken.

Alkoholismus kennt keine sozialen Schranken und schlägt sich in unzähligen Einzelschicksalen als dramatisches, lebensbedrohliches oder tödliches Ereignis nieder.
Hans D. Wallburg berichtet in seinem Buch über jene Katastrophe, die jeden Suchtkranken vernichtend treffen kann: ein verheerender Rückfall nach jahrelanger, mühsam errungener Abstinenz!
Schien die Krankheit Alkoholismus – und mit ihr der soziale und psychische Abstieg – längst besiegt, so öffnen sich nun abermals die Abgründe der Sucht, zwingen das Individuum unnachgiebig in die Knie und buhlen um den letzten Sieg.
Dieses Buch besticht durch seine Offenheit und Authentizität; Hans D. Wallburg bricht mit dem Tabu des Rückfalls und beschreibt präzise seinen erschreckenden und lebensgefährlichen Untergang in den Armen der »Geliebten Alkohol«.
Diese Topographie seiner in satten Bildern beschriebenen Niederlage endet dennoch mit einem erstaunlichen Sieg: An der Schwelle zum seelischen und sozialen Niemandsland entschließt sich der Autor, mit dem Kreislauf der Sucht zu brechen, und rettet sein Leben, indem er es in einer erneuten Therapie in Frage stellt und von Grund auf verändert.

Hans D. Wallburg, geboren 1952 in einer badischen Kleinstadt, Abitur, Ausbildung zum Krankenpfleger. Erste Veröffentlichungen (Short-Stories) 1970, danach freie Mitarbeit bei verschiedenen Zeitschriften. Buchveröffentlichungen: ›Du, Herr, bist größer ... – Gebete eines Alkoholkranken‹ (1983), ›Mein Weg aus der Nacht‹ (1986).

Hans D. Wallburg

Nachtfrost

Tagebuch eines Alkoholrückfalls

Fischer
Taschenbuch
Verlag

Lebenskrisen · Lebenschancen
Lektorat: Anke Rasch

Originalausgabe
Veröffentlicht im Fischer Taschenbuch Verlag GmbH,
Frankfurt am Main, Juli 1993

Umschlaggestaltung: Buchholz/Hinsch/Hensinger
Gesamtherstellung: Clausen & Bosse, Leck
Printed in Germany
ISBN 3-596-11689-9

Gedruckt auf chlor- und säurefreiem Papier

Für
ULI HUSSING,
dessen unerschütterliche Freundschaft
das Schlimmste verhinderte

Aus verständlichen Gründen habe ich dort, wo es geboten schien, Namen und personenbezogene Daten so verändert, daß die Anonymität gewahrt bleibt.
Aus persönlichen Gründen verzichtete ich an manchen Textstellen auf einen fiktiven Namen und versuchte, mit einem Buchstaben das auszudrücken, was in jener Zeit erlebt, gedacht und gefühlt wurde.

Namen und Daten sind austauschbar, Menschen hingegen nicht.

Hamburg, im Herbst 1991

Retuschierbar ist
alles

Nur
das negativ nicht
in uns

Reiner Kunze

Dieses Buch berichtet von einer Niederlage; es dokumentiert meinen Rückfall nach mehr als achtjähriger Nüchternheit.

Es erhebt keinen literarischen Anspruch; es wird von einem Betroffenen für Betroffene geschrieben in der Hoffnung, daß es in kritischen, ja fast aussichtslos erscheinenden Situationen Hilfe und Stütze zu sein vermag. Ein Rückfall nach einer zufriedenen Nüchternheit gleicht einer Katastrophe – erneut bricht die Krankheit Alkoholismus auf, um die süchtige Kreatur niederzuwerfen. Rückfall, das bedeutet auch, abermals an einen existentiellen Abgrund gedrängt und mit den verheerenden Konsequenzen der Sucht konfrontiert zu werden. Die Erfahrungen aus vergangenen, trockenen und nassen Jahren erweisen sich plötzlich als wertlos: Mit jeder neuen Facette des Rückfalls wächst die furchtbare Ahnung, nun unwiderruflich verloren zu sein! Der Abstieg vollzieht sich rasch, dazwischen liegen Entsetzen, Hilflosigkeit, Scham und immer wieder die Sehnsucht nach endgültiger Ruhe, nach Tod. Als ich nach fast sieben nassen Jahren am 19.6.1979 trocken wurde, war ich davon überzeugt, *alles* erlebt zu haben, was die Sucht zu bieten hatte: sozialer Abstieg, Psychiatrie, Gefängnis, Erniedrigung, Suizidversuch und schließlich die letzte Station: Gosse.

Mein Rückfall belehrte mich: Die Krankheit und ihr Wahnsinn weisen unendlich viele Dimensionen auf; das Inferno der Abhängigkeit offenbarte sich weitaus heftiger als in der »ersten nassen Zeit«, meine Exzesse gewannen ein Vielfaches an zerstörerischer Kraft; sämtliche Verfehlungen und Lügen, das bekannte Elend und die unaufhaltsame Selbstvernichtung zeigten sich jetzt in nie gekannter Stärke.

Diese Topographie der Niederlage ist auch das Dokument eines neuen Sieges: Ich habe mich ein zweites Mal überlebt. In den letzten Tagen meines Rückfalls gab es nichts mehr, wofür es sich noch gelohnt hätte, trocken zu werden und nüchtern weiterzuleben – bis ich dann, aus einem Delirium erwachend, abermals bedingungslos vor der Droge Alkohol kapitulierte. Nur Augenblicke lagen zwischen dem ehrlichen Wunsch nach Nüchternheit und der Rückkehr in die allerletzte Phase der Abhängigkeit.
Kein Mensch, und mag man sich ihm noch so nahe glauben, ist in der Lage, einen nassen Alkoholiker vom Trinken abzuhalten. Nichts, weder der Verlust des Arbeitsplatzes noch der erzwungene Verzicht auf die Nähe der Menschen, die man liebt, kann den nassen Alkoholiker zur Einsicht bringen. Keine äußere Konsequenz der Sucht ist drohend und furchtbar, keine Sanktion erdrückend genug, um ihm einen Entschluß zur Nüchternheit abringen zu können. Die Entscheidung, keinen Alkohol mehr zu trinken, fällt still und einsam, in Verlassenheit – am schweigsamen, ungeschminkten Ende aller Lügen.

Noch Jahre nach meinen ersten Veröffentlichungen (1983, 86) erhielt ich Briefe und Anrufe von Betroffenen. Für viele erwies sich die Schilderung meines nassen Lebens mit der sich anschließenden Nüchternheit offenbar als auslösendes Moment, sich selbst nicht aufzugeben und eine Entscheidung zur Nüchternheit zu treffen. Einem Betroffenen konnte ich allerdings nicht mehr helfen: Ein Brief an ihn kam mit dem amtlichen Vermerk *Empfänger verstorben* zurück.
Die Tiefen der Verzweiflung sind unermeßlich, die Grenzen der Hilfe hingegen so eng gezogen.
Nach einer sechsmonatigen Therapie im Fachkrankenhaus Ringgenhof in Wilhelmsdorf (Württemberg) hatte ich damals meine Lebensmitte in Hamburg gefunden. Hier arbeitete ich einige Jahre in einem Krankenhaus und jobbte da-

nach in einer Pizzeria auf St. Pauli. Claus, ein inzwischen ehemaliger Freund, warb mich dann für die Rezeption in einem Gästehaus an: eine Mischung zwischen Jugendherberge und Mittelklassehotel, getragen von einem konfessionellen, gemeinnützigen Verein. In diesem Gästehaus übernachteten vorwiegend Schüler, Studenten und Rucksacktouristen aus aller Herren Länder. Mein Tagebuch beginnt etwa ein Jahr nach meiner Anstellung im Gästehaus.

Dieses Tagebuch will keine profunden Ängste kultivieren – es versteht sich als dynamisches Stimmungsbild und will in präziser Ehrlichkeit die Erlebnisse, Gedanken und Empfindungen während meines neuerlichen Niederganges wiedergeben. Dennoch: aus Rücksicht und Scham wird und soll einiges ungeschrieben bleiben, dies ändert nichts an der Authentizität dieses Berichtes – hätte ich ihn mit diversen Entgleisungen gespickt, wäre auch nur einem damit geholfen? Wir alle erfuhren durch unsere Sucht die Grauzonen menschlicher Existenz, blickten in die klaffenden Lücken zwischen Moral und Begierde: Keine Sprache ist vulgär genug, um bestimmte Stationen der Sucht zu beschreiben. Dessen ungeachtet sollte die Dezenz meiner Sprache nicht über das Drastische der Ereignisse hinwegtäuschen...

Mein Rückfall vollzog sich in Intervallen.

Er begann am 23. Dezember 1987 und endete, von kurzfristigen Abstinenzphasen unterbrochen, mit der Fahrt in einem Rettungswagen am 5. Januar 1991.

Die Krankheit, die ich bezwungen glaubte, hatte mir eintausendeinhundertzehn Tage und Nächte meines Lebens entrissen. Machtlos, hilflos, den Wechselbädern der Arroganz und des Selbstmitleids ergeben, dem so oft herbeigeflehten Tod näher als dem Leben, das mich mit jedem neuen Tag mehr zu verachten schien, kapitulierte ich zum zweiten Mal in meinem Leben. Auf dem euphorischen Höhepunkt meines Rückfalls zählte ich vierundfünfzig Freunde und Bekannte; mit meiner überzogenen Großzügigkeit war ich bei »Freunden« und »Genießern« gleichermaßen gern gesehen. Das Telefon stand nicht still, und über Monate hinweg war jeder Abend ausgefüllt mit Zechgelagen, Parties und Exzessen. blühende Verwesung, fassadenhaftes Stundenglück. Die Freundschaften jener Zeit: oberflächlich, dem Zeitgeist

hörig, dümpelnd in Gier und Lüge, Sprechblasen in augenfälliger Verpackung.
Heute schweigt das Telefon.
Drei Freunde sind geblieben.

Ich habe versagt, jämmerlich, verlogen und widerlich.
Ich schäme mich. Ich danke Gott, daß ich noch lebe. Ich fasse neuen Mut und erinnere mich an ein Zitat aus dem Buch »Falle Alkohol« von Thomas Randall:

»*... Das körperliche Elend verschwindet ziemlich rasch. Und schleppt man eine Bürde von Scham mit sich, so gibt es keine neuen Sünden unter der Sonne oder auch nur Abwandlungen der alten. Alles, was man verbrochen haben kann, haben viele vor uns ebenfalls verbrochen, und viele andere werden es noch tun. Alkoholismus ist eine Krankheit, und ihre Symptome können sich in allen möglichen Arten vernunftlosen Verhaltens zeigen.*
Schäme dich also nicht; bleibe nüchtern und bessere es ...«

Ich möchte mir die geraubten eintausendeinhundertzehn Tage und Nächte von der wunden, aber sich behutsam neu mit Würde füllenden Seele schreiben: auch deshalb dieses Tagebuch.

Kollaps

22. Dezember 1987:
Die Katastrophe beginnt mit Herzklopfen. Claus ist in Urlaubsstimmung. Er ist stolz darauf (und nervt alle damit), seit zwei Jahren quasi rund um die Uhr im Dienst zu sein, ohne Urlaub oder auch nur einen Fehltag.
Er brachte das Gästehaus aus den roten Zahlen und opferte sich bis an die Grenzen der Erschöpfung. Ich, gewissermaßen als zweite Garnitur, werde ihn nun sieben Wochen vertreten. Sieben Wochen mit siebzehn Mitarbeitern, einige davon gehören fünfzehn und mehr Jahre zum Haus. Ein wenig Herzklopfen verspüre ich schon. Besonders bei Frau Cordes, eine Zweieinhalb-Zentner-Kugel (ich habe sie für mich *Mops* getauft), eine energisch-hysterische Hauswirtschaftsleiterin; sie führt seit sechzehn Jahren das Regiment, mit wenig Herz und deftigem Mundwerk; geschwätzig, gewöhnlich. Und nun soll ich sieben Wochen ihr Vorgesetzter sein. Mir graut.

23. Dezember 1987:
Claus geht in Urlaub; natürlich mit Ergriffenheit, sprich ermahnenden Worten, und natürlich blitzt aus seinen Augen auch die arrogante Besorgnis, während seiner Abwesenheit könne der Betrieb zusammenbrechen. Pädagogen, die per Zufall in einem fremden Job landen, können wahrscheinlich nur mit erhobenem Zeigefinger und schwergewichtigen Worten durchs Leben gehen. Claus gibt einen Abschied, als wolle er die Welt umsegeln und sich in ein, zwei Jahren zurückmelden. Es gibt Sekt, drei Flaschen für neunzehn Leute.
Herr Brett, der Hausmeister, ein graues, intrigantes Mäuschen, holt mir widerwillig ein Mineralwasser aus seiner Kantine. Er ist ein Leisetreterchen, Vorsicht ist geboten. Er mag mich nicht. Seit Monaten provoziert er mich, indem er mir immer wieder – halb im Scherz, halb als Nackenschlag zum Rückfall – eine Flasche Bier oder einen Korn anbietet. Er fürchtet mich ein wenig, denn in Geist und Sprache bin ich ihm überlegen; meine Schlagfertigkeit bringt ihn rasch

zum Schweigen. Aber er verachtet mich auch, und sein Hohn schließlich ist nichts anderes als das Spiegelbild seiner Unsicherheit. Für ihn sind Alkoholiker, egal ob naß oder trocken, willlensschwache, charakterlose Säufer, zu nichts nutze, außer um sich zu Tode zu saufen. Ein Mann muß eben mal saufen können, das gehört dazu! Und dann beginnt er pausenlos von jenen vergangenen Zeiten zu erzählen, als das Gästehaus noch ein rustikales Männerwohnheim war, mit Strafentlassenen, Asylsuchenden und mindestens vier Polizeieinsätzen pro Woche: Da wurde gesoffen, da wurden die Nächte durchgemacht, da pulste das Leben, da steppte der Bär, und morgens um drei wurde mit *Mops* auf dem Tresen getanzt!

Fast schäme ich mich, so im Stillen über alle zu lästern; über die blasse, nichtssagende Monika, über Jens mit seinen ausdruckslosen Augen und seinen fettigen Haaren; ich: eigentlich gutmütig und unauffällig, ein reichlich unkonventioneller Christ, der mit seinem lieben Gott schon so manchen Kampf ausgefochten hat...

Frau Cordes lächelt süffisant: »Jetzt haben wir ja einen Weihnachtsmann, einen Weihnachts-Chef; der kann uns ja nur Glück bringen!«

Ein Tag vor Heiligabend, das Geschäftsjahr geht zu Ende. Ich ordne noch ein paar Unterlagen im Büro (Lohnsteuerkarten nicht vergessen!) und überweise die letzten Lieferantenrechnungen des Jahres. Der Dienstplan für Weihnachten steht; ich werde am Heiligabend für zwei Stunden erscheinen und über die Feiertage in Telefonbereitschaft bleiben. Mein Gott, ich nehme mich auf einmal so furchtbar wichtig!

Im Tresor liegen 5587,21 DM. Ich zähle dreimal nach, überzeuge mich viermal, daß die Tresortür *wirklich* verschlossen ist, dann verlasse ich das Büro (ist der Tresor tatsächlich abgeschlossen?) und schließe die Tür zweimal ab. Als ich die Treppe hinabgehe, wiegt der Tresorschlüssel plötzlich wie ein Zepter an meinem Bund.

Mit einemmal bin ich wichtig und habe Verantwortung. Claus sagte einmal zu mir: »Weißt du, hier bin ich ein klei-

ner König, und alle tänzeln um meinen Thron. Es gibt hier keinen, der nicht das tut, was ich ihm sage!« Nun ist der kleine König weg, und ich bleibe als Kronprinz zurück.
Natürlich klingt alles ein wenig verrückt – es gibt sicher Aufgaben und Verantwortungen, die denen eines Hausleiters beträchtlich überlegen sind, aber mit dem General- und dem Tresorschlüssel in der Tasche läuft urplötzlich ein Riß durch mein Ich. Einerseits fühle ich ein wenig Stolz, erfreue mich auch heimlich und verschämt im Innersten über die Macht, die mir nun zuteil wird, und auch mein Blickwinkel beginnt sich sogleich zu verändern: Monikas häufige Pausen, das ständige Gequalme von Jens in der Rezeption – das sind die ersten Dinge, die ich ändern will. Bislang störte mich das nicht, ja, ich beachtete es kaum. Aber nun habe ich die Schlüssel. Andererseits türmt sich die neue Aufgabe wie ein verschneiter Berggipfel vor mir auf, an dessen Fuß ich in Sandalen stehe, überzeugt davon, mit diesen Schuhen niemals oben anzukommen. Ich spüre es, ich fühle es, ich ahne es, es sitzt wie ein Kloß in meinem Hals: Ich verfüge einfach nicht über die erforderliche Ausrüstung, um diesen Berg zu erklimmen, den Gipfel heil und ohne erfrorene Füße zu bezwingen, um mich danach wieder unbeschadet an den Abstieg zu wagen.
Nein, nein!
Ich bin ein bescheidener Wanderer im saftig-grünen Tal, der sich damit zufriedengibt, aus dieser Perspektive die majestätischen Gipfel zu genießen. Es gibt Aufgaben, denen ich gewachsen bin, und es gibt Forderungen, die ich nicht erfüllen kann. Nicht jeder kann Berge erklimmen, dafür aber vielleicht bewundernswert segeln.

Alles ist anders an diesem Tag. Meine Ruhe, meine Fähigkeit, Situationen zu beurteilen und zu bewältigen, versagen. Deutlich spüre ich zwei Hälften in mir ringen. Ich versuche, meinen Zustand mit dem in früheren, ähnlichen Konstellationen zu vergleichen; zunächst ohne Ergebnis. Mir wird nur bewußt, daß ich mich in einer Lage befinde, die sich periodisch wie ein roter Faden durch mein zurückliegendes, nasses Alkoholikerleben zog, ja, noch viel weiter zurückreicht. In meiner Kindheit verspürte ich auch diesen nach

Tränen schmeckenden Kloß im Hals, immer in denselben Situationen, stets bei derselben Bedrohung, allezeit in derselben Angst.
Angst – wobei die Furcht zu versagen die Angst vor Bestrafung stets fühlbar übertraf.
In der S-Bahn versuche ich, meine inneren Scharmützel zu besänftigen: In den letzten Monaten hatte ich viel gearbeitet, zehn, zwölf und mehr Stunden am Tag, manchmal noch sonnabends und sonntags. Das Haus mußte neu organisiert werden, die Korrespondenz fraß Stunden auf; ich nahm Briefe mit nach Hause und bearbeitete sie bis spät in die Nacht. Die Kleinkriege zwischen den Angestellten, die zermürbenden Machtkämpfe mit *Mops*, meine Prellbockfunktion zwischen dem kleinen König, dem Personal und den Gästen forderte mich bis an meine Grenzen. Natürlich bin ich belastbar: Ich habe sieben exzessive Säuferjahre mit dem dazugehörigen Wahnsinn ertragen, damals überlebte ich die abartigsten Todessehnsüchte, kritische, lebensbedrohliche Situationen. Ich durchlief die harte Schule einer gnadenlos-guten Therapie, ich arbeitete fünf Jahre auf einer Intensivstation und hielt unzähligen Sterbenden die Hand.
Ich steige nicht an der gewohnten Haltestelle aus, ich fahre weiter, durch bis zur Reeperbahn, ich habe keine Lust, nach Hause zu gehen, ich möchte etwas essen.
Natürlich bin ich belastbar und leistungsfähig. Ich habe Bücher geschrieben und meisterte persönliche Krisen, ohne dabei dauerhaften Schaden zu erleiden. Ich trank mein letztes Bier am 19.6.79 im Stuttgarter Hauptbahnhof und lebe seit achteinhalb Jahren abstinent – die glücklichste Zeit meines Lebens.
Ich bestelle etwas zu essen, dazu einen Espresso und Mineralwasser; alles ist wie immer. Und doch hat sich heute etwas verändert:
Angst. Diese fein zitternde, kaum beschreibbare Furcht hinter dem Brustbein mit dem Tränenkloß im Hals. Ach – ich bin einfach überarbeitet, nichts weiter.
Ich habe ein Jahr in einer Pizzeria auf St. Pauli gejobbt, nie wäre ich auf die Idee gekommen, auch nur einen Tropfen Alkohol zu trinken. Wurde ich zu einem Gläschen eingeladen, nahm ich einen Espresso; die Möglichkeit eines Rück-

falls war in unermeßliche Ferne gerückt und damit zur Unmöglichkeit geworden; die Eventualität eines erneuten Alkoholgenusses hatte ich längst aus meinen Gedanken gejagt – im trügerischen Hochmut einer mehrjährigen Abstinenz erlosch das Mißtrauen vor der scheinbar ausgetrockneten Sucht, verkümmerte der Instinkt für die schleichende Gefahr, und allmählich avancierte das Bewußtsein meiner lebenslänglichen Gefährdung zur arroganten Banalität: Die Todesstory meiner Sucht verlor sich in anmaßender Arglosigkeit.

Weshalb gerade jetzt diese törichten Gedanken?
»Noch ein Mineralwasser, bitte!«
Angst.
Verdammte, tränenkloßige Brust- und Halsangst.
Heute wie damals; eine störende Wiederkehr der Kindheit, eine beklemmende, noch flüchtige Begegnung mit der Sucht, eine widerwillige Demaskierung von Ursachen und Mechanismen.
Angst.
Der starke und doch lächerlich-gefährlich-schwache Vater in seiner metaphysischen Männlichkeit. Furcht. Unsicherheit.
Angst und Zwang.
Vater: ein hoher Offizier, versteckt hinter einem verkrusteten und inhumanen Ehrenkodex. Der Vater: Sinnbild der Strenge, der Ordnung und Pünktlichkeit. Abendbrot um 17.30 Uhr. Kam ich um 17.31 Uhr zu Tisch, wurde ich sofort zu Bett geschickt, hungrig, verzweifelt, gedemütigt, einsam. Kurz nach dem Abendbrot schlich sich Mutter in mein Zimmer und brachte mir heimlich mein Essen. Zum Trost bekam ich danach noch eine große Portion Walnußeis. Ich liebe Walnußeis: Kindheit, Trost und Trotz, Versagung und Erfüllung, Belohnung und Strafe, Demut und Stolz – alles mündet in den ersehnten, erlösenden und alles wieder gutmachenden Genuß von Walnußeis.
Es klingt so infantil und ist doch die Wurzel der Tragödie: Tränenkloß plus reichlich Walnußeis ist gleich Kindheit.
Die Seele: »Herr Ober, ein Walnußeis bitte!«
Die Stimme: »Herr Ober, einen Cognac bitte!«

Für einen Moment weigere ich mich, das Gesagte wahrzunehmen. Ich schaue nach links und nach rechts: Ich sitze alleine am Tisch, also war es doch meine Stimme. Einen Cognac bitte. Einen schönen, handwarmen Cognac bitte!
Ich bin wild nach Walnußeis!
Ich beginne es heimlich zu essen, manchmal so viel, daß ich mich übergeben muß. Mutter legt Vorräte an; sie weiß ja, wie sehr ich Walnußeis liebe. Aber diese intuitiven Liebesexzesse meiner Mutter nähren meine Unersättlichkeit nach Walnußeis, sprich Liebe, Trost, Anerkennung, Beachtung, Belohnung, Befriedigung. Ich will es haben, ich will viel, ich will alles, jetzt, sofort!
Die Wiederholungen: Urlaub in Dänemark. Ich schwinge mich auf ein rostiges Fahrrad, kaufe mir ein Kilogramm Walnußeis, verschwinde hinter einer Düne und komme mit einer eiskalten Zunge und einer leeren Eispackung auf dem Gepäckträger wieder zurück. Der Anlaß: Ein Brief, den ich schreiben wollte und der geschrieben werden mußte – ich konnte nicht, ich wollte nicht. R. *forderte* unausgesprochen diesen Brief von mir; dieser Brief wurde sehnsüchtig erwartet – ich habe ihn nie geschrieben.
Morgens, 2.30 Uhr, Esso-Tankstelle Reeperbahn, wirklich und wahrhaftig die einzige Quelle für Walnußeis in dieser Millionenstadt mitten in der Nacht: köstliches Walnußeis, zwei Familienpackungen, im Bett genossen, so lange, bis der unterkühlte Gaumen Kopfschmerzen verursachte. Der Anlaß: Eine Zeitung gab mir den Auftrag, eine Rezension über das Buch eines Alkoholikers zu schreiben. Man *forderte* diesen Beitrag zur nächsten Wochenendausgabe an. Ich bin dieser Buchbesprechung bis heute ausgewichen.

Noch ehe er vor mir steht, rieche ich ihn.
Ich schaue ihn an, und der warme Duft umgurrt meine Nase, tänzelt ins Gehirn, kräuselt sich in meine Sucht, tuschelt frivol mit meinen Gedanken: mein Cognac.
Ich lasse die Hand mit dem Schwenker behutsam kreisen: mein warmer, guter Cognac.
Ich liebe dich. Ich hasse dich. Nimm mich, entspanne mich, löse meine Verkrampfungen, tröste mich, liebe mich, bring

mir heimlich etwas Zuwendung, laß mich doch da, ja, genau da, ganz tief drin in mir, ein kleines, ein winziges Stückchen wärmer und größer werden, nur jetzt und nur einmal ein ganz kleines Stück, bitte. Du, ja, du, mein hand- und seelenwarmer, vernichtender und rettender Geliebter: Wir sind uns schon oft begegnet, ja, noch viel mehr als das, mein treuer Begleiter, mein korrupter Kerkermeister: Ich war in deinem Besitz, ja, wenn du so möchtest, dein Gefangener. Du wolltest mich nicht mehr loslassen, meine Freiheit hätte dir mißfallen, du hattest mich geködert, und ich konnte deinen Verlockungen nicht widerstehen. Aber dann ist mir doch die Flucht vor dir gelungen, zu einem Zeitpunkt, an dem du mich nicht mehr festhalten mußtest, damit ich nicht fliehe, nein, ich konnte nicht mehr gehen, ich blieb einfach bei dir. Wir waren wie Herr und Hund.

Komm, laß uns jetzt ein wenig hämisch schmunzeln... Weißt du noch: Du ließest die Leine immer länger werden, um dann schließlich auch das Halsband von meinem Hals zu nehmen. Und ich bin dir gefolgt, ich hätte gar nicht anders gekonnt. Ich folgte dir durch Tage und Nächte, ich kroch hinter dir, ich stürzte mit dir, ich fand mich im Rinnstein wieder mit dir, ich kniete vor dir, ich flehte dich an, ich bespuckte dich, ich verachtete dich, aber ich liebte dich, ich liebte dich, denn ohne dich, mein Tod, wäre ich jämmerlich gestorben.

Du, ja, du, mein Vertrauter und mein Henker, du, mein innigster Freund und schändlichster Verräter: Sag, wie kommst du auf meinen Tisch, in meine Hand, wie drängst du dich in meine Gedanken, in meine Geschichte, in meine Seele?

Du, ja, du, mein köstlicher Peiniger und mein niederträchtiger Retter: Sag, weshalb willst du dich jetzt erneut auf mein Leben pfropfen, weshalb willst du wieder Freundschaft mit mir schließen, wo wir beide doch nur Tod und Jammer sind?

Weißt du, ich bin allein, ganz allein, ich war es immer, und ich bin es auch jetzt. Immer war ich einsam, stets mit einem düsteren Schatten auf der Seele, nein, nein – ich war so glücklich ohne dich. Und ich vergaß, daß es dich gibt. Aber es gibt dich, jetzt in diesem Moment. Und du gewinnst – du

wirst es mir nicht glauben, du gewinnst! In meinem Kopf bist du schon Sieger, Nummer eins auf dem Siegertreppchen meiner Niederlagenolympiade.
Meinen Kopf, mein Gehirn, meine Innereien, alles gebe ich dir, alles, aber: Meine Seele bekommst du nie. Nie! Nie mehr! Einmal ist genug! Nie mehr!
Nein... meine Seele gebe ich dir nicht mehr.
Du, hier, ja, hier ist sie, meine Seele, da, zwischen den Schluchten von Gut und Böse, in der Wüste zwischen Ja und Nein, in der verlogenen Gruft, beigesetzt zwischen Sucht und Sterben; du, hier ist meine Seele:

Nimm sie dir!

Und dann schlüpft er über meine Zunge, wärmt mir sofort den Bauch, wenig später – Sekunden – kriecht er mir in die Ohren, in den Kopf; mir wird so zwiespältig wohlig.
Ich starre auf das leere Glas: das Unfaßbare, das Unmögliche ist geschehen!
Zwanzig Milliliter Cognac tilgen achteinhalb Jahre in weniger als einer halben Minute. Ich hätte das nie für möglich gehalten! Nie!
Ich bin entsetzt, aber ich gewähre der Bestürzung keinen Einlaß. Ich bin verwundert, seltsam befremdet, aber ich gebiete meiner Verblüffung absolute Ruhe.
Mir ist durch mich in mir etwas zugestoßen, was ich seit dem 19.6.79 für absolut ausgeschlossen hielt. Kein Ausrufungszeichen – der erste Cognac färbt die Ohren rot: Es wird jetzt nur noch Fragezeichen geben.

Die seelische Sensation, erneut Alkohol getrunken zu haben, unterdrückte Schuld und Scham. Meine Fassungslosigkeit angesichts meines absolut lebensgefährlichen Handelns sollte mich im Grunde meines Seins ab sofort paralysieren – aber mit jener geprägten Präzision, die den Alkoholismus zur Krankheit werden läßt, trat genau das Gegenteil ein: Verspürte ich in der S-Bahn einen Riß in mir, so zerbarst ich jetzt. Fühlte ich mit dem ersten Cognac in der Hand die Widerstände in mir schwinden, so wurde ich jetzt zum willenlosen, schwachen, dem Kontrollverlust ausgelieferten Süchtigen: Herr Ober, noch einen Cognac bitte. Einen dritten, einen vierten, einen fünften...

Die Mechanismen funktionierten, so als hätte es nie einen nüchternen Tag gegeben. Das Leid, das Elend, der Dreck und die Sümpfe von fast sieben Säuferjahren, die Summe aller Erfahrungen, Erinnerungen und Demütigungen vermochten das Karussell nicht zu stoppen.

Mit dem ersten Schluck verliert sich mein Ich: So definiere ich Abhängigkeit.

Beschwichtigung

24. Dezember 1987:
Niemand darf es erfahren!
Es würde mir auch niemand glauben.
Nach so vielen Jahren wird man nicht mehr rückfällig, und dazu noch ohne Grund!
»Es geht dir doch gut, und du hast keine Probleme. Nein, für Hans starb das Thema Alkohol am 19.6.1979.«
Niemand darf es erfahren.
Ich erwache erstmals seit 1979 wieder in meinen Kleidern, halb im Bett, halb auf der Erde liegend, meine Krawatte hätte mich fast erdrosselt. Sofort erinnere ich mich an alles, lückenlos.
Vor meinem Bett sitzend, ziehen die Stationen meiner gestrigen Gipfelerstürmung vorbei: Aus dem bescheidenen Wanderer im saftiggrünen Tal wurde der waghalsige Bergsteiger, der die schneeglänzenden Gipfel mit einem milden Lächeln bezwang.
In der Hosentasche findet sich die zerknitterte Kneipenrechnung:

Tomatensuppe
Pizza
Espresso //
Mineralwasser //
Cognac ///// ///// ///

dazu noch einen auf Kosten des Hauses.
Und erst jetzt begreife ich, erschrecke ich, jagt mir ein Schnitt im Hirn eine eiskalte Furcht über die Haut; jetzt pochen die Adern im Hals genau wie früher, jetzt sticht sich der Schrecken unter die Fingernägel: *Rückfall!*

RÜCKFALL! R-ü-c-k-f-a-l-l.

Für einen Nichtsüchtigen nichts weiter als ein Wort mit acht Buchstaben und einem Punkt dahinter.
Für einen Süchtigen ebenfalls ein Wort mit acht Buchstaben, allerdings ohne Punkt, denn der wird von der Sucht

gesetzt, irgendwann, irgendwo, irgendwie; dem Abhängigen wird von der Sucht das Recht zur Interpunktion entzogen, er wird entmündigt, zuerst von der Krankheit, dann von seiner Umgebung, und schließlich gesteht man ihm auch nicht mehr das Recht zu, die Orthographie zu beherrschen, weil er *Charakter, Wille, Mit-dem-Trinken-Aufhören* nicht mehr fehlerfrei auf das Papier seiner Persönlichkeit kritzeln kann.
Wozu sollte er auch?
Die Sucht bestimmt die Satzzeichen; die Rückfälle redigieren, verwerfen, setzen die Schlußpunkte.
Sucht: Mit gefesselten Händen aus einem Flugzeug geworfen werden, und nur die Sucht kann die Reißleine des Fallschirms ziehen; irgendwo zwischen tausend und null Metern.
Man stürzt zur Erde, aber die Sucht verweigert sogar den Fallschirm: So definiere ich einen Rückfall.

Es ist alles wie damals, und damals ist jetzt. Mineralwasser, zwei Aspirin. Aus dem Spiegel springen mich zwei rotgeäderte Kaninchenaugen an, und beim Zähneputzen drückt mir das Würgen die Tränen aus den Augen. Dennoch putze ich mir das Zahnfleisch blutig, verbrauche eine halbe Flasche Mundwasser, parfümiere mich wie die Mädchen von der Davidstraße, denn niemand darf auch nur den leisesten Verdacht schöpfen.
Ich bin fast pünktlich im Gästehaus und wünsche ein frohes Fest. Meine Kopfschmerzen haben sich verflüchtigt, das feine Zittern an den Fingern ist fast unmerklich. Ich schließe die Bareinnahmen in den Tresor und schreibe den Kassenbericht: DM 27112,21.

Heiligabend; die Geschäfte schließen um zwölf. Im Supermarkt an der Ecke kaufe ich noch rasch die letzten Kleinigkeiten für die Feiertage, reihe mich geduldig in die Schlange vor der Kasse ein und bleibe mit den Augen an den Weinregalen hängen. Ich habe mir vorgenommen, die Feiertage zu genießen. Ein gutes Essen, Weihnachtsoratorium, dann in die Kirche auf der Großen Freiheit zur Mitternachts

messe, bei der sich die Mädchen von St. Pauli die Augen ausweinen; ein Buch lesen, das ich schon immer lesen wollte; Ruhe.
Sucht und Rückfall: Der Mechanismus greift. Die Weinregale mit den kantengenau ausgerichteten Flaschen: Es ist genau wie damals, und Damals ist Jetzt. Die Rivalitäten in mir liefern sich die letzten Gefechte, ich lecke mir die Lippen, mein Gaumen zerfällt zu Staub, die Zunge süffelt sich schon durch die Flaschenhälse. Ich greife nach einer Flasche Sekt, stelle sie herzklopfend in den Einkaufswagen. Heiligabend; Filetsteak, dazu ein Glas Sekt.
Unwillkürlich beginne ich zu schlucken; tief in mir trinke ich bereits. Ich genehmige mir eine zweite Flasche.
Heiligabend, erster Weihnachtstag, zweiter Weihnachtstag – hochtourig schlingert die Sucht durch mein Denken –, ich schere aus der Warteschlange aus, stelle die beiden Flaschen zurück, beuge mich nach unten und wuchte eine Kiste Sekt in den Wagen.
Schwülstige, irrige Ruhe.
Ich fühle Entsetzliches, aber ich begreife nichts.
Meine Reaktion auf den Rückfall ist einfach abnorm!
Ich müßte toben, um Hilfe schreien, sofort das in der Therapie Gelernte umsetzen, mit dem Trinken aufhören, aufhören, aufhören; es gäbe jetzt nichts anderes zu tun, als auf der Stelle mein Leben zu retten!
Drei Tage liegen vor mir, drei Tage, an denen die Geschäfte geschlossen sind; ist da eine Kiste Sekt wirklich nicht zu knapp bemessen?
Auf dem Rückweg, mit der Kiste Sekt in beiden Händen, begegnet mir Frau Cordes. Verwunderung spricht aus ihren Augen, und sofort springt mir das Herz in den Hals: Sie hat meine Bücher gelesen, sie kennt mich mit dem obligaten Glas Mineralwasser in der Hand, und nun halte ich eine Kiste Sekt in den Händen – meine Mechanik springt an, funktioniert gelassen, perfekt: Keine Fragen, keine Zweifel, nur in Ruhe ein Gläschen trinken dürfen, unbemerkt, heimlich.
Das Getriebe, mein zweites, drittes oder viertes nach Alkohol gierendes Ich funktioniert vollkommen perfekt:
»Ich habe Gäste über die Feiertage, und ich kann die Leute ja nicht auf dem Trockenen sitzenlassen!«

Gelernt ist eben gelernt.
Alles ist wie damals: fürsorgliche Rechtfertigung, ein gestraucheltes Gewissen, vorsorgliche, weitschweifige Erklärungen, stets die Angst im Nacken, ertappt, entlarvt und als Säufer verurteilt zu werden.
»Ich habe Gäste über die Feiertage ...«; meine erste alkoholische Lüge seit achteinhalb Jahren, die erste süchtige Ausflucht, die nochmalige Eröffnung eines längst totgeglaubten Rituals; erneut eine Konzession an Liebling Alkohol – die Sucht belohnt mich mit tosendem Beifall.

Ein Glas Sekt – ich lüge meiner eigenen Sucht etwas vor. Kaum zu Hause, noch im Mantel, wird die Kiste aufgerissen, eilig eine Flasche geöffnet und das erste Glas in einem Zug geleert. Kurz danach das zweite Glas, etwas beherrschter zwar, aber immer noch mit dem unverkennbaren Drang nach zügigster Wirkung.
Nach einer halben Flasche fühle ich mich stark genug, um mit mir Weihnachten feiern zu können. Ich habe schon vor Wochen zwei Einladungen abgelehnt, weil ich alleine sein möchte. In den zurückliegenden Jahren waren die Tage zwischen Weihnachten und Neujahr immer eine schöne Zeit für mich gewesen, die ich besinnlich und in behaglicher Atmosphäre verbrachte.
Doch in diesem Jahr bahnt sich eine Katastrophe der alkoholischen Einsamkeit an. Nach der ersten Flasche Sekt mißlingt das Essen: Der Brokkoli zerkocht, ich brate das zarte Filetsteak zum ordinären Kalbsbraten, die Rösti fallen beim Wenden aus der Pfanne und verschwinden in der Ritze zwischen Herd und Spüle – ich lasse sie liegen. Ich habe keinen Hunger mehr. In meinen Eingeweiden, in meinem Gehirn, zwischen allen Facetten meiner Seele perlt köstlicher Sekt! Nach der zweiten Flasche werden aus meinen zarten Sandalen rustikale Bergschuhe, und ich bezwinge die Achttausender des ungeliebten Alltags mit einem enthusiastischen Jodler auf den Lippen! Nicht der Hauch eines Schuldgefühles über meinen Rückfall drängt sich mir auf, nichts.
»Jauchzet, frohlocket, aufpreiset die Tage ...!«
Bei Bach werde ich weinerlich, jedenfalls jetzt, bei der drit-

ten Flasche. Nüchtern fühle ich bei Bach einen besinnlichen Frohmut, jetzt taucht er mich in unnatürliche Melancholie, und obgleich ich auf meinen imaginären Berggipfeln throne und selbstgefällig die kleine Welt unter mir betrachte, taucht unerwartet ein öliges Mitleid mit mir selbst aus der aufgequollenen Sektseele empor, und aus meinen schneeglitzernden Gipfeln werden rasch rieselnde Sandhäufchen:

Seit einem Jahr arbeite ich an einem Roman; ein Manuskript, das mir viel bedeutet, aber meine Gedanken stagnieren, ich komme nicht voran.

Ich versage wieder einmal, wie schon so oft. Im Grunde versagte ich in meinem Leben immer und immer wieder. Nie genügte ich den Anforderungen meines Vaters; ich war ein jämmerlicher Fußballspieler, kein Rabauke, kein Ellenbogentyp, eher ängstlich, zart, introvertiert. Meine gesamten Erinnerungen sind gekoppelt an Überforderung und versteckte, allgegenwärtige Angst.

Meine Weinerlichkeit gleitet ins Bedauernde, kriecht kaum merklich ins Jämmerliche.

Heiligabend, irgendwann in der Kindheit: Vater läutet mit dem goldenen Glöckchen, das Zeichen für die Bescherung. Brennende Kerzen am Weihnachtsbaum, in der Wohnung riecht es nach Zimt und Marzipan. In meinem Zimmer werde ich mit einer Märklin-Eisenbahn überrascht; eine wirklichkeitsgetreue Landschaft mit einem Bahnhof, Schranken, die sich automatisch schließen und öffnen, einem Tunnel, Weichen und kleinen Plastikmenschen auf den Bahnsteigen. Die Züge, ein Personenzug und zwei rote Triebwagen, werden durch einen Trafo dirigiert, ein monströser, blauer Kasten mit einem roten Schaltknopf. Ich bin glücklich, wirklich herzhüpfend glücklich! Und Mutter ist glücklich über mein Glück, ihre Augen glänzen, und nach dem ersten Glas Wein färben sich ihre Wangen rot.

Vater trinkt und redet, redet und trinkt; ich bin erstaunt, daß ich meine Züge sogar rückwärts fahren lassen kann – doch mein süßes, putziges Glück wird jäh zerstört: Als Vater mir erklären möchte, wie die Weichen zu stellen sind, kippt sein halbvolles Weinglas um und verursacht einen

Kurzschluß im Trafo. Abrupt bleiben die Züge stehen, meine Begeisterung für das riesige Weihnachtsgeschenk wandelt sich in maßlose Trauer. Vater kann den Trafo nicht reparieren, die Züge fahren nicht mehr, der rote Triebwagen blieb mitten im Tunnel stecken. Ich kann nicht mehr mit der Eisenbahn spielen, meine kleine Plastikwelt, in der ich Lokomotivführer, Schaffner und Herr über tausend Schienen war, zerbricht mit einem Schlag!

Ich war das einsamste, traurigste Kind auf der Welt: Nein, es genügte nicht, daß ich mich in der *wirklichen* Welt nicht wohl fühlte und litt; jetzt wurde mir auch noch meine geliebte Phantasiewelt zerstört! Ich begann hemmungslos zu schluchzen, ich hatte nichts mehr, woran ich mich freuen konnte.

Ich muß wohl stundenlang geweint haben, teils mit Tränen, teils still in mich hinein, doch niemand tröstete mich. Im Gegenteil, mein Weinen ließ Vater zornig, wütend, hart und grausam werden: »Ein richtiger Junge weint nicht, verdammt noch mal! Wie willst du denn später einmal im Leben zurechtkommen, wenn du wegen solch einer Lappalie Rotz und Wasser heulen mußt!«

Auch Mutter vermochte keinen Trost zu spenden, sogar die gewohnte, ersehnte Umarmung blieb aus. Nach dem dritten Glas Wein, mit rubinroten Wangen, war sie mehr Vater als Mutter, vermied jeden Widerspruch, ergab sich dem Los ihrer unglücklichen Ehe.

Schließlich konnte ich meinen Schmerz mit Schokolade und Weihnachtsplätzchen betäuben, mit anderen Spielsachen verdrängen. Der Trafo wurde nach den Feiertagen repariert, und der Schatten des Schmerzes verblaßte. Dennoch taucht in dieser Nacht die hämische Rüge meines Vaters wieder in mir auf – die dritte Flasche Sekt sickert durch die Schichten der Vergangenheit und weicht dabei die Kindheit auf: das verwöhnte, verzärtelte und doch stets einsame, unverstandene Einzelkind, dem es gegeben schien, mehr zu weinen als zu lachen. Mein Weinen als Schlüsselpunkt: Stets erregte es Vaters Zorn, immer reagierte er hart und verständnislos, verletzend darauf. Sobald ich weinte, wies er mich zurück, ließ er mich allein in meiner Traurigkeit.

Irgendwann baute er sich in Uniform vor mir auf: »Weißt du, ein besoffener Offizier ist ein Schwein –, und ich bin das größte von allen!«
Es ist sicher kein Zufall, daß diese Fragmente gerade jetzt an die Oberfläche geschwemmt werden. Die Übersteigerung des Empfindens ist eines meiner Wesensmerkmale, das mich sicher mit zahlreichen Alkoholikern verbindet. Ursache und Wirkung, die Geschichte der kindlichen Erlebniswelt bleibt immer Gegenwart. Verwöhnung und Zurückweisung, Kindsein und Angst: Grundsteine der Sucht; Ursprünge eines Verhaltens, dessen Wegweiser aus dem mißglückten Ereignis Kindheit ragen; Muster einer Gewöhnung, das sich auch nach vierzig Jahren noch mit kindlichen Schablonen zu decken sucht. Überhöhte Parolen und Scheitern an den banalen Dingen des Lebens; unwirkliche Sehnsüchte und wehmütige Rückkehr in die Realität, Größenwahn und Minderwertigkeit, Ansprüche und Zerbrechlichkeit, Überanpassung und Ausbruch: Die ewigen Kinder entschlüpfen ihren ausgetretenen Alltagssandalen und zwängen sich in die Bergschuhe der Phantasten; schlichte Talwanderer werden zu todesmutigen Bergsteigern, die aber in der Steppe schon über einen Sandhaufen straucheln und zu Boden gehen.
Einverstanden Vater – meine Kindheit war ein riesiger Schweinestall, randvoll gefüllt mit Walnußeis!

31. Dezember 1987:
Der Suchtdruck verschwindet verblüffend rasch. Nach der weihnachtlichen Kiste Sekt, nach der Rückkehr in zahlreiche bewegte Szenarien meiner Kindheit verschwindet der zwanghafte und heftige Wunsch nach Alkohol ebenso übergangslos, wie er aufbrach. Ich wundere mich, denn ich glaubte, meine Sucht zu kennen, meiner Krankheit bester Freund und Experte zu sein, aber sie offenbart mir erneut eine Überraschung, zeigt sich von einer unbekannten, aufreizenden Seite. Vor meiner Therapie wäre es mir unmöglich gewesen, mich alleine und ohne nennenswerte Anstrengung aus solch einer Trinkphase zu befreien. Nun aber besticht die Einfachheit des Wechsels.

Das unverhoffte Abgleiten in die Sucht wird nach wenigen Tagen vom Wunsch nach Nichttrinken überwältigt und beiseitegeschoben. Aber ich bin mißtrauisch geworden und kann nicht abschätzen, ob nun erneut eine lange Phase der echten Abstinenz eintritt oder ob der Alkohol nur einen vorläufigen, trügerischen Waffenstillstand mit mir schließt, um dann zu anderer Zeit an anderer Front um so heftiger und vernichtender zuzuschlagen.
Zwischen Weihnachten und Silvester decke ich mich derart mit Arbeit ein, daß kaum ein Gedanke an den Alkohol aufkommen kann. Es ist mir bewußt, daß ich flüchte, vielleicht ist es sogar eine Flucht nach hinten, aber selbst diese ist einem weiteren, folgenschweren Gang in die Sucht vorzuziehen.

Sicher traf mich dieser mehrtägige Rückfall mit voller Wucht und mit der durchdringenden Stärke der Überrumpelung; er löste aber nicht jenen verhängnisvollen Mechanismus aus, den ich vor meiner jahrelangen Nüchternheit nach solchen Trinkgelagen, denen stets eine kurze Abstinenz vorausging und nachfolgte, so fürchtete: tage- und nächtelange Exzesse, rund um die Uhr, ohne Aussicht auf Ende, schwerste alkoholische und psychische Entgleisungen, denen letztlich nur durch den kapitulierenden Körper und durch Bewußtlosigkeit Einhalt zu gebieten war.
Danach – das intimste, das schwerste Erlebnis: *die Rückkehr in den gepeinigten Körper*. Dieser Zustand erwies sich stets als weitaus schlimmer als die vorausgegangenen Alkoholhöllen.
Das Erwachen nach einem Rausch bedeutete für mich – besonders in den letzten Phasen meiner nassen Zeit – immer und immer wieder die morbide Konfrontation mit meinem nackten, mißbrauchten und in diesem Moment völlig schutzlosen Ich. Diese Rückkunft in das unerträglich gewordene Leben vollzieht sich in tiefer Scham, in stummen Schmerzen, in lautlosen und doch markerschütternden Schreien als hilfloser Ausdruck einer unendlichen Demütigung. Dieses Erwachen eröffnet die Sicht auf genau jenen Augenblick – Sekunden vielleicht –, in welchem die süchtige Kreatur gänzlich auf die Sucht reduziert wird. Außer Droge

ist dann nichts mehr; keine Persönlichkeit, keine Ideale, keine Perspektiven, keine Zukunft, Nichts. Aber dieses Erwachen birgt auch jenen Moment in sich, der über die Sucht zu entscheiden sucht: Aufbruch zur Nüchternheit oder Rückkehr zum Alkohol; Einsicht und Kapitulation oder der erneute Sprung aufs Trittbrett der Droge. In diesem Moment ist das Ich nackt und wehrlos, das zwingt es in phasenhafter Kürze zur Ehrlichkeit. Jede Ausflucht versagt, die Sucht verlangt nach Entscheidung. Es mag Jahre dauern, ehe solch ein Erwachen den Entschluß mit sich bringt, JETZT alle Hintertüren zu verriegeln, JETZT die Notausgänge der Sucht zu verbarrikadieren, JETZT mit zitternden Händen und flatternder Seele den beschwerlichen, unbequemen und endlos erscheinenden Weg der Abstinenz einzuschlagen. Nicht morgen, nicht nach der nächsten, allerletzten Nacht, JETZT. Nicht nach der allerletzten Flasche, die noch irgendwo versteckt lauert, JETZT!
Aber um an diesen Punkt zu gelangen, müssen Welten durchlebt und Tode gestorben werden, strecken Rückschläge jeden noch so aufrichtigen Wunsch nach Nüchternheit höhnisch nieder, selektiert die Sucht Worthülsen und halbherzige Phrasen, wird der süchtige Mensch unzählige Male auf die wundgeriebenen Stellen seiner Lebensgeschichte zurückgeworfen, werden die Sehnsüchte und Wünsche nach einem Sein ohne Droge unter dem schallenden Gelächter der Rückfälle lapidar zur Seite gefegt.

Rückfall... Damit verbinden sich für mich die gescheiterten Versuche meiner ehemals nassen Zeit, der Sucht heimlich zu entfliehen. Mit jedem Rückfall nach einer kurzen Zeit der krampfhaften Abstinenz glitt ich ein Stück die soziale Skala hinab, immer mehr Freunde und Bekannte wandten sich ab, weil mein Trinken und mein Verhalten unerträglich wurden, immer neue Tricks mußten ersonnen werden, um Geldquellen für den benötigten Alkohol aufzutreiben. Jeder Rückfall in mein verheerendes Trinkmuster ließ mich auf der Leiter der zwischenmenschlichen Beziehungen und der gesellschaftlichen Bindungen eine Sprosse tiefer steigen, bis ich schließlich völlig entwurzelt nur durch glückliche

Fügungen und Umstände vor einem einsamen Säufertod auf der Straße bewahrt wurde.
Die maßlose Macht der Sucht: keine Vernunft, keine Drohung, keine Sanktion vermag ihren zerstörerischen Kreislauf zu stoppen. Liebesbeziehungen, Freundschaften, Anerkennung, Geld und Arbeit – alles wird auf die niederen Ränge der Bedürfnisse und Interessen verwiesen, Platz eins wird von der Sucht beschlagnahmt, und sie verteidigt ihn mit brutaler Verbissenheit.

Mein Rückfall verlief glimpflich; dies verleitete mich sogleich, leichtfertig den weihnachtlichen Exzeß zum alkoholischen Seitensprung zu verniedlichen, ihm nicht die notwendige Aufmerksamkeit zu widmen, die erforderlich gewesen wäre, um weitere Rückfälle zu vermeiden. Soeben der Kralle Alkohol entflohen, dirigierte mich bereits wieder abenteuerlicher Leichtsinn: *Eigentlich* war es kein Rückfall, denn alle schlimmen Folgen sind ja ausgeblieben.
Eigentlich kann es ja kein Rückfall gewesen sein, sonst könnte ich nicht seelenruhig und so gänzlich ungerührt am Schreibtisch sitzen, trocken und ohne erkennbaren Schaden. Dieses unvorhergesehene *alkoholische Abenteuerchen* fügte mir kein Leid zu, warf mich nicht aus der Bahn, kostete mich keine Freundschaften, führte nicht zum Verlust meiner Wohnung, endete nicht mit gesellschaftlicher Ächtung. Siebzehn Mitarbeiter hören auf mein Wort, ich sitze im Büro und trinke Mineralwasser; durch meine weihnachtliche *Affäre* ergaben sich keinerlei sichtbaren Nachteile. Ich hatte eine kleine, unverbindliche Liaison, und nun lasse ich den Alkohol abblitzen wie einen lästig gewordenen Liebhaber, nichts weiter. Leichtfüßig balanciere ich auf dem zerschlissenen Seil der Beschwichtigung. Auf dem Fundament einer Therapie, mit der Bilanz von mehr als acht nüchternen Jahren in Händen, überrede ich mich selbst zur Bagatellisierung.
Ich wußte es, ich weiß es, und ich habe es jetzt wieder erfahren: Ich kann nicht *ein Gläschen* Sekt trinken, es wird unweigerlich *eine Kiste* daraus; ich kann es nicht bei *einem* Cognac belassen, unabwendbar folgen die Gedächtnislücke und ein gräßliches Erwachen neben dem Bett. Ich weiß es,

ich weiß es! Mein kurzfristiger Streifzug durch die Sucht zog keinen Zusammenbruch nach sich, brachte mir auch keinen persönlichen Niedergang. Also erspare ich mir überflüssige Dramatik: Es war kein Rückfall, höchstens eine Episode, zwar mit einem gewissen Risiko verbunden, aber eben nur eine nebensächliche Eskapade ohne Anspruch auf Gefährlichkeit.

Dennoch brachte sie Verwunderung mit sich: Zum einen wurde mir deutlich, daß sich mein Trinkverhalten auch nach jahrelanger Abstinenz nicht in geringster Weise verändert hatte; der Suchtmotor sprang sofort an, die spezifischen Strukturen meiner Abhängigkeit hatten sich um keinen Millimeter verschoben. Alkoholgenuß bedeutete immer noch einen Grenzgang zwischen Leben und Tod, ein Roulette um Sein oder Nichtsein.

Zum anderen eröffneten mir diese erneuten Abstürze in Alkoholräusche hinterrücks Einblicke in meine Persönlichkeit, wie ich sie mir ohne Alkohol nicht mehr gestattet hatte. Glas für Glas wurde ich Zeuge meiner Veränderung, wuchs beinahe unaufhaltsam aus meinem winzigen Schatten, überragte schließlich alle störenden Unzulänglichkeiten und leckte längst vernarbt geglaubte Wunden.

Grundlos begann ich zu weinen, um in den nächsten Momenten ebenso unmotiviert loszulachen. Ich führte lange und gewichtige Monologe, markiert von Wut und Trauer, Hohn und Arroganz; verhedderte mich im Spektrum meiner Empfindsamkeit, verlor mich in kindlichem Trotz auf meinen kunstvoll aufgetürmten Achttausendern, um danach verschämt ein Sandhäufchen zu erklimmen.

Eigentlich hatte ich keinen Rückfall erlitten. Es war eine Herausforderung, eine Provokation – ein Experiment, dessen Ergebnis keiner Benotung bedarf. Jedenfalls wird es nicht wiederholt. Ich beschließe es. Jetzt und hier.

Ich kenne mich doch!

Selbst der köstlichste Champagner würde sich irgendwann für mich als Elixier des Grabes erweisen, dies wäre nur eine Frage der Zeit, und die Zeit tickt auf der Seite der Sucht.

Silvester. Ein gemütlicher Abend mit Freunden, ein gutes Essen, Rückblicke auf das zu Ende gehende Jahr.

Um Mitternacht klopft mir Michael auf die Schulter:
»Du gehst ja jetzt in dein neuntes trockenes Jahr!«
Ich nicke nur kurz und blicke stumm in den zuckenden Glitzerhimmel. Fünf Minuten nach zwölf entscheide ich mich unwiderruflich, 1988 keinen Tropfen Alkohol zu trinken!

Verdrängung

1. Januar 1988–25. April 1988:
Als kleiner König ad interim erlebe ich mich in einer ungewohnten, in Wirklichkeit ungeliebten Rolle.
In meinen nüchternen Jahren entwickelte ich einen unkonventionellen, auf Offenheit und Feinsinnigkeit basierenden Lebensstil, der nicht an geschäftliche Belange, Kunden, Lieferanten, Personal, Steuern und Bilanzen gebunden war.
Nun soll ich, quasi aus dem Nichts, Aufgaben an siebzehn Mitarbeiter delegieren, ein Haus mit 140 Betten repräsentieren, mich in der Wahl meiner Worte besinnen und moderat störendes Geplänkel unterbinden. Hinter meiner vermeintlichen Sicherheit, die ich nach außen zu erkennen gebe, verbirgt sich die Angst zu versagen, den Ansprüchen des Vorstandes nicht gerecht zu werden, Claus zu enttäuschen, Fehler zu begehen.
Ich bin gewissenhaft und werde in mir ängstlich; ich bin arbeitsam und verharre zugleich vor meinen Aufgaben wie das Kaninchen vor der Schlange. Ich stehe mit hängenden Schultern mitten im tosenden Leben. Ich werde mißtrauisch und kenne die Gründe hierfür nicht. Ich mißtraue *Mops*, die mich jeden Morgen mit einem eigens für mich gekochten Frühstücksei empfängt, ich fühle mich ich auf Schritt und Tritt vom Hausmeister beobachtet; mit Argwohn beschatte ich Jens' Unterwürfigkeit und registriere mit Unbehagen die übertriebene Liebenswürdigkeit Monikas.
Natürlich stören mich ihre häufigen und überzogenen Pausen nicht mehr – ich trinke gerne ein, zwei Tassen Kaffee mit ihr. *Natürlich* rauche ich mit Jens in der engen, schachtelartigen Rezeption ein, zwei Zigaretten, obwohl ich es zutiefst verabscheue, in diesem klaustrophobischen Kasten eingeräuchert zu werden.
Ich beschreite den Weg des geringsten Widerstandes, das kommt meiner Sandhäufchenmentalität ideal entgegen, und ich tue niemanden weh dabei.
Ich erklimme die Sandhäufchen nicht mehr, ich umgehe sie jetzt galant. Ich arrangiere mich mit siebzehn Mitarbeitern

und meinem angekränkelten Ich – die Achttausender sind anderswo.

Monikas Mutter hängt seit zwölf Jahren an der Flasche. Manchmal erscheint sie jämmerlich betrunken im Gästehaus, torkelt durch die Halle, fällt ihrer Tochter in die Arme, um sogleich lauthals zu schluchzen. Monikas Augen bleiben hilfesuchend an mir haften:
»Du mußt uns einfach helfen; du hast das doch alles schon an dir selbst erlebt...«
»Demnächst werden wir darüber reden, versprochen. Ich bin im Augenblick überarbeitet; aber in den nächsten Tagen werden wir uns um deine Mutter kümmern, ja?«
Ich ertrage den Anblick dieser betrunkenen Frau nicht; ihr Weinen läßt mich wütend werden, der hagere, ausgezehrte Körper mit dem aufgedunsenen Gesicht treibt mir den kalten Schweiß aus den Poren. Ich flüchte.
Ich bin etwas angeschlagen. Ich versuche, dem Thema Alkohol auszuweichen. In den verquollenen Augen von Monikas Mutter erkenne ich mich wieder; es ist, als würde ich in meine Augen schauen; durch ihr Gesicht ziehen sich auch die Spuren meiner Krankheit.
Mein riskantes Spielchen mit dem Feuer (ich erfinde immer neue Titel für meinen weihnachtlichen Exzeß, nur um das einzig zutreffende Wort nicht mehr anführen zu müssen) deformiert mein Empfinden: Sofort fühle ich mich ertappt, wenn in meiner Gegenwart die Krankheit gestreift wird, manchmal löst bereits das Wort Alkohol, gleichgültig in welchem Zusammenhang gesprochen, peinliche Betroffenheit und Schuld in mir aus.
Ich weiß, daß etwas in Unordnung geraten ist in mir, und manchmal – noch schemenhaft – pocht kurz vor dem Einschlafen dumpf eine sorgenvolle Zukunft an meine Brust.

Ich entdecke immer mehr Parallelen zwischen Claus und mir. Er traf ins Schwarze, als er vor einiger Zeit im Scherz zu mir sagte: »Wenn zwei Neurotiker wie wir aufeinanderprallen, gedeiht das entweder prächtig, oder es endet in einem Desaster!«

Wir sind gleichaltrig; in unseren Elternhäusern mangelte es nie an materiellen Dingen. Nach dem Abitur studierte Claus an einer katholischen Hochschule, fand danach aber an seinem Beruf als Religionspädagoge keinen Gefallen und kam – wie ich – durch Zufall ins Gästehaus.
Wir sind beide maßlos verwöhnte Einzelkinder, und unsere Schwierigkeiten damit ähneln sich verblüffend.
Ich bekam immer das, was ich wollte, oftmals auch das, was ich mir nie gewünscht hatte. Für meine Märklin-Eisenbahn konnte ich mir in wenigen Monaten eine umfangreiche Sammlung von Lokomotiven und Waggons anlegen; gemeinsam mit Vater schuf ich neue Landschaften, schnitt und verklebte städteweise Modellbausätze – Mutter ging mit mir einkaufen, Vater bezahlte.
Ich bekam mit zehn meinen ersten Fotoapparat und ein Fahrrad – Mutter ging mit mir in die Stadt, Vater bezahlte.
Mutter ließ mich stets in den besten Geschäften einkleiden. Ich durfte mit Vater zu einer Militärtagung nach Rom fliegen; ich mußte morgens nie mein Bett machen – das tat eine Haushälterin für mich –, ich lernte nie, wenigstens ein bißchen auf Ordnung in meinem Zimmer zu achten – auch diese lästige Aufgabe wurde mir abgenommen. Mit meinen Lebensjahren wuchsen auch die Ansprüche: Mofa, Führerschein, zum Abitur ein Auto, teuere Kleidung, zur Schau getragen in stilvoller Umgebung.
Mutter und Vater entfernten sich zusehends voneinander, Mutter zog sich immer mehr in sich zurück, aber beide bezahlten; verwöhnten und bezahlten. Schuld, Trauer, versäumte Liebe, eine fassadenhafte Ehe und ein im Grunde vertanes Leben: All das sollte durch Schecks vergessen, vergeben und ungeschehen werden. Der Scheck heiligte die Mittel – dies ließ mich zum Abenteurer meines eigenen Lebens werden, zum farbenfrohen Galan zwischen mausgrauen Durchschnittsmenschen.
Ich wollte mir alles nehmen, wollte alles haben, jetzt und hier, sofort! Ich wollte alles haben, jetzt und hier, aber: Was heute so innig begehrt wurde, hatte am nächsten Morgen bereits seinen Reiz verloren, und das Abenteuer schlitterte gedankenlos und gierig in die nächste Runde.

Durch einen schweren Verkehrsunfall änderte sich mein Leben jäh. Während meines langen Klinikaufenthaltes lernte ich, neue Prioritäten zu setzen, allmählich das Wichtige vom Nebensächlichen zu trennen und kam erstmals mit den Wurzeln meines Lebens in Berührung und mit der Frage nach Sinn.
Später entdeckte ich dann mit meiner Ausbildung und Arbeit im Krankenhaus neue Ideale, aus denen eine heitere, sinngebende Lebensform erwuchs. Der Hasardeur in mir aber schwelte weiter, stumm und geduldig, um schließlich im Abenteuer Alkoholismus erneut und vernichtend loszuschlagen.

Claus: Unsere Kindheiten überlappen sich über Jahre hinweg völlig. Es ist, als wären wir gemeinsam aufgewachsen und dabei doch jeder gänzlich allein.
Wir ziehen uns an und stoßen uns zugleich zurück; wir vertrauen uns und mißtrauen uns dabei; wir fordern uns und geben sogleich wieder auf – ein beklemmend-verrücktes Seelentheater, auf dessen Bühne zwei untalentierte Ewig-Kinder ihre Handikaps produzieren.
Nicht selten schlägt sich das Publikum vor Begeisterung auf die Schenkel, und unsere sarkastischen Hahnenkämpfe um die Hauptrolle sind als allgemeines Stimmungstief gefürchtet. Danach macht jeder einen großen Bogen um uns.
Nur in Äußerlichkeiten unterscheiden wir uns noch, in sich selbst erkennt jeder den anderen sofort wieder. Claus, durch eine Erbschaft zu einem kleinen Vermögen gelangt, weist alle Attribute des verwöhnten, übersättigten und simultan unersättlichen Kindes auf: Er fährt einen Porsche, trägt eine Brille von Bugatti und den Trenchcoat von Boss. Ein Großteil seines ererbten Geldes floß in eine Eigentumswohnung in einem Hochhaus an der Elbe.
Ansonsten versagt Claus gänzlich; er ist seiner Position im Gästehaus in keiner Weise gewachsen. Umgehe ich wie auf Katzenpfoten die Sandhäufchen der Alltäglichkeit, um hie und da auch wagemutig eines zu erklimmen, so entpuppt sich Claus als Maulwurf. Er taucht ab und gräbt durch, um dann an einer unerwarteten Stelle völlig unbeteiligt wieder aufzutauchen.

Es gelingt ihm nicht, mir Respekt, Hochachtung oder Bewunderung abzunötigen; wir sind ganz einfach zwei verpäppelte Verhaltensgestörte mit zufällig demselben Strickmuster; zwei Lebensjongleure, die beim Tanz auf dem Vulkan unerwartet aufeinanderstoßen.
Claus ist Asthmatiker, allerdings ohne schwere Anfälle. Er behauptet von sich, Asthmatiker zu sein, und ich werde über Monate Zeuge eines Reflexes: Vor jeder unbequemen Entscheidung und bei jeder Auseinandersetzung greift Claus zu seinem Aerosol, hält das Mundstück an die Lippen und pustet sich zweimal Medikamentennebel in die Bronchien: Der Frosch bläst sich zum kleinen König auf!

Mein alkoholisches, weihnachtliches Intermezzo (die Skala der Verharmlosung ist noch nicht ausgeschöpft!) verliert mit jedem trockenen Tag einen Akzent seiner grellen Erinnerung, büßt an Bedrohlichkeit ein und verflüchtigt sich mit einer fragwürdigen Bequemlichkeit aus meinen Gedanken. Einerseits bin ich über diesen Effekt erleichtert, denn diese willkommene Verdrängung erspart mir lästige Auseinandersetzungen und verschont mich vor einem Bekenntnis in einer Alkoholikergruppe; auf der anderen Seite spüre ich, daß das innere Beben des Verlangens immer noch sachte fühlbar ist: Zeichen einer verschwommenen, aber fortwährend drohenden Gefahr.

Irgendwo las ich einmal: *»Rückfällig wird man zuerst im Kopf.«*
Ich habe diesen Satz lange nicht verstanden, vielleicht auch nicht verstehen wollen, weil die plakative Einfachheit dieser Aussage nicht in das komplizierte Muster meiner Sucht zu passen schien.
Später, mit zunehmender Entfernung von den nassen Jahren, erschloß sich mir der Sinn dieser Aussage: Ein Rückfall ist kein unerwartetes Ereignis, er zuckt nicht wie ein Blitz aus wolkenlosem Himmel – zunächst ziehen Gewitterwolken auf. Zwischen den ersten Gedanken an einen Rückfall und dem Griff zur Flasche liegen zahlreiche Hinweise, Barrieren und Warnzeichen.

Rückfälle kündigen sich an und durchlaufen dabei eine Alarmstraße. Bereits Monate vor meinem Rückfall tauchte in mir die Frage auf, was denn nach einem erneuten ersten Cognac geschähe? Wäre dann sofort wieder mein altes Trinkverhalten präsent, oder könnte sich eine Distanz von acht nüchternen Jahren als ausreichend erweisen, um tatsächlich nach einem Cognac aufhören zu können? Wäre denn jetzt kontrolliertes Trinken möglich? (Eine absurde Terminologie im übrigen!) Ich reizte utopische Karten aus, trieb in Gedanken kecke Spiele mit der Sucht. Des öfteren versank ich sogar in groteske Wehmut: Weshalb kann ich nicht, wie Millionen Menschen auch, einen Aperitif, ein Glas Wein oder den geliebten Cognac nach dem Essen trinken? Aus welchem Grund mußte ausgerechnet mich das Los des chronischen Gamma-Alkoholikers mit dem degradierenden Kontrollverlust treffen?

Für eine gewisse Zeit, drei Monate etwa, unterband die geübte Zensur der Nüchternheit den simulierten Rückfall, doch dann verschoben sich die Gleichgewichte, und ich liebkoste in Gedanken ein beschlagenes Glas Champagner – trockener Champagner sollte es sein, mit der vollen Frucht eines vorzüglichen Chardonnay oder der blumigen Fülle eines Crémant d'Alsace, mit einem filigranen Mousseux im Glas...

Reizvolle, verführerische, ausschweifende Phantasien enthüllten sich: Sonntagmorgen, Frühstück im Bett, danach eine Verabredung, ein sonniger Nachmittag in quirliger Champagnerlaune: traumhaft!

Noch legte die Zensur ihr Veto ein: *Traumhaft? Denk an das grauenhafte Ende!* – doch mit jedem Einspruch klang ihre Stimme zaghafter; die Widerstände brachen und schmolzen trotzig dahin. Zielstrebig eroberte sich die Sucht das Terrain der Nüchternheit zurück, mosaikartig, kaum merklich, in einem diffusen Prozeß.

Zweifel an meiner Krankheit tauchten auf: Es gab Augenblicke, in denen ich vor mir selbst bestritt, Alkoholiker zu sein – bei der Diagnose *chronischer Alkoholismus* konnte es sich doch nur um einen Irrtum handeln!

Die Nüchternheit wich einer brüchigen Trockenheit. Allzu sorglos, teils unbekümmert-frech, zum anderen überheblich-oberflächlich, zollte ich meiner Sucht und meinen profunden Erfahrungen nicht mehr jenen vernünftigen Respekt, der sie bislang im Zaume gehalten hatte. Allzu gedankenlos lebte ich in Tage und Nächte hinein, fand keine Zeit für eine innere Inventur mehr, zog mich nicht mehr in die Stille zurück, um mir wieder näher zu sein, mich zu kritisieren und zu korrigieren. Mit der fadenscheinigen Arroganz eines unbezwingbaren Siegers übersah ich alle Alarmzeichen, die dem Rückfall vorausgingen, bis mich schließlich das Gewicht der Umstände fast mühelos von der Waage kippen konnte.

Während der Therapie warf ich einmal spontan in die Runde: »Jeder Alkoholiker hat das Recht auf seinen Rückfall!«

Die Reaktionen reichten von heller Empörung (»Wenn du mit dieser Einstellung weiterleben möchtest, kannst du jetzt sofort deine Koffer packen!«) bis zur verhaltenen Zustimmung. Es dauerte lange, ehe diese provokante Aussage angenommen und verstanden wurde. Ich hatte nach elf Tagen Therapie ein Tabu verletzt und damit tiefe, sorgsam verborgen gehaltene Ängste geschürt.

Nachdem sich der Sturm der Entrüstung gelegt hatte, versuchte ich zu erklären: Mit der Einbestellung in die Klinik und einer sechsmonatigen Therapie war das Leben keinesfalls abgeschlossen, im Gegenteil: Nach dem »Ereignis Genesung« beginnt der eigentliche Härtetest für den Alkoholiker, schwierige Steigungen müssen nun ohne die Krücke Alkohol bewältigt werden, und dies – in der Regel – in jener Umgebung, in der man noch vor sechs Moanten als haltloser und verkommener Säufer mißachtet und verhöhnt wurde. Und nun gilt es, Mißtrauen (Trinkt er wirklich nichts mehr? Das kann ich einfach nicht glauben – der schafft das doch nie!), verhaltenen oder offenen Spott (Noch vor Monaten lag er jede Nacht neben dem Barhocker, jetzt rennt er jede Woche zu seiner *Apollinarisgemeinde!*) zu ertragen, ohne dabei umzufallen. Eine Therapie, gleich welcher Art, das Erlebnis, ohne Alkohol leben zu können, *nicht mehr trinken zu müssen*, steht immer im Schatten eines Rückfalls – *immer, das bedeutet: für den Rest des Lebens*; hierüber zu diskutieren: Container mit Eulen nach Athen . . .

Nur – und diese Gedanken wollte ich mit meiner gezielten Herausforderung auslösen – versagt die beste Therapie, wenn sie nicht auch die *Eventualität* eines Rückfalls berücksichtigt und den Süchtigen angemessen auf dieses stets gegenwärtige Damoklesschwert vorbereitet.
Das darf und soll nicht bedeuten, daß jedem Alkoholiker a priori ein Rückfall mit Vergessen, Verzeihen und der Aussicht auf eine erneute Therapiemöglichkeit unausgesprochen zugestanden wird, nein: Ein Rückfall stellt eine Greuel dar, und je größer der Abstand zur ehemals nassen Zeit inzwischen wurde, um so vernichtender erweisen sich die Folgen des Rückfalls. Wie soll sich der Alkoholiker verhalten? Sich unmittelbar vor dem drohenden Rückfall erschießen, während oder nach dem ersten Rausch aus dem Fenster springen? Endgültig mit dem Leben abschließen und sich zu Tode saufen? Soll er jetzt in die Endrunde einsteigen, hat er mit seinem erneuten Alkoholgenuß alle Rechte verwirkt, seine Würde verspielt, seine Persönlichkeit zu einem viel zu hohen Preis allezeit verpfändet?
Nein, denn auch oder gerade nach einem Rückfall, muß sich jedem Süchtigen die Möglichkeit bieten, einen Schlußstrich ziehen zu können und zu dürfen, um nochmals bei Null zu beginnen und einen Weg in die Nüchternheit zu finden. Rückfall – das kann bedeuten, nach einer langen, sehr langen abstinenten Zeit in einer extremen Lebenssituation zum Alkohol zu greifen, um nach einer einzigen durchzechten Nacht sofort alle Maßnahmen zu ergreifen, damit sich diese riskante Zäsur nicht wiederholt. Rückfall, das kann aber auch wiederkehrende, lange Abschnitte aufbrausender Abhängigkeit mit vernichtendem Ausgang bedeuten.
Und hier meine ich, daß der Süchtige das Recht besitzt, nach Hilfe zu suchen, Hilfe zu erbitten, Hilfe zu fordern, und nicht mit dem Kainsmal der Rückfälligen in der Psychiatrie, im Gefängnis oder auf dem Seziertisch enden muß.
Der Rausch der Nüchternheit ist ein überaus labiler Weggefährte – niemand von uns kann die Garantie geben, nie wieder Alkohol zu trinken. Wir geben uns selbst nur immer wieder das Versprechen, alle Möglichkeiten, die wir besitzen, zu nutzen, um nüchtern zu bleiben – in leidenschaftslosen, zeitlich und persönlich überschaubaren Grenzen,

nicht ein Leben lang, denn wir können nicht zehn oder zwanzig Jahre vorausschauen, sondern mit der Demut der kleinen Treppenstufen.
Selbst der gräßlichste Rückfall hat ein Recht, mit dem ersten trockenen Tag zu enden: Die erste Stufe ist genommen... wir sind nicht mehr in Übung und kommen etwas aus der Puste, aber: ein *Unmöglich!* darf es nicht geben.
Große und starke Worte, gelassen vorgetragen – in der Schutzzone Klinik läßt sich darüber auch stundenlang ungestraft schwatzen. Daß dann das Leben oftmals eine härtere Sprache spricht – ich lasse mich gerne als Paradebeispiel vorführen...

Das feiertägliche Vagabundieren durch mein Laster (das Repertoire der Verniedlichung sprudelt noch!) verliert seine Ernsthaftigkeit und hangelt sich fügsam auf eine unscheinbare Hinterbank meiner Erinnerung.
Wie ein aufgeplusterter Wellensittich auf der Stange sitze ich als kleiner König auf Zeit am Schreibtisch, auf einem artifiziellen, hauchdünnen, zerbrechlichen Thron. Ich bin trocken, aber nicht mehr nüchtern – ein feinsinniger, zugleich bedeutsamer Unterschied: Zwar lasse ich jetzt die Flaschen in den Regalen stehen, aber ich zwinkere ihnen noch heimlich zu. Die stabile Basis der jahrelangen Nüchternheit zeigt die ersten Risse.
Obgleich ich nicht vorsätzlich mit den Gedanken eines neuen Rückfalles spiele, entferne ich mich zusehends vom Fels der Abstinenz, um auf der zweifelhaften Wanderdüne Trockenheit Platz zu nehmen.

Nach vier Wochen gelingt es mir endlich, mich halbherzig mit der Rolle des kleinen Königs zu identifizieren, und ich arrangiere mich fast schon routiniert mit Menschen und Situationen. Selbst das morgendliche Gekeife von *Mops* vermag mich nicht mehr aus der Ruhe zu bringen, Nachlässigkeiten und Fehler in der Rezeption bereinige ich fast souverän.
Herzstück des Gästehauses ist der sogenannte Belegungsplan. In ihm sind sämtliche Übernachtungen für die nächsten drei Monate aufgeführt und nach den einzelnen Zim-

mern aufgeschlüsselt. *Eigentlich* dürfte es keine Pannen geben, dennoch: Drei Busladungen Schüler und Studenten, zwei Busse aus Mailand, ein Bus aus Stockholm, lümmeln sich plötzlich im Foyer – einhundertdreiundvierzig Gäste bei einhundertvierzig Betten.
Jetzt einen doppelstöckigen Cognac!
Ich schiebe diesen Gedanken augenblicklich (und auch ein wenig wehmütig) zur Seite und ordere bei einem Bettengeschäft drei Klappbetten, komplett; zwei Stunden später ist der hausgemachte Aufruhr verpufft.
Am Nachmittag desselben Tages entlasse ich Matthias; er wollte die Gunst meiner Nervosität nutzen und einhundert Mark unterschlagen. Danach schließe ich mich für zwei Stunden im Büro ein, verbitte mir jede Störung und betäube meine zerfledderten Gedanken mit einer imaginären Flasche Cognac.
Wie schon so oft bleibt mein Blick auf dem Poster an der gegenüberliegenden Wand haften: Es zeigt einen Ast mit einer aufbrechenden, vom Morgentau benetzten Kastanienknospe.
Darunter findet sich ein Zitat von Albert Schweitzer:

Viel Kälte ist unter den Menschen,
weil wir nicht wagen,
uns so herzlich zu geben,
wie wir sind.

Meine neue, siebenwöchige Rolle läßt mich zugleich streitsüchtig und ironisch werden. An meinem Schreibtisch, auf meinem holzwurmigen Stelzenthron, beginne ich zu vereinsamen. Ich sitze nun nicht mehr zwischen zwei, sondern zwischen zwanzig Stühlen. Die Mitarbeiter begegnen mir seit dem 23. Dezember unerwartet mit einer Mischung aus erzwungen-erfürchtigem Respekt und verstecktem Spott, der sich in einfallslosen Fußnoten äußert. Die Perspektiven veränderten sich: Ich da oben, ihr da unten; eine Begleiterscheinung, die ich krampfhaft vermeiden wollte und der ich nun gedankenlos erliege.
Täglich sehe ich mich mit latenter Furcht und verhaltener Skepsis konfrontiert, auf die ich fast zwangsläufig mit Sarkasmus und übersteigerter Autorität reagiere.

Plötzlich bin ich nicht mehr der Kamerad, mit dem man Pferde stehlen kann, sondern Vorgesetzter – unfreiwillig zwar, aber das ändert nichts an den Fakten, beeinflußt das frustrierende Rollenspiel in keiner Weise.
Beim Schachspiel gegen den Computer unterbricht mich ein Anruf von Claus: »Ich möchte dir ein Geheimnis anvertrauen – vor einem Monat lernte ich in einem Weinlokal am Großneumarkt eine Frau kennen... kurzum: Wir wollen in drei Wochen heiraten, und sie möchte Kinder haben, zwei oder drei, vielleicht sogar vier, möglichst rasch nacheinander, damit sie zusammen großwerden können. – Wie ist der Kontostand unserer Hütte?«
Ich werde bissig: »Ich habe gerade meinen Läufer auf C3 verloren, und meine Dame ist vom schwarzen Springer bedroht. Dein Geheimnis klingt ein wenig nach ›hastiger Liebe‹, weshalb so eilig? Torschlußpanik? Aber soviel ich weiß, dauert eine Schwangerschaft immer noch ungefähr neun Monate; vielleicht kann deine zukünftige Frau diese Zeit dir zuliebe ja halbieren. Wir sind mit dreiundzwanzigtausend Mark im Soll. Schönen Tag noch!«
Ich knalle den Hörer auf die Gabel und ziehe mit dem Turm nach F4: Schach! Der Springer auf B5 erweist sich als ernstzunehmendes Problem... Ich müßte einfach nur den Computer ausschalten... wieder einmal davonlaufen, flüchten... und das bei Level vier von elf möglichen!
Gegen 16 Uhr droht meinem König unwiderruflich das Schachmatt. Zaghaft klopft es an die Bürotür. Ich öffne und bitte Monika Platz zu nehmen.
»Wie geht es deiner Mutter?« Eine Verlegenheitsfrage.
»Seit ihrer Scheidung vor vier Monaten geht es ihr noch schlechter als bisher. Sie lebt jetzt mit einem Mann zusammen, der genausoviel säuft wie sie und der sie auch noch verprügelt... es ist furchtbar!«
Betretenes Schweigen. Weshalb mußte ich auch gerade *diese* Frage stellen?
»Und weshalb verprügelt er sie?« Ich kann's nicht lassen.
»Sie wollte gestern abend keinen Apfelkorn mehr holen«, erwidert Monika mit flatternder Stimme, »die Geschäfte hatten schon geschlossen – wo soll man da noch Stoff auftreiben?«

Wir schauen uns stumm an; in ihren Augen schimmern unterdrückte Tränen.
»Was kann ich für dich tun?« *Natürlich will sie Geld von mir!* Mein Interesse hält sich in kalkulatorischen Grenzen, mein Ton klingt gedämpft.
»Der Vater meiner Tochter«, hebt sie an, »klingt komisch, nicht? Also, der Vater von Elvira überweist seit drei Monaten keine Alimente mehr, und ich –«
»Du möchtest einen Vorschuß haben?«
»Ja, oder auch nein – es tut mir auch leid, wenn ich dich belästige, aber ...«
»Nein, du belästigst mich nicht. Rede nur, vielleicht tut es dir gut.«
»Elvira wird übermorgen sechs Jahre alt, und ich würde ihr so gerne etwas zum Geburtstag schenken, aber ich habe kein Geld. Es reicht einfach nicht – ich kann es einteilen, wie ich will, es reicht nicht.«
»Heute ist der einundzwanzigste ...«
»Ich weiß. Aber ich unterstütze meine Mutter – klammheimlich versteht sich, damit ihr neuer Lebensgefährte nichts davon abbekommt –, und ich selbst habe auch ... ein bißchen viel getrunken in den letzten Wochen ... es ist alles so teuer. Aber du weißt das ja viel besser als ich, du hast das ja alles schon erlebt. Welch ein Glück für dich, daß du trokken bist, und das schon so lange ...«
Monika! Bitte, sprich jetzt nicht mit mir über meine Krankheit, bitte nicht! In Gedanken saufe ich mich seit Stunden zu Tode!
»Reichen fünfhundert?« Umständlich, mit gewichtigem Schlüsselrasseln öffne ich den Tresor.
»Soviel hatte ich gar nicht erwartet!«
Ich strecke ihr einen Fünfhunderter entgegen. Entgeistert schaut sie mich an: »Damit kann ich doch nicht einkaufen gehen – ich habe noch nie mit einem Fünfhunderter bezahlt ... was sollen denn die Leute von mir denken?«
»Das ist ein Argument«, gebe ich ironisch zurück, »zehn Fünfziger?«

Meine christfestliche, alkoholische Platitüde (abermals entleert sich das Füllhorn meiner makaberen Verklärung!) ge-

rät in Vergessenheit. Meine Gedanken kreisen fast ausschließlich um meine Arbeit, für weihnachtliche Banalitäten ist einfach kein Platz mehr.
Am Dienstag, bei der kleinen Berichterstattung, bittet mich Herr Kaiser, einen neuen Hausprospekt zu entwerfen. Zugleich ernte ich hohes Lob – meine Werbekampagne zeigt überraschende Erfolge. Im November verschickte ich dreihundert Werbebriefe an Schulen, Hochschulen und Agenturen für Schülerreisen: Eine Flut von Buchungen als erstes Resultat. April, Mai und Juni sind vollkommen ausgebucht. Die Früchte dieser Aktion beseitigen die latente Skepsis, mit der die Mitarbeiter meinen Aufstieg zum kleinen König, vertretungsweise, registrierten, auffallend rasch, zu meiner großen Verwunderung auch bei *Mops* und Herrn Brett. Das Frühstücksei wird jetzt exakt nach vier Minuten abgeschreckt, und der Hausmeister verzichtet großmütig auf seine Speerspitzen. Ich arbeite sehr viel, erscheine morgens gegen acht und verlasse an manchen Tagen das Haus spät am Abend. Einiges von dem, was noch vor Wochen wie ein unüberwindbarer Berg vor mir aufragte, erweist sich nun als simpler Vorgang, so auch die Gehaltsabrechnungen für die Aushilfskräfte. *Es ist ganz einfach*: einheitliche Lohnsteuer gleich zehn Prozent vom Lohn, von dieser Summe werden sechs Prozent Kirchensteuer als Pauschbetrag abgeführt; von diesen sechs Prozent wiederum müssen in Hamburg siebzig Prozent an die protestantische und dreißig Prozent an die katholische Kirche überwiesen werden...
Mein Geschick und mein überzeugendes Wirken verunsichern Claus nachhaltig. Fast täglich ruft er an, um mir mit »Tips und Ratschlägen« zur Seite zu stehen, um die ich ihn nie bat. Insgeheim hegt er wohl die schadenfrohe Befürchtung, daß ich meiner neuen Aufgabe nicht gewachsen sei; vielleicht wartet er auch nur darauf, von mir angerufen und um Hilfe gebeten zu werden – ein burleskes Tingeltangel um Positionen und Eitelkeiten.
Der Achtstundentag ist längst zerträumt, was blieb, ist ein rigides, magenschmerzendes Trauma... Das Bankkonto entpuppt sich als Maß aller Dinge; Rückgratlosigkeit, Anbiederung und servile Blässe sind die Pfeiler der Karriere und des Profits: Der Umsatz heiligt die Mittel!

Die Personalführung erweist sich immer deutlicher als stümperhaft; unpopuläre Entscheidungen gelten als verpönt, Dilettantismus und Seichtheit erzeugen ein gemütloses Klima... Ich bin nicht devot genug, um mich dieser Farce zu beugen.

Meine alkoholische, festtägliche Torheit (ich bewundere aufs neue mein titanisches Talent, solch ein gesättigtes Synonym zu schaffen!) verglüht unwiderruflich im Krematorium meiner aparten Entrückung. Die einst so stürmischen Widersprüche meiner süchtigen Gedankenwelt degenerieren zur stummen Apathie – ich schenke meinen Lügen Glauben.

Zwischen Claus und mir breiten sich immer mehr Mißtrauen und unverhohlene Ablehnung aus. Zwar werben wir gemeinsam mit Überzeugung, Gefälligkeit und profitablem Esprit einen Kunden, um schließlich einen Vertrag über fünfzigtausend Mark abzuschließen – aber danach, eben erst einen Moment wieder ungestört, drängt sich erneut und unverzüglich klirrender Frost zwischen uns. Das formelle Zusammenwirken funktioniert reibungslos, doch hinter der professionellen Kulisse Kollegialität vermodert unaufhaltsam jeder Anflug von Offenheit, Akzeptanz und Partnerschaft: Szenen aus der Ehe meiner Eltern... Verachtung und Mißtrauen, Ablehnung und Zurückweisung, gezielte Demütigung und abgründige Intriganz – ein erniedrigendes Match, eine miserable Zerrüttung; potemkinsche Dörfer inmitten arktischer Impressionen...

Sieben Wochen gehen zu Ende, der kleine temporäre König räumt wortkarg und willig den holzwurmigen Thron; Claus sinkt genußvoll auf das vorgewärmte Leder. Der Zepterwechsel vollzieht sich hastig; unsere Blicke meiden sich dabei.

Die Zeichen der Zeit, die Meßlatte der Moral: Sobald Claus im Wintergarten erscheint – der Treffpunkt für Kaffee und Zoten, Zigaretten und Intrigen –, versandet jede Unterhaltung mit abrupter Peinlichkeit; in allen Gemütern knistert es fühlbar, und jeder wartet auf den berüchtigten Funken...

Ich offeriere Claus den Umsatz während seiner Abwesen-

heit: 174238 DM; eine bemerkenswerte Summe, die meinem wankelmütigen Selbstbewußtsein ungemein schmeichelt. Dennoch ist es für Claus nicht genug. Das Bankkonto ist durch die 13. Monatsgehälter und diverse Jahresrechnungen erneut ins Soll abgesackt, hinzu kamen beachtliche Summen für längst überfällige Reparaturen. Der Einwand, »mein Umsatz« stelle immerhin eine Steigerung von dreißig Prozent zum Vorjahr dar, wird sofort kalt abgeschmettert: Schließlich sei er, Claus, es gewesen, der in unermüdlichem und rastlosem Einsatz das Haus wieder in die Profitzone geführt habe.
»Umsatz, Umsatz und nochmals Umsatz – das ist es, was zählt!« Seine Stimme kippt in ein hysterisches Flattern; mühsam hechelt er nach Luft. »Ich will der Beste sein, ja, der Beste, der je auf diesem Thron hier saß – was in aller Welt kümmern mich da die besoffenen Mütter, die illegitimen Kinder und die asozialen Wünsche des glotzäugigen Lumpenproletariats, das hier durch mich seine Brötchen verdient?«
Die Strohhalme der Rettung werden brüchig: Auch die fünfte Inhalation befreit die gefolterten Bronchien nicht aus den Krallen der röhrenden Spasmen.
Ich verachte ihn und verschmähe seine zynische Skrupellosigkeit. »Deine Menschenverachtung ist widerlich. Aber letztlich wirst du daran zugrundegehen, nicht die anderen!«
Das Eis zwischen uns verstärkt sich und eskaliert unaufhaltsam zur Totenstarre.
Kollapsähnlich sackt Claus auf seinen Thron.
Ach, ich möchte mich jetzt hemmungs- und erinnerungslos betrinken!

Fiktion und Ausbruch

Meine dezemberliche, alkoholische Renaissance (meine stilvollen Verdrängungen erwiesen sich inzwischen als Potpourri des Spotts und einer eigentümlich verspielten Begierde!) ist längst Historie; sie verstaubt zwischen Nostalgie und Nichtswürdigkeit, sie existiert nicht mehr für mich. Und doch: Sie lebt, und sie regt sich noch, und sie riskiert es sogar, vor meinem süchtigen Kalkül zu frömmeln.

Ich folge meinem Bedürfnis nach Distanz und Erholung und buche kurzfristig ein Hotelzimmer im Elsaß. Die zurückliegenden Wochen lösten eine melancholische Ausgestorbenheit und die zerfurchte Sehnsucht nach Einsamkeit aus – Flucht auf Zeit, wenigstens für sechs Tage. Dennoch packe ich erstaunlich unwillig meinen Koffer; am liebsten möchte ich mich sechs Tage ins Bett verkriechen und jeder unerfreulichen Erinnerung den Einlaß in meine Gedanken verwehren. Ich ahne, daß es mir nicht gelingen wird, mich durch einen Ortswechsel meinem Gedächtnis zu entziehen, aber der Zwiespalt in mir drängt mich beharrlich aus meiner Biographie.

Ich bin lustlos und unentschlossen. Der Kleiderschrank quillt über, doch ich kann mich für nichts entscheiden.

Meine Bücherregale sind vollgestopft, doch ich finde keine geeignete Reiselektüre. Ich sorge mich um die freien Tage: bei schlechtem Wetter, wenn das Wandern unmöglich wird, fahre ich eben weiter nach Paris. Ich bin noch nicht unterwegs und sorge mich bereits um meine Rückkehr. Nach dem Zerwürfnis mit Claus dachte ich an eine fristlose Kündigung, doch schließlich siegte der Reiz meines ansehnlichen Gehalts. Wie rasch ich mich doch an meinen angenehmen, soliden Wohlstand gewöhne – fast bin ich ein wenig enttäuscht von mir. Ich plane einen Sommerurlaub in Skandinavien, einige Spätherbsttage in den Vogesen, einen Winterurlaub in den Bergen, und der sechswöchige Frühlingsurlaub auf einer Ägäis-Insel gewinnt bereits Kontur. Ich benötige dringend einen neuen, guten Anzug (wofür?), neue Schuhe, einige Hemden, Krawatten, Krawattennadeln: Ich sorge mich um mein Gehalt, achte übermäßig auf mein Äußeres,

verplane meine Zeit, mein Geld und meine Individualität auf Monate hinaus. Bravo! Endlich passe ich ins Schema, konsumgerecht und pflegeleicht.
Schließlich entscheide ich mich für ein gemischtes Outfit, zur Hälfte dem Wandern im Elsaß dienlich, zum anderen der kulinarischen Orgie in Paris gefällig.
Zuletzt lege ich meine kleine Bibel in den Koffer; sie begleitet mich seit Jahren auf jeder Reise. Sie ist edel und rustikal zugleich: Ein roter Einband aus Ziegenleder mit einem Reißverschluß bewahrt sie vor frühzeitigem Verschleiß. Viel Zeit ist verflossen, seit ich zum letztenmal darin las. Nein, ich möchte jetzt nicht sentimental werden, aber, ja – ich habe mich doch in den letzten ein, zwei Jahren vernachlässigt; ich reduzierte meine geistige Nahrung auf ein unbedeutendes Minimum und verbringe inzwischen mehr Zeit damit, zwischen zwei gleichermaßen originellen Krawattenmustern zu entscheiden als meiner fragilen Trockenheit neue, lebenswichtige Impulse zu vermitteln.
Ordnete ich früher meine aufgewühlten Impressionen in heilsamer Stille, so flüchte ich mich jetzt in Verabredungen und vergeude Stunden in Parfümerien, um ein typgerechtes Eau de Toilette zu suchen; Davidoff oder Dior, Gucci nobile oder Armani, das ist hier die Frage...
Ich öffne den Reißverschluß und schlage die Bibel am Lesezeichen auf:

Darum sorget nicht für den anderen
Morgen, denn der morgende Tag wird für
das Seine sorgen. Es ist genug, daß ein
jeglicher Tag seine eigene Plage habe.

Matthäus, 6,34

Im Intercity nach Straßburg blättere ich mich fahrig durch einige Zeitschriften, um möglichst rasch Abstand von Hamburg zu gewinnen. Doch die Gedankenflucht erlahmt bereits in den Ansätzen, mein Entrinnen versagt – immer wieder kehre ich zu mir zurück. Ich kann mich nicht aus mir lösen; es ist mir unmöglich, mich wenigstens für eine kurze Spanne von den Schauplätzen meiner abstrakten Grübelei abzuwenden.

Gestern, mit Katharina, Monika, Michael und *Mops* im Wintergarten bei Kaffee und Zigaretten:
Monikas Mutter schleicht sich durch den Hintereingang ins Haus, erbarmungswürdig betrunken, mit einem blauvioletten Tränensack und einer blutigen Schramme über der Oberlippe. Wir begegnen uns zufällig auf der Treppe, ich vermeide es, sie anzusehen, und gehe wortlos weiter.
Monikas Augen bitten mich wieder einmal – vergebens – um Hilfe; glattzüngig entschuldige ich mich mit meinem erklecklichen Arbeitspensum. Ich gerate in die düstere Sackgasse der Verweigerung und fühle mich dabei schuldig, aber mein innerer Notstand weist mit einem griffbereiten Reflex jedes fremde Elend brüsk zurück.
Frau Cordes visiert Monika an und klopft mir dabei anerkennend auf die Schulter: »Deine Mutter sollte sich ein Beispiel nehmen – hier sitzt einer, einer von wenigen, die es geschafft haben. Ich habe seine Bücher gelesen; er hat es wirklich geschafft. Er ist seit über acht Jahren trocken. Eine beachtliche, eine bewundernswerte Leistung!«, und aus ihrer Stimme spricht ein erhabener Stolz, so als wäre sie es gewesen, die mich am 19. 6. 79 aufs Trockendock legte. Ich fühle mich als ihr ganz persönliches Äffchen im Zoo der trockenen Alkoholiker. Niemand ahnt, wie sehr mich ihre Lobhudelei zermartert; könnte ich mich doch nur in meine Kaffeetasse verkriechen!
Am späten Nachmittag stilisiert Claus eine Geringfügigkeit zur peinlichen Affäre: Endlich hat er einen Fehler gefunden! Bei den Abrechnungen für die Sozialversicherung habe ich mich um *eine Mark und vierzehn Pfennige* vertan! Vor versammelter Mannschaft wird mir Oberflächlichkeit vorgeworfen, muß ich mich als unzuverlässig und flatterhaft bespötteln lassen.
Ich bin einfach zu matt, um mich zu wehren. Ich müßte mir einfach nur Mut antrinken, dann ...
Meine winterliche, alkoholische Suggestion, das zwergenhafte Rückfällchen am 23., 24. und 25. Dezember 1987 (die verbale Zerfaserung meiner Aufrichtigkeit spekuliert unvorhergesehen auf ein rasches Ende!) bewirkte einen erschreckenden psychischen Kahlfraß. Obgleich ich nicht trinke, sehne ich mich in immer kürzeren Abständen in den

Zustand erhabener Betrunkenheit; obgleich ich mein Verderben in jeder Faser kenne und jede Pore meines Unheils blind ertasten könnte, kleben sich meine Gedanken fügsam an die Versuchung.
Das ist das Niederträchtige an der Sucht: Man wird sich selbst so abscheulich fremd; das grobschlächtige, tiefe Vibrieren erstarrt zu Frost, und nirgendwo wird man noch Gnade finden.
Widerwillig krame ich mein Manuskript aus dem Koffer. Wenn mir doch nur der Einstieg wieder gelänge, dann wäre auch meine Sprachlosigkeit besiegt, und aus dem trägen Bleistift würde ein konzilianter Taktstock!
Doch bereits nach wenigen Seiten gebe ich auf, wehmütig, trübsinnig. Ich werde unverhofft traurig.
Ich bin allein: Ich liebe das Alleinsein, ich pflege und benötige das Alleinsein, weil es mich zu mir führt – pure, nackte, dumme Lügen!
Seit Monaten verunsichert mich eine arglistige Einsamkeit: Ich benötige diese Einsamkeit, denn nur in ihr können sich wahre Inspiration und seelische Stärke entfalten – ein simpler Betrug, ein durchdringender Hilferuf!
Ich verspüre unsägliches Mitleid mit mir!

Im Speisewagen kollidiere ich im Zeitraffer mit meiner Geschichte: In Sekundenschnelle braust der Zug durch den winzigen Bahnhof meiner Heimatstadt, ein kleines Garnisonsnest mit zwei Kasernen, mitten im lieblichen Baden.
Blitzartig spult sich ein Film durch meinen Kopf, Kindheit, Jugend, Schule, Gut und Böse, Liebe und Haß, Euphorie und Enttäuschung. So stelle ich mir das Sterben vor: mit einem eisglatten, unzensierten und von der Erinnerung perfekt geschnittenen Kurzfilm des Lebens.
Der erste Schultag... ich möchte mich nicht mit der Schultüte fotografieren lassen, Mutter muß mich fast zum Fotografen schleifen. Dann das eindringliche Flehen, nun »doch endlich mal wenigstens ein bißchen« zu lachen – schließlich bewahrt man so ein Foto ein Leben lang auf!
Am nächsten Morgen schließe ich mich in der Toilette ein: Ich will nicht zur Schule, zu all den fremden Kindern, nein, ich gehe nicht. Mutter bettelt, Vater droht, ich weine.

Vater gibt mir zwei Minuten, sonst tritt er die Tür ein. Ich weine noch mehr und gebe schließlich auf; Mutter bringt mich schweigend zur Schule.
Die ersten Geheimnisse; mit zwölf in einem dichten Gebüsch am Bahndamm die erste heimliche Zigarette mit Bernd; die erste Freundschaft, das erste Vertrauen.
Später: die erste schwärmerische Liebe – der pubertäre Weltschmerz vermischt sich mit himmelhochjauchzender Freude; die erste tollpatschig-aufgeregte Verliebtheit mit Herzklopfen und feuchten Händen; der unermeßlich tiefe Schmerz der ersten Trennung.
Alleinsein, Trauer, Verlassenheit, tiefe, schier unerfüllbare Sehnsucht. Meine Einsamkeit überrollt mich. Ich fühle mich verraten, zurückgewiesen, zurückgestoßen, im Stich gelassen, so wie damals:
Nach einer jahrelangen Ruhephase bricht mitten im Sommer Mutters rheumatisches Fieber wieder aus. Beharrlich sträubt sie sich gegen eine Einweisung ins Krankenhaus und liegt monatelang im abgedunkelten Gästezimmer. Mit den ersten Sonnenstrahlen werden die Gardinen geschlossen, denn das Licht verursacht ihr sofort hämmernde Kopfschmerzen.
Nachts, zwischen drei und vier, wechselt das hohe Fieber mit einem heftigen Schüttelfrost, und Mutter ruft gellend um Hilfe. Zweimal täglich erscheint ein Arzt, bleibt lange in Mutters Zimmer und verläßt dann mit ernster Miene das Haus. Ich bin fünf Jahre alt und begreife nichts. Ich habe nur Angst um Mutter, furchtbare Angst, daß sie plötzlich nicht mehr da sein könnte. Unsere Haushälterin – eine weißhaarige Frau mit gutmütigen, leuchtenden Augen und ehrlichen Lachfalten über den Wangen – sitzt nächtelang treu ergeben an Mutters Bett. Sonst duldet sie niemanden in ihrer Nähe. Nur für kurze Augenblicke darf ich an ihr Bett treten, dann muß sie wieder alleine sein. Das Gesicht glüht vom Fieber, die Finger sind dick geschwollen, jede Bewegung löst entsetzliche Schmerzen aus.
Vater trinkt nicht mehr.
Im Haus wird es totenstill.
Mutter verlangt nach einem Pastor. Vater nimmt mich bei der Hand: »Bete darum, daß deine Mutter wieder gesund

wird.« Dann schließt er sich in seinem Arbeitszimmer ein, und durch die Tür höre ich ihn zum erstenmal weinen.
Unserer Haushälterin wächst die Arbeit über den Kopf, Haushalt und zeitraubende Krankenpflege sind einfach zuviel. Daneben sorgt sie noch liebevoll für mich, kocht für Vater, wäscht und bügelt die Hemden.
Ich verändere mich, drohe in der gedrückten Spitalatmosphäre unseres Hauses zu verkümmern. Unsere Haushälterin schlägt vor, mich für einige Zeit in einen Kindergarten zu schicken. Mutter zögert, doch dann ist sie schließlich doch damit einverstanden.
Es tut mir leid, flüstert sie, aber ich will ja nur dein Bestes. Es tut ihr wirklich weh, sie schwört es mir.
Ich fühle mich verstoßen und für immer ungeliebt. Jäh durchzuckt ein wehleidiger Stich meine unschuldige Liebe; ich bin verlassen worden!
Ich setze mich stumm auf den Gepäckträger, jeden Morgen, und unsere Haushälterin fährt mich mit dem Fahrrad zum Kindergarten. Eine alte Diakonisse nimmt mich an ihre welke Hand; mein Herzschlag saust zwischen die Ohren, und ich beginne wieder einmal zu weinen, ganz leise und unaufdringlich.
Nachts nässe ich das Bett ein und wache schreiend auf. Mutter bestraft mich kein einziges Mal, nicht der geringste Vorwurf kommt über ihre Lippen; nur ihre Augen sind anders geworden, so als wolle sie alle Schuld für meine Ängste tragen.
Gluckenhaft-fürsorglich bringt sie ein Schälchen mit Walnußeis an mein Bett.

Mein weihnachtlicher Rückfall, mein verleugneter, überaus diskreter und mit einem beispiellosen Energieaufwand heruntergespielter Rückfall erweist sich als rasiermesserscharfer Bumerang.
Mein Rückfall: Ich vergleiche ihn mit einem Patienten, der in ein Bett gepackt, in der düstersten Ecke eines Krankenhausflures provisorisch untergebracht und dann schlichtweg vergessen wird. Und trotz seiner matten Hilferufe übersieht man ihn einfach. Nach einiger Zeit stellt der Patient verwundert fest, daß er auch ohne Behandlung Genesung erfährt,

er verläßt heimlich das Bett und schleicht sich davon; niemand bemerkt etwas von diesem Vorfall.
Mein heimlicher Rückfall scheint kuriert, und ich suche inkognito das Weite. Die persönliche Suchtbuchhaltung registriert nichts als ein anonymes, unklares Ereignis.
In der Medizin existiert das Phänomen des sogenannten stummen Herzinfarktes; eine lebensbedrohliche Sensation, die als Herzattacke oder Angina-pectoris-Anfall verharmlost, rasch den sicheren Tod bedeuten kann. Die Symptome zeigen sich nur andeutungsweise, und obgleich der Kranke die typischen Todesängste empfindet, zeigt sich im EKG kein erkennbarer Beweis akuter Lebensgefahr. Diese atypischen Krankheitszeichen führen oftmals zu einer Fehldiagnose mit häufig tödlichem Ausgang.
Und nun kehrt mein stummer Rückfall lauthals grölend zurück; das süßliche Verderben streift verächtlich seine Masken ab, eine animalische Sehnsucht lungert nackt durch meine Eingeweide, Freundin Begierde liebzüngelt betörend die Gurgel...
Später werde ich einmal gefragt: »Was dachtest du, als du damals im Speisewagen rückfällig wurdest?«, und ich werde antworten: »Ich dachte an unermeßlich viele Dinge, nur nicht an das, was in diesem Augenblick geschah. Es war so faszinierend undramatisch, es war ein momentanes Mißgeschick, mit einem lächerlichen Beigeschmack, so als hätte ich mir versehentlich eine Zigarette am Filter angezündet.«
Eine geschmackvolle Ouvertüre zum Sturz ins Nichts – fast zupfe ich den Kellner keck am Jackett:
»Einen trockenen, sehr kalten Champagner bitte!«
Draußen, vor der Fensterscheibe, hastet mein Leben vorbei. Der Champagner ist tatsächlich gut gekühlt, das Glas beschlägt, und im Irrgarten meiner Gefühle erblüht ganz plötzlich eine lachende Sommerwiese!
Meine Kinderjahre, mein zentraler Defekt: die dünn besetzte Rolle des Vaters, die überzärtelnde, enttäuschte Mutter, die mir meine Kindheit raubt und mich mit ihrer verschlungenen Zuwendung versklavt. Sie glaubt, sie würde mich lieben, doch sie saugt mich rücksichtslos aus. Sie kann nicht lieben, sie nimmt gefangen.

Katze müßte man sein – da wird die Nabelschnur einfach durchgebissen; was danach kommt, bestimmt die Natur.
Meine Rückkehr in den Rückfall bedarf noch der Rechtfertigung, sucht nach beschämter Erklärbarkeit, dabei ist er längst enthüllt. Mein Rückfall verläuft als erwartungsgemäßes Spektakel.
Nein, dieses Mal führe ich angesichts des Glases keinen Monolog; ich zeche, ich denke nicht, ich bin auch nicht enttäuscht von mir.

SCHNITT.

VON NUN AN WERDE ICH FÜR LANGE ZEIT EIN ANDERER SEIN.

Ich kann es nicht erklären; es ist ein vages, muffiges Gefühl, auf das ich keinen Einfluß mehr nehmen kann, ich ahne nur, daß mir jetzt die Rückkehr lange verwehrt sein wird, denn ich vermisse den Druck einer Schuld, die Gesichter der Angst und das Verlangen nach Demut.
Mit dem ersten, köstlichen Schluck werde ich zum routinierten, lasterhaften Hasardeur.
Ich trinke nicht, ich süchtige.
»Noch ein Glas Champagner bitte!«
Nein, es ist noch nicht genug; er prickelt gerade so boshaft!
Ich trinke nicht, ich übe Verrat.
Der Champagner pflügt sich beschaulich durch die Erinnerung:
Mit sechzehn besuche ich Vater in der Kaserne; ein Freitag, kurz vor Dienstschluß. Auf seinem Schreibtisch steht ein silberner Kühler mit einer Flasche Champagner auf Eis; Vaters Beförderung in den Generalstab soll geschmackvoll umrahmt werden. Ich gratuliere, weil er es unausgesprochen von mir erwartet. Dann folgt die Dienstübergabe für das Wochenende: Am Schlagbaum werden die Wachen vergattert, und kurz darauf salutiert der Offizier vom Dienst – ein bubihafter Leutnant – in Vaters Büro.
Die beiden Offiziere trinken Champagner, auch mir wird ein kleines Gläschen zuteil. Dann ziehen sich die beiden für

etwa zehn Minuten in einen Nebenraum zurück; ich bin allein in Vaters Büro. Der Wandtresor ist unverschlossen, ich wage einen Blick: einige versiegelte, braune Briefumschläge, eine Armeepistole, eine angebrochene Flasche Cognac. Auf dem wuchtigen Schreibtisch liegt eine geöffnete Ledertasche, die dem Leutnant übergeben werden soll.
Diese hat er unter allen Umständen jederzeit und ohne Ausnahme am Körper zu tragen, denn darin befinden sich die Alarminstruktionen für den Verteidigungsfall mit den geheimen Telefonnummern sämtlicher Standleitungen der Bundeswehr, bis hin zum NATO-Hauptquartier...
Das kleine Gläschen Champagner entfaltet eine listige Wirkung und animiert mich beinahe zum Hochverrat: Ich müßte nur drei Schritte zum Kopierer gehen, die geheimen Papiere ablichten, um sie dann anonym, aber mit freundlichen Empfehlungen per normaler Briefpost an die Botschaft der UdSSR zu schicken... Ein delikater Skandal mit einem Knäuel diplomatischer Verwicklungen!
Ich habe es nicht getan; nicht aus Treue zur Republik, nicht aus Liebe zu meinem Vater – ich war einfach zu feige.
Ich schlendere in die 1. Klasse – mir ist jetzt einfach nach ein wenig verschwiegener Behaglichkeit zumute – und ordere bei einem Zugbegleiter noch eine kleine Flasche Champagner; ja, sage ich heimlich zu mir, ja, du säufst jetzt wieder, aber es klingt so gar nicht böse...
In Straßburg bleiben mir vierunddreißig Minuten, genügend Zeit für einen Kir Royal im »Buffet de la Gare«. Nach dem zweiten Kir wird es richtig lebendig in mir; alle Stolpersteine sind erfolgreich beseitigt, und die schmuddelige Seele glänzt wieder besenrein!
Ich wachse um einige heldenhafte Zentimeter, und endlich weicht die chronische Bedrückung einer alkoholisch-federleichten Lässigkeit!
In der Bahnhofshalle dröhnt über die Lautsprecher eine Durchsage, die ich ausgezeichnet verstehen kann. Ich wundere mich über meine verborgenen, exzellenten Französischkenntnisse, doch später, als ich im Zug sitze, dämmert mir, daß es sich um eine zweisprachige Durchsage handelte.

In Colmar trinke ich im Stehen einen Petit noir, verfeinert mit einem ausgezeichneten Calvados. Ich bin erschöpft und sehne mich nach einem heißen Bad und einem frischbezogenen Bett, doch der nächste Zug nach Munster fährt erst in zwei Stunden, so lange will und kann ich nicht warten. Kurz entschlossen winke ich ein Taxi herbei; das wird mich zwar hundertfünfzig Francs kosten, aber was zählt das jetzt? Ich möchte meine leichtherzige Trunkenheit ausschweifend genießen!
Im »Aux deux sapins« beziehe ich ein komfortables Zimmer mit einer großartigen Aussicht über das Munstertal und die glitzernden Schneereste des Petit Ballon. Die Fußbodenheizung im Badezimmer fasziniert mich – und augenblicklich suhle ich mich wieder in der Vergangenheit: Auch in meinem elterlichen Haus wurde im Badezimmer eine Fußbodenheizung installiert, und es waren herrliche Augenblicke, wenn an einem froststarrenden Morgen die warmen Fliesen den nackten Füßen schmeichelten.
Ich hasse Frankreichs Betten mit den viel zu weichen Matratzen und ihren heimtückischen Rollkissen, die jeden Schlafversuch vereiteln, doch der Blumenstrauß und die kleine Flasche Champagner zur Begrüßung lassen mich großmütig darüber hinwegsehen.
Korrektur: Nach dem ersten Glas Champagner verschieben sich zwar die Prioritäten geringfügig, dennoch möchte ich der Chronologie die Ehre geben: Ich werfe den Koffer aufs Bett (eine dumme Gewohnheit!) und inspiziere als erstes die Minibar. Sie erweist sich als gut sortiertes Refugium und scheint für jeden alkoholischen Notfall gerüstet: drei Sorten Bier, Scotch, Bourbon, Riesling, Champagner, Sekt, Cognac, Calvados, Gin, Mineralwasser mit und ohne Kohlensäure, zwei Alka-Seltzer. Rasch genehmige ich mir einen Begrüßungstrunk, erst dann fällt mein Blick aus dem Fenster, danach entdecke ich den Blumenstrauß, verdamme sodann das Bett und nostalgiere schließlich über die Fußbodenheizung.
Beim heißen Bad empfinde ich so etwas wie verläßliche Geborgenheit und stelle grinsend fest, daß es mir im Grunde völlig gleichgültig ist, welches Tal sich vor meinem Fenster ausbreitet und welcher Berg auch immer sich am Horizont

auftürmen mag; die vorzüglich ausgestattete Minibar wird mir einige lästige Wege ins Foyer ersparen. Und genießerisch lebe, fühle und trinke ich im Hier und Jetzt.
Ich versüße mir das Bad mit einer halben Flasche Crémant d'Alsace, dem unnachahmlichen elsässischen Sekt, und nehme mir zugleich vor, meinen Alkoholkonsum unter Kontrolle zu halten; schließlich möchte ich wandern, mit neuem Elan an meinem Manuskript arbeiten und mich mit Interesse den »Memoiren des Herzogs von Saint-Simon« widmen, einem schillernden Sittengemälde vom Hofe Ludwigs XIV. Und nicht zuletzt will ich mich hie und da – in Maßen – an einem kleinen Fläschchen gütlich tun, das habe ich mir nach diesen strapaziösen Wochen redlich verdient.
Selbstverständlich lüge ich mir wieder mal in die aufgeweichte Seele: *Zuerst* möchte ich mir ein Gläschen gönnen, dann vielleicht wandern, essen und eventuell am Manuskript arbeiten oder dreihundert Jahre alte Memoiren lesen...
Nach einer Viertelstunde lasse ich heißes Wasser nachfließen, und mir ist nicht mehr nach Wandern zumute – ich stand bereits einige Male von Stolz erfüllt auf dem Petit Ballon, genoß mit verklärten Blicken die phantastische Aussicht vom Grand Ballon und ließ mich auf dem Hoheneck vom berüchtigten Westwind beinahe in die Tiefe reißen. Zudem kann man Inspiration nicht erzwingen, und die dreihundertjährigen Memoiren verkraften sicher auch noch einige weitere ungelesene Tage.
Ich trinke nicht, ich ertränke.

Die Süffisanz der Ereignisse, mein versklavter Dornenpfad der Sucht: Der erste Abend im Elsaß endet mit einem mäßigen Rausch.
Nach dem Essen (Aperitif, Riesling, Digestif) gönne ich mir noch eine Flasche Sekt und schlafe mit nutzlosen Gedanken ein. Ich nehme mir vor, spätestens um acht Uhr aufzustehen und den Aufstieg zum Petit Ballon zu wagen. Ich erwache um halb elf und lasse mir das Frühstück im Zimmer servieren – inklusive einer halben Flasche Crémant. Für einen Moment schenke ich meinen trivialen Lügen sogar Glau-

ben, indem ich mir einrede, der Sekt solle nur meinen Kreislauf in Schwung bringen, nichts weiter; diese Rechtfertigung wirkt so willkommen beruhigend.
In pläsierlicher Sektlaune mache ich mich auf den Weg; mein Rückfall entlockt mir nicht den geringsten Vorwurf, ich denke einfach an der Realität vorbei, ertränke sie gelegentlich, und meine diskrete (aber zugleich ergötzliche) Betrunkenheit hält alle Zweifel an meinem Tun in Schach.
Ein herrlich klarer Tag mit einem wolkenlosen Himmel und einer ausgezeichneten Fernsicht zum Schwarzwald und auf die Alpen; nur das Rheintal lullt sich trotzig in einen undurchdringlichen Nebelteppich.
Morgen werde ich den Hoheneck besteigen: Bei dieser Wetterlage kann man vom Gipfel den Mont Blanc sehen; das möchte ich mir nicht entgehen lassen. Ich verplane mich erneut und mißachte selbstgefällig die unabänderlichen Einflüsse der Sucht auf meinen labilen Terminkalender.
Dreihundert Meter etwa trennen mich noch vom Gipfel des Petit Ballon; ein knappe Stunde Wanderzeit. Ich beabsichtige, auf der Rückseite abzusteigen, um dann über Metzeral zurück nach Munster zu gehen. Aber zunächst gilt es, den Gipfel zu erreichen –, und ich möchte das auch, aber da ist diese kleine verführerische »Ferme Auberge«, jener urige Berggasthof von Monsieur Berger mit seinem »Filou«; so nennt er seinen selbstgezogenen Silvaner, und Monsieur warnt lächelnd vor dem dritten Glas, denn jetzt entfaltet Filou seine spitzbübische Wirkung in voller Pracht!
Ich beginne mit einem Café au lait, und am späten Nachmittag zeigt sich Filou als verschmitzter Freund – beim vierten Silvaner verflüchtigt sich die Sehnsucht nach einem Gipfelerlebnis ins Gegenstandslose, und ich wanke mit zwei Flaschen im Rucksack nach Munster zurück.
Morgen trinke ich keinen Tropfen Alkohol!
Der zweite Abend klingt mit einem schweigsamen Schlummertrunk aus. Ich bin nur mäßig betrunken, es besteht kein Anlaß zur Sorge. Neben dem Bett steht noch eine Flasche Filou; ich will sie mir am letzten Abend gönnen. Obgleich – ich bin noch so eigentümlich munter und keinesfalls außergewöhnlich alkoholisiert... Zum Schlafen ist es noch zu früh, und es gibt noch so viel zu denken...

Ich gestehe mir ein mittelmäßiges Scheingefecht zu, ringe ein wenig mit mir, lenke kurz ein, besiege mich schließlich und fingere entnervt nach dem Korkenzieher.
Ich trinke nicht, ich ertrinke.
Es ist alles wie damals, und damals ist jetzt: Erneut unternehme ich unvorhergesehene, waghalsige Ausflüge in mein zerrüttetes Leben, durchforste angespannt meine verästelte Geschichte und sehne mich zu den unschuldigen Anfängen zurück. Ich wühle nicht in meinem Gestern, es quillt und drängt ohne mein Zutun.
Ich erinnere mich jedoch nicht, um Schuld zuzuweisen oder nach einer fragwürdigen Rechtfertigung zu suchen; nein, ich befinde mich mitten in einer peniblen Bestandsaufnahme: Auch meine verwilderte Seelenbürokratie verlangt nach Übersicht, Ordnung und abgeschlossenen Vorgängen.
Ich suche keine Entschuldigung für meine Sucht – weder eine Schuld noch einen Schuldigen. Gäbe es eine Schuld, so wäre das Wissen um sie nicht in der Lage, mir auch nur einen einzigen nüchternen Tag zu schenken; das vermag nur ich allein.
Ich blicke auf die Anfänge und erkläre sie; das ist alles.
Geschehenes ist nicht veränderbar und verweigert jede Retusche. Erinnerungen taugen nur zu einem Steinchen im Mosaik; nichts weiter.
Der junge, triebhafte Filou und meine monströsen Erinnerungen vereinigen sich zu einer fatalen Allianz:
Mutter ruft mich an. Das Schlimmste steht bevor; ich muß sofort ins Krankenhaus kommen, Vater geht es sehr schlecht.
Krankenhaus B., mitten in einem weitläufigen Park mit mächtigen Bäumen gelegen. Der Park ist viel zu schön und die Schatten der Bäume viel zu kühl, um hier zu sterben.
Im Aufzug beginne ich aus der Tiefe zu frieren; auf dem Flur verlangsame ich meinen Schritt, um die vermutlich letzte Begegnung zu verzögern. Sekunden, Minuten, die ich vielleicht bereuen werde, denn sie sind unwiederbringlich und von Vaters letzter Zeit geraubt.
Die Tür steht offen, ein Arzt wechselt die Bluttransfusionen. Vater nickt mir erschöpft zu, Mutter kommt vor die Tür.

»Wenigstens durfte er noch dein bestandenes Abitur erleben, das erfüllte ihn wirklich mit Stolz« – ihr Flüstern flattert.
Weshalb kann er mir das nicht selbst sagen? Mein Gott, über wie viele Jahre hinweg bedienten wir uns Mutter, um miteinander zu reden?
»Mutter, sprich nicht in der Vergangenheit: Er lebt noch!«
Erschrocken schlägt sie die Hände vor den aufgerissenen Mund.
Vaters Gesicht gleicht einem entfleischten Totenschädel; nur das Cortison läßt es kurzfristig aufgedunsen und feist erscheinen. Die fahlen Lippen verlieren sich in welker Leblosigkeit zwischen den weißen Kopfkissen; seine Beine wirken stelzenhaft, wie abgenagte Hühnchenknochen. An den Innenseiten der Arme schimmern zahlreiche Blutergüsse durch die blasse Haut.
Die Blutentnahmen sind sehr schmerzhaft, sagt Vater, und er fürchtet sich vor ihnen. In beiden Ellbeugen ragen großvolumige Plastikkanülen aus den zerstochenen Venen; die Infusionsschläuche sind mit braunen Heftpflasterstreifen an den Unterarmen fixiert. Die seelenlose, auf Technik und Routine reduzierte medizinische Maschinerie funktioniert perfekt: Blutkonserven, Elektrolytlösungen und auf Handzeichen die Spritze mit dem Opiat, damit die Tumorschmerzen keinen Wahnsinn entfachen.
Vater bittet um ein Glas Champagner, danach will er endlich sterben. Genauso sagt er es:
»Gebt mir noch ein Glas Champagner; danach will ich endlich sterben. Das Leiden muß ein Ende finden.«
Weinend flößt ihm Mutter Champagner ein.
Ich fliehe vor seinen Blicken. Ich weiß um sein Leid, dennoch wende ich mich von ihm ab. Mit dem Rücken zu seinem Bett, aus dem Fenster schauend, zerreiße ich mich in meinen Widersprüchen. Ich stehe neben mir und blicke vorwurfsvoll zu mir hinab.
Wenn ich nur traurig sein könnte und endlich weinen müßte! Aber ich verharre regungslos im emotionalen Niemandsland. Ich nehme nichts Überwältigendes in mir wahr; ich sitze in einem Kino und sehe einen Film über einen ster-

benden Mann: Jede Szene ist zigmal probiert, jedes Detail einstudiert, professionell ausgeleuchtet und fernab jeder Zufälligkeit. Doch die flimmernden Bilder erreichen mich nicht; sie können nur auf der Leinwand leben.
Der alte Reisewecker hämmert die letzten Sekunden. Als Kind faszinierten mich seine Leuchtziffern über viele Nächte hinweg, sie halfen mir durch meine Einsamkeit.
»Mein Junge...«, kraftlos verliert sich Vaters Stimme im Raum, »mein Junge...« Er möchte mir etwas sagen, aber es gelingt ihm nicht. Er umklammert lange meine rechte Hand, die Zeit scheint in Stunden zu ticken.
Mutters Gesicht ist in Elend gegossen.
Sein Leben lang sagte er »mein Junge« zu mir, selten nannte er mich bei meinem Namen, nur bei wichtigen, fast feierlichen Anlässen. Dieses »mein Junge« wird mir für immer in den Ohren klingen, wobei ich rasch lernte, lediglich auf den Tonfall zu achten, denn meistens folgten danach stereotype Belehrungen oder Ermahnungen, monotone Selbstdarstellungen und weitschweifige Abhandlungen über das Soldatentum.
Bei einem Sonntagsspaziergang, ich war elf, sagte Mutter einmal zu mir: »Du bekamst deinen Namen gegen meinen Willen, Vater wollte es so. Ich hätte dir so gerne den Namen Tobias gegeben, aber dein Vater war strikt dagegen.«
»T-o-b-i-a-s, ha!« äffte Vater sogleich, »das klingt doch wie ein warmer Furz auf dem Plüschsofa! Solch eine Idee kann nur deine Mutter gebären!«
Vater war eben ein Meister des Spottes!
Abermals entfernten wir uns ein Stück voneinander, gingen einen Schritt weiter in jene sprachlose, gefühlsgehemmte Distanz, die uns einander immer fremder werden ließ. Vielleicht tat es ihm manchmal leid, daß er sich mit einem ironischen, soldatischen und unnahbaren Fluidum umgab, ich weiß es nicht, aber es gab Zeichen von Zuneigung, ja beinahe väterlicher Güte: Mit siebzehn verbringe ich eine Nacht an seinem Krankenbett; ein perforierter Blinddarm hätte ihn beinahe das Leben gekostet, nur durch eine vierstündige Operation konnte er gerettet werden. »Wünsch dir was«, sagte er einige Tage später zu mir, »ich möchte dir eine Freude bereiten.«

»Schenk mir ein Flugticket nach Johannesburg«, erwidere ich ohne Zögern, »ich möchte meinen Brieffreund, Patrick, besuchen.«
Vater gibt mir das Geld für ein Flugticket, doch beim Visumantrag schaltet sich der MAD ein: Solange Vater Geheimnisträger im Generalstab sein wird, scheiden Reisen in den Ostblock und in bestimmte andere Länder aus Gründen der nationalen Sicherheit aus – der Preis für ein karriereträchtiges Vaterbild. Geschichte hautnah: Alarmbereitschaft und Ausgangssperre während der Kubakrise, Vater schläft in Uniform. Die Nacht nach dem Mord an John F. Kennedy: ebenfalls Ausgangssperre; die Piloten der Luftwaffe sitzen vierundzwanzig Stunden in ihren startbereiten Maschinen; Vater verschwindet für mehrere Tage im Hauptquartier.
»Wenn ich einmal sterbe«, sagte er zu mir und legte eine Hand auf meine Schulter, »dann wirst du in unseren Keller gehen. Du findest dort eine Flasche Champagner – nicht irgendeinen Champagner, sondern eine Flasche *Dom Perignon*, Jahrgang 1932 – ich habe sie 1943 aus Paris mitgebracht, sie ist unbezahlbar. Trinke sie nach meinem Tod, und denke dabei an mich.«
Es geschieht um 16.38 Uhr, während ich auf dem Krankenhausflur eine Zigarette rauche. Mutter stürzt mit angstverzerrtem Gesicht aus dem Zimmer und schreit meinen Namen. Nein – sie ruft laut und deutlich nach »Tobias«, zweimal nacheinander: »Mein Gott, Tobias, es ist soweit!«
Eine Nonne schließt seine gebrochenen Augen; die Bluttransfusionen tropfen endlos weiter.
Mutters tiefes Schluchzen bricht einen bizarren Kontrast in die sprichwörtliche Totenstille. Ich fühle mich umklammert, spüre Angst, fühle zugleich nichts. Mein Gott, wie makaber müssen die Tiefen in mir sein!

An der Pforte bittet man uns mit formeller Höflichkeit, fünfundzwanzig Mark für den Leichenbeschauer zu entrichten.
Wir erhalten eine Quittung, danach wird der Totenschein zweimal gestempelt und Mutter ausgehändigt.
Das also war Vater.

»Bitte denken Sie daran«, erklärt ein hornbebrilltes Etwas, »wer den Totenschein besitzt, dem gehört auch die Leiche. – Ich möchte damit sagen: Nur unter Vorlage des Totenscheines können Sie den Leichnam bestatten lassen. Ich rufe Ihnen jetzt ein Taxi.«
Im Wagen sagt Mutter ganz leise: »Trotz allem – er war ein guter Mensch; wir wollen die kleinen Schatten vergessen. Bitte, laß uns die weniger guten Stunden einfach auslöschen, bitte.«
»Ist das jetzt so wichtig?« Ich begreife nichts, ich fühle nur mich, sonst nicht das geringste.
»Wir sind es ihm schuldig. Mit dem Tod endet jedes Verdikt. Er hat gut für uns gesorgt.«
»Weshalb hast du ihn geheiratet? Hast du ihn jemals geliebt?«
Mein Mut läßt mich erröten – nie zuvor erreichte ein Gespräch zwischen uns diesen Punkt der gehüteten Gefühle.
Sie denkt lange nach, ohne dabei zu weinen.
»Ist das wirklich wichtig? Man gewöhnt sich an einen Menschen. Viele Ehepaare verbringen so ihr Leben. Man achtet sich und sorgt füreinander, das genügt. Liebe? Großer Gott, was ist das? Liebe, das ist ein Augenblick, eine Nacht vielleicht, die niemals wiederkehrt, eine Sentimentalität, eine Romanze, nichts weiter. Sie hält nicht ein Leben lang; glaube es mir...«
»Weshalb riefst du ›Tobias‹, was war der Grund?«
»Ich liebe diesen Namen. Ich liebe ihn seit meiner Jugend. Als ich neunzehn war, las ich einen Roman; die Geschichte spann sich um einen Aristokraten; seine Eltern gaben ihm fünf Vornamen: Tobias Manuel Marcus Matthäus Claudius. Ich lernte diese Namen auswendig und vergaß sie nie mehr. Ich verliebte mich in diese Phantasie, in diesen edlen jungen Mann. Tobias ist ein weicher, ein zärtlicher Name; ich wollte ihn dir schenken, aber Vater war dagegen.«
Ich halte ihre Hand, wir zittern beide.
»Und weshalb bestand Vater auf meinem Namen?«
Fast widerstrebend entwischt ihr ein Erinnerungslächeln: »Er verlangte vom Standesbeamten sogar, daß der Bindestrich in die Geburtsurkunde aufgenommen wird. Hans-Dieter; Hans Dieter mit Bindestrich. Hauptmann Hans-

Dieter von K. – er rettete Vater das Leben, irgendwann und irgendwo während des Krieges. Er erzählte es tausendmal – ich habe es vergessen.«

Es gab nie wieder solch ein Gespräch.

Nur angesichts des Todes, im Sog des Schocks mit seinen diffusen Schmerzen, hob sich für eine kurze Zeitspanne der Schleier über unseren Gefühlen.

Vorbei.

Rückzug.

Rückkehr in ein gewohntes Schweigen; die unterdrückten Wünsche kehren an die angestammten Plätze zurück.

Mutter nimmt zwei Valium und geht schweigend in ihr Zimmer. Dem Haus entströmt eine sonderbare, fast herbe Trostlosigkeit und Kälte; selbst das Ticken der Küchenuhr scheint um Nuancen leiser geworden zu sein. Das Haus riecht nach Tod, aber es wird vergebens auf wahrhaftige Trauer warten.

Die karge Fadheit meiner Empfindungen drängt nach Vergessen und damit mechanisch zur Flucht.

Ich lausche an der Tür zu Mutters Zimmer – ein tiefes und gleichmäßiges Atmen läßt mich sicher sein, daß sie erst am frühen Morgen wieder erwachen wird. Ich ziehe mich um, denn ich möchte mich der Kleidung entledigen, die ich bei Vaters Tod trug. Dann wasche ich mir das Sterben aus dem Gesicht und verlasse lautlos das Haus.

Plötzlich werden Gefühle spürbar, und sofort erdrücken sie mich!

Plötzlich erwacht der Sohn des toten Vaters und fürchtet sich vor seinem Selbst!

Plötzlich betrete ich das völlig neue, unbekannte Terrain eines *tatsächlichen* Konfliktes, eröffnen sich Perspektiven einer *realen* Auseinandersetzung. Doch das Kind in mir mit seinem Defizit an wirklichem Leben flüchtet sich sofort in Verdrängung und Erleichterung: In einer Diskothek erfahre ich meinen ersten Alkoholrausch. Ich wachse über mich hinaus, alles in mir erledigt sich fast von selbst; ein überaus reizvolles Erlebnis! Ich trinke und tanze die ganze Nacht. Am frühen Morgen kehre ich zu mir zurück und erkenne mich kaum noch.

Auch der Aufstieg zum Hoheneck verendet im Alkohol; abermals kurz unterhalb des Gipfels. In Gaschney verwöhnt mich Madame Rousselet mit elsässischem Sauerkraut und einem süffigen Côte du Rhône. Der Blick über die Vogesen verkümmert zum interesselosen, weinerlichen Dahinsüchteln.
Ich verachte meine Vergangenheit, ich mißachte mein Leben; masochistisch schiebe ich jedes positive Gefühl in mir zur Seite.
Ich weiß nicht, weshalb ich so destruktiv mit mir bin. Vielleicht sind die betrunkenen Gefühle am wehrlosesten? Ich weiß es nicht.
Mme. Rousselet zeigt sich besorgt über meinen Zustand – ich habe mich gewaltsam betrunken, und der Abstieg birgt einige gefährliche Tücken. Doch dem Rotwein und dem Mutigen gehört die Welt! Und so mache ich mich unbekümmert auf den Weg: »Keine Sorge, Madame – ich habe noch jeden Fehltritt überlebt!«
Der Kurzurlaub stand ganz im Zeichen der Sucht, und ich fürchte mich vor dem, was noch kommen wird. Ich kann es nicht abwenden.
Ich trinke nicht, ich liquidiere.
Ich stehe im letzten Wagen des Zuges, halte eine Flasche Sekt in der Hand und proste den fliehenden Schienen zu.

ich fliehe vor mir.
nichts lasse ich zurück;
und doch –
auf halber strecke
klopft mir
eine vergessene lüge
auf die schulter.

ich fliehe vor mir
ich fliehe vor
ich fliehe
ich

Ich verwische meine Spuren, so gut es mir mit einem fauchenden Kater im Gehirn eben gelingt.
Nach einer eiskalten Dusche putze ich mir penibel die Zähne und trinke einige Tropfen Mundwasser – ein alter Trick. Danach versuche ich, die alkoholischen Trampelpfade aus dem Gesicht zu cremen. Meine Oberarme zittern dabei unentwegt, ich kann es nicht beeinflussen. Dieses feinfaserige, permanente Nervenbeben bereitet mir Unbehagen und Angst. Aber ich vertraue darauf, daß es nach einigen alkoholfreien Tagen abklingen und schließlich völlig verschwinden wird. Mein Körper wirkt ein wenig ramponiert, aber das sollte kein Anlaß zur Besorgnis sein: Das morgendliche Flattern gehört ebenso zum Alkoholismus wie der Korken zur Weinflasche. Keine Bange also! Ich zirpe meinen Galgenhumor in den Spiegel und fühle doch unverblümte Sorgen um mich.
Mops reicht mir leutselig die Hand und bewundert mein blendendes Aussehen:
»Die Tage im Elsaß taten Ihnen gut; man sieht es Ihnen wirklich an!«
Natürlich lügt sie, und dies fast perfekt, aber für einen kurzen Moment fühle ich mich doch geschmeichelt.
Damit erschöpfen sich die angenehmen Aspekte meines ersten Arbeitstages. Zwar begrüßt mich Monika mit aufrichtiger Freude, doch wenig später schon haften ihre unerträglich-traurigen Hundeaugen an mir: »Meine Mutter ist jetzt ganz tief unten, ich weiß wirklich nicht, was ich noch tun soll...«
Ich schwanke zwischen persönlicher Panik und warmherziger Anteilnahme; doch ehe ich etwas erwidern kann, haste ich bereits die Treppen zum Büro hinauf, begegne dem Hausmeister und entdecke eine Katastrophe in seinem niedergeschlagenen Blick: Während meiner Abwesenheit muß etwas vorgefallen sein; ein schwerwiegendes Vorkommnis lastet auf den Gemütern. Ich weiß nicht, was es gewesen sein könnte, ich spüre nur, daß da etwas war.
Im Büro treffe ich auf einen konfusen, unbeherrschten und zynischen Claus: Meine Ahnung wird zur Gewißheit – ein heftiger Streit mit *Mops* teilt inzwischen das Haus in zwei Lager. Eine Trivialität mauserte sich zum Eklat: Rüpelhaft

attestierte ihr Claus Ungeschicklichkeit im Einkauf; die Lieferantenrechnungen seien entschieden zu hoch! Damit stach er in ein Wespennest; *Mops* fletschte die Zähne wie eine ausgehungerte dänische Dogge und nutzte effektvoll das eskalierende Wortgefecht zu einer schonungslosen Generalabrechnung – coram publico, versteht sich. Matthias betrachtete die Rezeptionskasse mehrmals als seinen privaten SB-Markt; mehrere Zimmermädchen verweigerten kollektiv die von Claus *befohlenen* Überstunden, der Hausmeister mußte seinen geplanten Sommerurlaub in den November verlegen (Claus wünschte es so), und schließlich wies der gestrige Kassenbericht ein Defizit über eintausendsiebenhundert Mark auf. Dies hat mit Sachstandmitteilung nichts mehr gemein, das klingt nach einem unzensierten Frontbericht.
Claus kommt zu dem abwegigen Schluß, ich sei an all dem schuld! Hätte ich ihn durch meine Reise nicht im Stich gelassen(!), wären ihm die Fäden nicht entglitten.
»Dieses Haus soll als Sprungbrett für meine Karriere dienen, verstehst du!« Zum erstenmal wagt er es, mich anzubrüllen, doch seine Explosion findet ein jähes Ende – ein asthmatisches Zwischenspiel erzwingt eine Aerosol-Pause. Minutenlang ringt der kleine König mit weit aufgerissenem Mund nach Luft, dann fährt er keuchend fort: »Die zahlreichen Aufgaben in solch einem großen Haus kann man nicht alleine bewältigen; ich habe daher beschlossen, dich nicht mehr in der Saison wegfahren zu lassen. Dein gebuchter Urlaub in Schweden wird noch heute storniert, verstanden?«
Doch heute bin ich endlich einmal groß und stark!
Die Seele erhebt sich, und der Restalkohol pichelt stürmisch über die Stimmbänder: »Abraham Lincoln schaffte die Sklaverei ab. Ich fahre nach Schweden, vier komplette, wunderschöne Wochen, und niemand wird mich daran hindern!«
Wütend werfe ich meinen Schlüsselbund auf den Tisch, greife nach dem Aktenkoffer und stürme zur Tür: »Ich kündige fristlos!«
Es ist ein Spiel mit dem Feuer.
Natürlich wird er anrufen und mich bitten, weiter im Gästehaus zu arbeiten. Natürlich wird er es tun; ich kann das ge-

nau abschätzen – wo wir uns doch so verdammt ähnlich sind! Er wird mich sogar sehr darum bitten, und er wird sich wieder für eine Gehaltserhöhung verwenden, die dritte in sechs Monaten.
Er wird anrufen, ganz bestimmt wird er das tun, oder?
Mit einem Spaziergang um die Außenalster versuche ich, mich zu beruhigen. Natürlich werde ich wieder arbeiten, aber er muß mich darum bitten. Natürlich spielen wir Theater, natürlich handelt es sich hierbei nur um eine künstlerische Einlage, um eine nichtige Machtprobe.
Natürlich muß ich jetzt sofort etwas trinken!
Mmh – ich genieße mich! In der Hotelbar des »Atlantic« erlebe ich meinen Ausbruch plötzlich als erquickliches Freudenfest, und beim dritten Glas Champagner durchströmen mich in lustvoller Wonne überschäumendes Glück und maßlose Befriedigung!
Selten überragte ich mich so gekonnt wie heute; noch nie süchtigte ich so konsequent-lüstern und furchtlos wie jetzt!
Als ich die Halle durchschreite, nehme ich mir fest vor, künftig mäßig zu trinken, was immer das auch bedeuten mag.
Jedoch beim Händewaschen enthüllt sich die Schizophrenie dieses Vorsatzes, und ich beginne schallend zu lachen!
Ich klatsche mit den Händen an die schneeweißen Fliesen und lache, bis ich das Salz meiner Tränen auf den Lippen schmecke.
Ich nehme mir fest vor, künftig mäßig zu trinken, was immer das auch bedeuten mag... Anzüglich quittiert die Sucht meinen idiotischen Bluff mit einem ohrfeigenreifen Gelächter:
Meine Damen und Herren, der tollwütige Hund versprach soeben, künftig nicht mehr zu beißen! Wer, bitte schön, möchte ihn jetzt streicheln?

26. April 1988–4. Juli 1988:
Claus rief an und bat zähneknirschend um Verzeihung. Und wie ich mich bitten ließ zurückzukehren!
Und ich kehrte zurück. Gewonnen!

Am 26. April verliebe ich mich in E.
Es geschieht zufällig und unabsichtlich, und es beginnt im »Atlantic«: Unsere Blicke streifen sich, verweilen eine Sekunde, trennen und treffen sich abermals, setzen das Spiel nach einer Trinkpause fort, lanciert und intensiv. Nach einem weiteren Glas gleiten unsere Augenaudienzen prikkelnd ins Offenkundige, und ich streife erneut meine läppischen Sandalen ab, um in die abenteuerlich-ausgetretenen Bergschuhe zu schlüpfen. Während dessen vollführt mein groteskes Innenleben die gewohnten Streiche: Ich haste in ein kleines Glück und werde zugleich so schrecklich unglücklich dabei, ja, rührselig traurig!
Seit meiner Reise ins Elsaß spüre ich das heftige Verlangen, mich einem Menschen anzuvertrauen. Aber ich schaffe es nicht, die zahlreichen Barrieren und Schatten in mir zu überwinden, weder betrunken noch in den kurzen Phasen der Trockenheit. Ich möchte mich offenbaren, ich sehne mich danach, endlich wieder den Panzer der Heimlichkeit abzustreifen, um so dem Gefängnis meiner Lügen zu entweichen, aber meine halbherzig-dramatischen Bemühungen genügen noch nicht, um den erlösenden Punkt der Umkehr zu erreichen.
Kann ich mich denn nicht einfach beim Trinken erwischen lassen?
»Rückfall mal Rückfall mal Rückfall in flagranti«, damit ergäbe sich eine Situation, die mich für einige Zeit meinen Ruf kosten, aber mein Selbst, vielleicht sogar mein Leben retten würde ...
Eine Champagnerphantasie; an der Bar im »Atlantic«:
»Weißt du, E., ich war einmal tief unten, ganz tief unten. Daß ich heute hier sitze, im zweitbesten Hotel der Stadt, verstehe ich als grimmige Laune des Schicksals. Ich will nicht hier sitzen, ich gehöre nicht dazu. Ich verabscheue diesen aufgebauschten, verlogenen Prunk und möchte wahrhaftig keine Zeit an oberflächliche, worthülsige Konversation verschwenden.
Ich spiele meine Rolle gut; niemand bemerkt mein Ich, aber glaube mir, ich fühle mich wirklich deplaziert. Ich gehöre nicht hierher, aber seitdem ich wieder trinke, lebe ich gedankenlos über meine Verhältnisse – ich überziehe mein Bank-

konto und meine Persönlichkeit. Ich ahne es, nein, ich weiß genau, wie ich in meiner Sucht enden werde; dennoch unternehme ich nichts, um das drohende Unglück abzuwenden. Ich fühle mich gleichermaßen angezogen von Nüchternheit und Besäufnis; ich schlurfe seit Monaten neben meinem Leben her und gab es auf, darüber nachzudenken.
In mir bestimmt allein die Gier; ich bin nur noch Sucht; maßlose Sucht, enthemmte Begierde und widerliche Lüge. Wie ein Lemming stürze ich mich in die Tiefe, und ich weiß nicht, weshalb ich mich so widerstandslos zur Klippe begebe. Vielleicht sehne ich mich nach Bestrafung, nach Tod, nach unwiderruflicher Auslöschung?
Ich sitze in einem Nobelhotel und proste meiner tiefen Verwahrlosung mit Champagner zu. Ich genieße, wie man mich bedient und diskret auf mein üppiges Trinkgeld wartet. Ich genieße und vollstrecke dabei schluckweise mein Todesurteil. Ich bin wieder so süchtig geworden, daß ich sogar eine Begnadigung ablehne. Ironie des Schicksals: Damals, als ich am Ende war, übernachtete ich in einem der besten Hotels in Stuttgart. Ja, ich weiß, das war galant übertrieben – wir waren drei verkommene Säufer; eine Todesclique auf Abruf, ein durchtriebenes Himmelfahrtskommando, an jedem viertklassigen Tresen gefürchtet. Wir besaßen nur noch die Dinge, die wir am Körper trugen, und selbst die waren gestohlen.
Wir nächtigten in der Tiefgarage jenes Hotels, denn keiner von uns hatte noch ein Bett, geschweige denn eine Wohnung. Die Tiefgarage wurde ständig bewacht, aber ausgebuffte Schnapsdrosseln finden fast immer einen Schleichweg. Mit einem Trick gelangten wir in die untere Ebene und legten uns nach einem letzten Umtrunk rülpsend auf den Betonfußboden. Das Kopfkissen bestand aus einer zusammengerollten Jacke, als Daunendecke diente eine zerfledderte Tageszeitung.
Ich habe das alles überlebt und überstand so manch törichte Episode. Aber heute, jetzt – wer bin ich jetzt, wohin gehe ich, wieviel werde ich dieses Mal ertragen müssen? Ich bin haltlos, ich bin süchtig, ich bin ein Gefangener der Flasche.
Indem ich trinke, stehle ich mich einfach aus meinem Leben davon, bald bin ich keinen Seelenzentimeter mehr lebensfähig, und der Alkohol wird das Löschpapier meiner Tränen sein; das ist alles, was bleibt.«

Doch die wehleidig-großkalibrigen Phantasien eines nassen Alkoholikers besitzen in der Realität keine Überlebenschancen.
Das Spiel verlangt nach Fortsetzung; kein Problem: Ich komme aus dem Lager der Profis; ein Alkoholiker mit besten Referenzen in Sachen Lebenslügen, Größenwahn und Maskeraden – ich erwidere E.s Lächeln und meine mit weltläufigem Unterton: »Finden Sie nicht auch, daß dies eine exzellente Bar ist? Eine von wenigen, in denen ein Prince of Wales stilgerecht im Silberbecher serviert wird ...«
In gleißender Champagnerlaune lade ich E. zum Essen ein: Freitag, 20 Uhr.

Die Autorität des kleinen Königs überschreitet den Zenit, um dann wie Schnee in der Frühlingssonne zu schmelzen.
In seinem Cäsarenwahn verliert er jeden Bezug zur Wirklichkeit, reagiert mit überzogener Härte, verliert sich in impulsiven Ausbrüchen und despektierlicher Aufdringlichkeit. Seine Versuche, lachhafte Intrigen zu spinnen, versanden in Ignoranz und Hilflosigkeit. Niemand achtet und beachtet ihn mehr; alle belächeln nur noch das verwöhnte und ungezogene Kind, das sich einige Zeit hinter der Maske eines Erwachsenen verstecken konnte.
Der kleine König schrumpft unaufhaltsam zur Karikatur.
Wer sagt dem Kaiser, daß er nackt ist?

Es klingt widersinnig, aber ich erlebe und formuliere es so:
Ich halte meinen Kontrollverlust unter Kontrolle. Ich betrinke mich nicht bis zur Besinnungslosigkeit; ich süchtige genau in der richtigen Dosis, und so gelingt es mir, ein klein wenig über die Mühsal des Alltags hinauszuragen. Ich beherrsche mich eisern und disziplinere meine Begierde: keine Dosissteigerung, kein morgendliches Trinken, keine Überstürztheiten, nur gelegentliche, galante Höhenflüge.
Meine Stimmung schwebt beständig zwischen Rückfall und Abstinenz. Nach dem ersten Glas bezeichne ich meinen Rückfall schonungsvoll als Rezidiv – dieser medizinische Terminus mindert den Schrecken meiner alkoholischen Affäre spürbar.

Später, am Ende, wird mir die Frage gestellt: »Wenn du so viel, so intensiv, ja, fast leidenschaftlich über deine Sucht nachdachtest, weshalb hast du nichts dagegen unternommen?«
Versuch einer Antwort:
Meine Beziehung zur Krankheit gewann zunehmend naive Züge, verschob sich ins Unausgesprochene und verkapselte sich zum Tabu – das ersparte mir vorläufig einen Zusammenbruch, aber das ermöglichte auch der Sucht ihre ungehinderte, betörende Entfaltung.
Wir behandelten uns gegenseitig so, als hätten wir eine stille Übereinkunft getroffen.
Niemand vermag dem Alkoholiker seinen Zustand zu vermitteln, außer er sich selbst, und dazu benötigt er Zeit – Zeit und eine Vielzahl eigenwüchsiger Erfahrungen.
Die Krankheit ist einem Hurrikan vergleichbar, in dessen Zentrum völlige Windstille herrscht. Und es wäre doch töricht, in dieser Lage auch nur einen Schritt zu wagen...
Ich schäme mich, weil ich trinke; und ich trinke, weil ich mich schäme: Aber diese Prozedur spielt sich lange Zeit unbemerkt in der hintersten Seelenkammer ab. Nur die Zeit und das spürbare Elend führen letztlich zu einem Stillstand der Sucht – so oder so.
Ich verachte mich, weil ich trinke; und ich trinke, weil ich mich verachte.
Ich will nicht so über mich denken, nein, wirklich nicht!
Vielleicht bin ich gar kein Alkoholiker?
Manchmal muß ich mich schlicht dagegen verwahren, Alkoholiker zu sein!
Und wenn ich es nun doch tatsächlich *sein sollte* – ich höre schon rechtzeitig mit dem Trinken auf, ganz bestimmt. Versprochen!

Freitag, 20 Uhr: Ich glaube nicht, daß ich verliebt bin, denn ich will es nicht sein.
Ich weiß, das Alleinsein fordert seinen Preis, aber eine Liebesbeziehung nicht minder – wenn auch vielleicht in einer anderen Währung.
Ich widersetze mich meiner Emotionalität – doch auch dies will ich nicht. Die beständige, sich hartnäckig wiederho-

lende Tragödie: Ich kann mich nicht entscheiden! Ich schwanke und zweifle und lasse schließlich für mich entscheiden und über mich verfügen. Ich werde wohl immer jemanden brauchen, der mir sagt, wer ich bin und was ich gerade wirklich fühle...

Nein, ich möchte mich diesen drohenden, amourösen Verpflichtungen entziehen, noch ehe sie über mich hereinbrechen können, aber der Reiz der Unschlüssigkeit verlockt zu einem Abenteuer.

Ich trinke mir mit zwei Gläsern Sekt geringfügig Mut an; es muß jetzt einfach sein. In diesem gelösten Zustand fühle ich mich charmant und kann zugleich auch keinem Charme widerstehen.

Auf dem Weg zum Restaurant erinnere ich mich schmunzelnd an die ironische Randbemerkung eines befreundeten Psychiaters: »Liebe zwischen zwei Menschen: das ist nichts als Unsinn auf hormoneller Basis!«

Ich bestelle zwei Aperitifs.

E. erscheint pünktlich; ich hätte auch nur fünf Minuten über die Zeit gewartet.

Ich leere mein Glas in einem Zug – eine verräterische Peinlichkeit!

Wir bestellen Filetspitzen in Wodkasauce, dazu eine Flasche kalifornischen Sekt. Ich erzähle viel und umlüge dabei geschickt mein Leben. Ich erzähle alles über mich – nur die Wahrheit nicht.

E. hinkt meinem Trinktempo deutlich hinterher. Einmal mehr erscheint es mir als schicksalhafte Bloßstellung, mehr zu trinken als andere Menschen.

Die erste Gemeinsamkeit zeigt ihr Gesicht: Wir lieben beide Champagner! Mit einer Prise weltmännischer Arroganz stelle ich fest, Veuve Clicquot sei ein überaus dramatischer, körperreicher Champagner. Mit seinem verschwenderischen Mousseux, verbunden mit einer intensiven Schwere, eigne er sich vorzüglich für ein Damenkränzchen oder einen opulenten Leichenschmaus.

(Vater wäre stolz auf mich!)

Sichtlich amüsiert stimmt E. meinen weinkundigen Ausführungen zu.

Piper-Heidsieck hingegen verkörpert die Frische einer le-

bendigen Jugend. Ein überaus spritziger Champagner, beflügelt von einem blumigen Brut-Geschmack, aber leider ohne Tiefe. Ich empfehle ihn für ein intimes Frühstück oder eine Vernissage am Vormittag.
Lächelnd stimmt E. abermals zu.
Oder die angenehme Fülle eines Laurent-Perrier – geradezu ideal für einen lauen Sommerabend! Ein edler, diskreter Champagner mit einer nachhaltigen Frucht.
E. erweist sich als charmant und attraktiv; erneut heimse ich Zustimmung ein.
Vergessen wir schließlich nicht den eleganten Louis-Roederer Cristal, ein Rolls-Royce unter den Champagnern. Und nicht zuletzt: der leicht frivole Deutz & Geldermann mit seinem reizvollen Nachgeschmack, eingebettet in eine fast verwerfliche Finesse ...
Und selbst im Detail offenbaren wir Sachverstand: Je kleiner die Perlen im Glas, um so besser der Champagner!
E. wirkt beeindruckt und erschlagen.
Der Schalk führt Regie: Ich gebe mich witzig, bezaubernd und schwatzhaft; wie ein gut erzogenes Kind, das einmal im Monat dezent über die Stränge schlägt.
Ach, es war einfach ein lausbübischer Abend!

Illusion und Größenwahn

Die Ereignisse überschlagen sich:
Der kleine König ist nicht mehr zu halten und dankt ab – mit dem Segen des Vorstandes und zur Erleichterung der Belegschaft.
Herr Kaiser bittet mich telefonisch, in fünf Wochen den verwaisten Thron zu besteigen (die vierte Gehaltserhöhung!).
»Das Haus braucht einen neuen, einen guten Boß. Sie strahlen Ruhe, Sicherheit und Vertrauen aus. Und letzteres bringen auch wir Ihnen in hohem Maße entgegen. Wir bitten Sie, diese Aufgabe zu übernehmen.«
Ich erbitte mir einen Tag Bedenkzeit.
Korrektur: Ich erbitte mir ein, zwei Flaschen Frist; danach setze ich eine leicht verzitterte Unterschrift unter den Vertrag: Ein neuer König ist geboren.

Bereits nach einigen Verabredungen erkenne ich, daß zwischen E. und mir Welten klaffen. Unser Kennenlernen nährt sich aus einer sonderbaren, egozentrischen Oberflächlichkeit. Wir reden unentwegt miteinander, aber wir haben uns nichts zu sagen. Wir nähern uns einander in einem sinnlichen und doch belanglosen Geplänkel ohne Anspruch auf Tiefe. Aber wieder einmal verleugne ich meine Wünsche und verdränge meine Bedürfnisse auf einem ehrlichen Weg zu mir selbst. Ich weiß, daß ich es war, der mit einer Lüge – mit einer verschwiegenen Wahrheit – die Widersprüche auslöste, die mich jetzt so labil und manipulierbar werden lassen. Wieder einmal lasse ich über mein Leben verfügen; wieder einmal lasse ich mich leben und lebe mein Leben nicht selbst.
Mit E. schaue ich mir Filme an, die mich langweilen, aber ich widerspreche nicht. Ich lasse mich zu Parties überreden, die mich anöden, aber ich leiste keine Widerrede. Ich quäle mich stundenlang in engen Theatersesseln, nur um ein Stück zu sehen, das man eben gesehen haben muß (meint E.), aber ich gebe meinen Unmut nicht zu erkennen. Ich verleugne mich in konsequenter Inkonsequenz, aber ich kann wenig-

stens trinken: in den Theaterpausen, beim Essen, vor dem Kino, nach dem Kino, auf Parties, in den einschlägigen Bars. Kein Vorwurf, keine Mißbilligung – weshalb auch? Mein Trinkverhalten bewegt sich durchaus im salonfähigen und unauffälligen Rahmen; noch sind für Außenstehende keine Besonderheiten erkennbar. Dennoch verlangt mir dieses »offizielle Trinkverhalten« spezielle Raffinements ab. Ich teile meinen Freundes- und Bekanntenkreis in zwei Sektoren ein:

In Sektor eins ist Alkohol absolutes Tabu. Hier sind die Freunde, die mich seit Jahren kennen und denen meine Rückfälle bisher verborgen blieben. Dieser Sektor ist für E. gesperrt, ebenso das Gästehaus. In Sektor zwei hingegen gelte ich als trinkfester Normalbürger; das bedeutet, daß sich die Personen aus den einzelnen Sektoren nicht begegnen dürfen, denn dann wäre ich sofort entlarvt. Alle Verabredungen müssen also nach IST und SOLL, nach LÜGE und WAHRHEIT, SEIN und SCHEIN ausgesucht und getroffen werden; ein anstrengendes Versteckspiel, ein aufreibender Suchtgehorsam. Aber ich gehorche, denn ich möchte noch eine Zeitlang süchtigen – eine paradoxe Logik, aber die Sucht erhebt das Gegensätzliche, Widersprüchliche und Verworrene zum Alltäglichen.

Hinter der Liaison mit E. verbirgt sich nichts als eine vorübergehende, anspruchslose Verliebtheit, zugleich aber auch eine merkwürdige Zurückhaltung, die selbst nach sechs Wochen lediglich einen artigen Kuß beim Abschied zuläßt. Elf Jahre liegen zwischen uns, und mir wird die Rolle des großen Bruders zugewiesen, vielleicht sogar die des Vaters; eine Figur mit jener wesenhaften Reife, die ich seit sechsunddreißig Jahren vergebens zu erlangen suche.

Ich bin großzügig, meine Rolle schreibt dies vor.

Ich bezahle; es ergibt sich einfach so.

Ich bin abhängig und schaffe neue Abhängigkeiten; ein glorioses Melodram!

Zwei Tage vor meiner Abreise schiebe ich ein Flugticket über den Tisch: »Besuch mich für ein paar Tage in Schweden; ich erwarte dich in Stockholm am Flughafen ...«

Als ich in Travemünde an Bord gehe, spüre ich, wie mein unflätiges Begehren nach Alkohol jählings versiegt. Aber ich kenne diese unechten Anwandlungen ja bereits. Dennoch: Ich irre mich selten in der Wahrheit meiner Gefühle – nur nach dem ersten Glas trinke ich sie für mich zur Lüge –, und ich täusche mich auch jetzt nicht. Ich streife mein süchtiges Verlangen unwillkürlich ab und gönne mir eine unbeabsichtigte Abstinenz. Ich bin frei, wirklich völlig gelöst und frei! Das Gästehaus flieht aus meinen Gedanken; ich unterliege keinen Zwängen mehr, nichts und niemand nötigt mir Kompromisse ab, und die flüchtig gezeichneten Gefühle für E. verlieren ihre doppelwertige Vehemenz.

Während der Überfahrt trocknet die Sucht aus und verliert kommentarlos ihren Nährboden – eine griffige Formel, vielleicht nicht genügend durchdacht, aber als impulsives Empfinden spiegelt sie unverfälschte Aufrichtigkeit wider.

Ich werde es schon alleine schaffen!

Ich lasse mich doch nicht von meinen banalen alkoholischen Torheiten entmutigen!

Der erste Sieg: Dieser Tag endet ohne den obligaten Sturztrunk.

Ein Abend, beinahe wie ein kitschiges Postkartenmotiv: Ich sitze auf der Veranda eines mondänen Strandhotels in Ystad, und die Sonne versinkt so farbenreich in der Ostsee, als hätte sich Caspar David Friedrich postum den Himmel als Leinwand ausgeliehen...

Ich bin so glücklich, daß ich fast eine Stunde lang schwärmerisch mit E. telefonieren muß!

Meine Exklave der Stille: Ein kleines Ferienhaus in Südschweden, von sattgrünen Wäldern umgeben, an einem See mit zwei Inseln gelegen, siebzehn Kilometer von der nächsten Telefonzelle entfernt.

Nach einigen Tagen fühle ich eine neue und doch altvertraute Sensibilität in mir; und ich gönne sie mir auch: Ich genieße diese unvorhergesehene Abkehr von meinen süchtigen Nächten, vertiefe mich in Bücher und Musik, arbeite in stetiger Freude an meinem Manuskript, backe schließlich sogar mein Brot selbst und verwöhne mich mit phantasievollen lukullischen Köstlichkeiten. Die Krönung wäre ein mächtiger Elch vor dem Objektiv meiner Kamera, doch ich

warte vergebens: In den Sommermonaten äsen die Elche eben unbeirrbar im Norden... Aber ich werde mit der verblüffenden Entdeckung entschädigt, daß in der näheren Umgebung meines Hauses eine Vielfalt von Orchideen gedeiht; die Königin der Flora, die ich ausschließlich in den Tropen wähnte, wuchert wild vor meiner Haustür!
Ich koste mein Alleinsein aus und gewinne damit ein Stück meiner besonnenen Freude zurück.
Natürlich denke ich – zumindest halbherzig – über meine Rückfälle nach, und ich bin zuversichtlich, daß mein Rückzug in die Abgeschiedenheit zu meiner raschen Stabilisierung beitragen wird; doch zugleich mißtraue ich auch dieser stelzenhaft-vordergründigen Idylle in mir. Schließlich gelange ich auch zum unbequemen Bewußtsein, daß ich die vergangenen Monate rücksichtslos aufarbeiten muß, aber ich drücke mich davor. Mir wird ferner deutlich, daß ich mich offen und ohne Ausflüchte meinem Alkoholismus und seinen Hintergründen stellen muß, um künftig wieder zu einer erfüllten Nüchternheit zu gelangen, aber ich sträube mich dagegen. Mein arglistiger Stolz weigert sich, ein Bekenntnis abzulegen; die Reste meiner dünkelhaften Überheblichkeit versagen sich dem unausweichlichen alkoholischen Offenbarungseid.
Ich will und werde es alleine schaffen – und das ist beileibe keine Ohrenbläserei!
Auf einer der Inseln im See werde ich Zeuge eines imposanten Schauspiels; ich entdecke einen Adlerhorst und beobachte stundenlang fasziniert die majestätischen Eltern bei der Futtersuche, wobei sie mich ständig argwöhnisch im Auge behalten.
Nach zwei Wochen unterbricht E. meine trauliche Stille, und ich sehne mich mit einem Mal so sehr nach Verständnis, Berührung und Wärme... Und in einer romantischen Wehrlosigkeit gebe ich willig nach und lasse mich fallen...
Der große Bruder erwacht als Geliebter.
Hurra, ich bin nicht mehr allein!

5. Juli 1988–31. Dezember 1988:
Ich verzögere den Abschied bis zur allerletzten Möglichkeit und fliege am 4. Juli mit der Abendmaschine nach Hamburg zurück.
Nach dem Lachs bietet mir die Stewardeß lächelnd einen Cognac an, aber ich lehne dankend ab – ich bin seit vier Wochen standhaft trocken!
... doch bereits beim Landeanflug beginnt es hinter meiner Stirn bang zu süchteln...
Im Büro überreicht mir der Hausmeister einen versiegelten Umschlag mit allen wichtigen Schlüsseln. Ich muß drei Unterschriften leisten: eine im sogenannten Schlüsselbuch, eine im Inventurbuch und endlich die letzte im Generalschlüsselverzeichnis. »Alles muß schließlich seine Ordnung haben«, meint Herr Brett wichtig und stopft behende die Dokumente in seine abgegriffene Aktentasche. Im stillen wette ich, daß er sich eher hätte vierteilen lassen, als mir die Schlüssel ohne Unterschriften auszuhändigen; das liegt eben in seinem korrekt-rückgratlosen Naturell. Danach bin ich allein – nein: einsam.
Alleinsein, damit verbindet sich Schweden und der Wohlgeruch linder Nächte, Einsamkeit das ist Hier, das ist Anpassung, Forderung, das ist Jetzt.
Ich sitze mit Anzug und Seidenkrawatte – beides in gedeckten Farben – am Schreibtisch (damit unterwerfe ich mich quasi widerstandslos einem ungeschriebenen Kostümzwang) und warte darauf, daß es losgeht, daß mir irgend jemand sagt, was ich tun soll. Es dauert eine Weile, ehe ich begreife, daß *ich* derjenige bin, der von nun an den morgendlichen Startschuß abfeuern muß!
Ich sehne mich an meinen stillen See zurück, nach meinen Adlern, nach meinem ofenfrischen Brot und nach all den stillen Genüssen, die mir so wertvoll erscheinen. In starrer Ablehnung sitze ich vor meinen neuen Hürden und kraxle in Gedanken seelenwund über sie hinweg.
Ich muß einfach nochmals fliehen, ehe ich richtig zupacke!
Ich muß noch etwas Freiheit spüren, ehe mich die Arbeit gänzlich verschlingen wird.
Herr Kaiser ruft an und wünscht mir einen guten Start.
Michael ruft an und wünscht mir viel Erfolg.

Herr Alt ruft an und wünscht Hals- und Beinbruch.
E. ruft an und wünscht alles Liebe zum neuen Anfang.
Dann rufe ich beim Stadtbüro der Air France an und ordere für E. und mich zwei Tickets nach Paris; Hinflug am Donnerstag mit der Frühmaschine, Rückflug am Sonntag.
Ich komme nicht umhin: Ich muß uns diesen Luxus einfach gönnen!
Danach spendiere ich im Wintergarten zum Einstand Sekt für alle, und alle sind ausnahmslos freundlich; seit langer Zeit schallt wieder Gelächter durchs Haus.
Alle sind nett zu mir und erweisen meiner neuen Funktion Respekt, aber ich gehöre nicht mehr zu ihnen. Jetzt bin ich ihr Boß, und es wird Dinge geben, die sie mir von nun an verschweigen, und sie werden mir verschlossener begegnen als noch vor vier Wochen. Sie werden sich meiner bedienen, wenn es ihnen nützt; sie werden über meine Fehler lachen und lästern, und sie werden mich auch wie einen kleinen Käfer zertreten, wenn es ihnen ihr Opportunismus gebietet. Hinter meinem Rücken werden vermutlich schon die Drähte gespannt, über die ich einmal stolpern soll.

Ich flüchte wie gehetzt und mit ausgedörrtem Schlund ins Büro; auf meiner eiskalten Haut schäumt widerlich-traniger Schweiß. Herzrasend werfe ich die Tür ins Schloß – großer Gott: endlich wieder allein!
Sucht und Sein wetteifern fanatisch um meine Entscheidung, ringen verbissen um einen dünnhäutigen Etappensieg. Ich blicke stumm aus dem Fenster und verliere mich zwischen aufrichtiger Gier und lebendigen Zweifeln in obskuren Dialogen:
Ich muß trinken, sofort!
ICH DARF ES NICHT, UND ICH WILL ES EIGENTLICH AUCH NICHT:
vier Wochen, vier wunderschöne, trockene Wochen schwämmen damit davon; endgültig.
Gut, gut – also, ich gestehe ein, daß ich Alkoholiker bin, einverstanden.
Aber ich habe doch auch gezeigt, daß ich enthaltsam und abstinent leben kann, wenn ich es wirklich will. Die Vergangenheit, mein Gott, immer dieses kleinkarierte Festklam-

mern an der Vergangenheit; sie ist doch längst passé! Einverstanden – ich denke ehrlich darüber nach, weshalb ich jetzt trinken möchte. Natürlich ist das nicht so einfach, denn auf allen meinen Wünschen thront ein Partikel der Sucht, *das* ist ganz einfach!
Oh, nein! – Wie soll ich denn solch ein morbides Verlangen definieren? Es ist einfach vorhanden, von Zerfall gekennzeichnet und drängt brutal und ohne große Worte nach Erfüllung.
Oder nach Verzicht? Oder nach Verzicht!
Aber... Dieses idiotische Aber – entweder Trinken oder Nichttrinken; kein Aber! Aber dieses Aber lasse ich mir einfach nicht nehmen. Nein: Trinken oder Nichttrinken, dazwischen gibt es nichts, auch nicht für dich. Du wärst mit an Sicherheit grenzender Wahrscheinlichkeit der erste Gamma-Alkoholiker im chronischen Stadium, dem ein ungefährliches, schadloses Trinken gelänge. Nach deinem Tod würde man dich konservieren und im Deutschen Museum ausstellen.
Ja, okay – also nein! Nein, ich habe es nicht vergessen, wie ich damals in der Tiefgarage meine versoffenen Innereien auf den Fußboden kotzte und drei Tage nacheinander in einer übelriechenden Urinlache erwachte, wie könnte ich das auch vergessen!? Ich werde vulgär, das ist nicht mein Stil.
Natürlich ist das nicht dein Stil; du verabscheust diese gewöhnlichen Tiraden zutiefst. Allerdings schert sich die Sucht keinen Augenblick darum; sie verkörpert nämlich das vulgärste Erlebnis, das einem Menschen widerfahren kann.
DU TRINKST BEREITS! Du gibst nach, du wirst wieder schwach und haltlos. Deine Gedanken geben nach und pendeln unweigerlich zum ersten Glas: Gib dein Rückgrat doch am nächsten Tresen ab, quasi als Flaschenpfand...
MEINST DU, ICH TRINKE ZUM VERGNÜGEN? Ich habe noch keinen Alkoholiker getroffen, der zum Spaß getrunken hätte!
Was glaubst du, wie lange du deine vernichtenden Trinkexzesse durchstehen kannst? Und sie werden wiederkommen; das ist nur eine Frage der Zeit, das wissen wir doch!

Ein, zwei oder gar drei Jahre? Und dann: Begrabt mein Herz an der Biegung des Tresens ...?!
Weiß nicht; vielleicht etwas länger; was soll's? Es gibt eben momentan einige – mir fällt kein besseres Wort ein – gute Argumente, um ein oder zwei Gläschen zu trinken.
Geh in die Küche, laß dich von *Mops* ohrfeigen und dir dreimal die gußeiserne Pfanne über den Schädel ziehen: »Ein oder zwei Gläschen«, ha, ha, ha! Lüge doch bitte deine eigene Sucht nicht an! Mir gegenüber kannst du dir jegliche süffisanten Taschenspielertricks schenken, das erledige ich schon für dich. Im übrigen: Den Totengräber werden weder deine guten noch die weniger guten Argumente interessieren; der schaufelt dir ein Loch und damit basta. Vielleicht erlebst du deinen vierzigsten oder großzügigerweise deinen fünfundvierzigsten Geburtstag noch. Wäre doch mal 'ne ausgeflippte Art zu feiern: entweder im Gefängnis, im Krankenrevier versteht sich, oder in der Psychiatrie, vollgepumpt mit Psychopharmaka, lebenslustig dem Lallstadium ergeben, mit den ersten, dezenten Vorläufern des Morbus Korsakow im EEG! Dein Hirn fängt jetzt schon an, periodenweise zu streiken: Erinnerst du dich, wie du neulich vom Badezimmer in die Küche gingst, um irgend etwas zu holen? Und dann, in der Küche, hattest du es bereits vergessen.
Da war ich betrunken!
Nein, mein Kleiner: Du warst *ausnahmsweise* einmal nüchtern. Dein inzwischen barockes Kurzzeitgedächtnis versagt dir manchmal die Dienste, und diese Blackouts kamen doch schon öfters vor, oder?
Wir wollen nicht übertreiben, jeder vergißt mal etwas!
Wir übertreiben nicht, du untertreibst! Du bist süchtig – aber, diese Erkenntnis ist sicher so neu für dich wie die Tatsache, daß du seit deinem 12. Lebensjahr eine Brille trägst. Jetzt steht dir der Sinn nach – und ich muß mir ein ganz und gar höhnisches Lachen verkneifen – »ein, zwei Gläschen« Schampus. Das erste rauscht in einem Zug durch deine verkommene Gurgel; beim zweiten läßt du dir zwar etwas mehr Zeit, aber du trinkst es dennoch ungewöhnlich hastig, weil der Stoff ja knallen soll; du willst das Zeug ja in spätestens fünf Minuten im Kreislauf spüren. Du rülpst (bei deinem Vater fandest du das immer widerlich!) wie der allerletzte

Stadtstreicher und findest das auch noch komisch! Und dann wird dir warm und duselig im Gehirn, dein Blick rutscht ins Glasige, hinter den Ohren schießen deine verräterischen roten Flecken aus der Haut, und der Tag wird diskussionslos ad acta gelegt. Du gibst keine Ruhe; du läßt dir auch selbst keine Ruhe, ehe nicht die Flasche restlos leer ist.

Du unterstellst mir da etwas. Ich habe vor einiger Zeit tagelang abends tatsächlich nur zwei, manchmal drei Gläschen getrunken, jawohl, *genossen*, und schlief dann ganz entspannt, fast selig ein.

Und was glaubst du, wie lange das gutgehen wird, mit den zwei, drei Gläschen? Natürlich hast du es ab und zu geschafft, tatsächlich nach relativ geringen Mengen Alkohol aufzuhören; von zehntausend dieser Mäßigungsversuche klappten eben mal zehn; der Rest endete mit Filmriß, Hosenpiß und delikaten Entgleisungen – um letztere wirklich nur äußerst diskret anzudeuten...

Was sollen diese Taktlosigkeiten? Laß mein Liebesleben aus dem Spiel!

Ho, ho! Woher diese unerwartete Prüderie?! Mit deinem Suff und deinem farbenprächtigen Liebesleben hast du in den letzten zwanzig Jahren drei Psychoanalytiker verschlissen. Beachtlich! Und nun werden diese Schlamassel zur Tabuzone erkoren, köstlich! Verweigere dich meinetwegen. Schiebe ruhig und in lässiger Bequemlichkeit alles Unangenehme beiseite; wozu auch noch Auseinandersetzung und Nachdenken? Aber wenn dein Selbstmitleid mal wieder auf der Tagesordnung steht, scheust du keine Mühe, um zu jammern und zu interpretieren. Dann wird wie selbstverständlich deine ewige Kindheit bemüht, ja strapaziert, und du ereiferst dich minutiös an der Transparenz im Detail! Aber jetzt – nur einige Suchtsekunden von einem Rückfall entfernt, könntest du ja verheerenderweise zur Einsicht gelangen, daß du wirklich und wahrhaftig etwas in und an dir ändern mußt, um nicht in der Gosse oder im Krematorium zu enden. Bei deiner Einäscherung wird es zu einer explosionsartigen, hochprozentigen Verpuffung kommen; das wird ein heißer Abgang werden, mein Junge!

Deine sadistischen Analysen und Prophezeiungen sind

mehr als widerlich! Du bist ein waschechter Zyniker; deine Sprüche sind nicht komisch, sie sind schlicht menschenverachtend!
Ja und? Was machst du denn? Du kippst dir doch mit jedem Tropfen Sprit die niederträchtigste, gewaltigste Verachtung deiner selbst in den geschundenen Körper – doch damit nicht genug: Du bemühst auch noch deine schwülstig-blumige Sprache, um diesen tödlichen Blödsinn zu rechtfertigen! Wenn du dich bis zum Abwinken besäufst und dich am nächsten Morgen fragst, wie du denn eigentlich in dein Bett kamst, wird das in deinem nobelpreisverdächtigen Größenwahn zur Milieustudie oder gar zur dezenten alkoholischen Episode verschwachsinnigt. Das, mein Lieber, ist purer Zynismus! Natürlich denkst du darüber seit geraumer Zeit nicht mehr nach, wozu auch? Du arbeitest ja an einem Manuskript, und es soll ein guter und wichtiger Roman daraus werden. Erinnerst du dich noch an die Manuskripte aus deiner ersten nassen Zeit? Das war keine Literatur; das war durchweg stilistischer und grammatikalischer Durchfall! Eines deiner sogenannten Meisterwerke, das die Literatur nach 1945 gänzlich verändern sollte, schickte dir der Verlag mit einem höflich formulierten Brief zurück – was hätte er auch sonst damit machen sollen? Na gut, Papierflugzeuge eventuell, zweihundertvierundsechzig Stück, sprich zweihundertvierundsechzig Bauchlandungen. Der Cheflektor meinte, das Manuskript vermittele den Eindruck, die Story sei zu sehr im privaten Bereich des Autors verhaftet. Ein Verriß par excellence, Gratulation!
Das Manuskript war trotzdem nicht schlecht; ich habe darin eine ganze Menge aufarbeiten können.
Das wäre auch mit weniger Aufwand möglich gewesen, ohne diesen zeitraubenden Umweg über die Trivialliteratur. Und natürlich mußte es ein bekannter literarischer Verlag sein! Wann warst du zum letzten Mal ehrlich zu dir?
In Schweden, vier Wochen lang.
Gelogen!
Wieso?
Wieso? Denk an E. Wo soll da denn Ehrlichkeit sein?
In meinen Gefühlen. Ja, bestimmt, da war mit Sicherheit kein Quentchen Unwahrheit dabei!

He, he! Wieder eine deiner heuchlerischen Blauäugigkeiten! Interessant, wie rasch du doch deine Ammenmärchen und deine höchstpersönlichen Schlangenlinien durch die Wahrhaftigkeit verdrängst! Oder vergißt du sie; oder säufst du sie ins große schwarze Loch des Vergessens? Ein Symptom etwa? Um nochmals auf dieses Manuskript zu kommen...
Ja, aber bitte zum letzten Mal.
Es liegt seit zehn Jahren auf dem Dachboden, da reizt es wenigstens niemanden zum Lachen... Bevor du dich nochmals ergießt: zweihundertvierundsechzig miserable, selbstzerfleischende und stellenweise mehr als obszöne Seiten über deine Erlebnisse in deiner turbulent-psychopathischen Wohngemeinschaft. Das war keine Wohngemeinschaft, das war eine Zwangsgemeinschaft, besser noch: eine Zwangsjakken-Gemeinschaft! Unter Zuhilfenahme von ungezählten Kisten Wein (um die sogenannte Inspiration zu beflügeln – deine Lügen zeichneten sich schon damals durch eine grandiose Idiotie aus!) brachtest du ein ordinäres Brachial-Psychogramm zu Papier – einfach so runtergeschludert –, das man wirklich nur gänzlich betrunken lesen sollte. Und es bleibt einem auch beileibe nicht verborgen, daß es von einer alten, frustrierten Schnapsdrossel aufs Papier geschmissen wurde... zwölf Vollräusche auf den ersten fünfundsiebzig Seiten!
Mag ja sein, daß dieser Arbeitsversuch nicht so ausfiel, wie ich es mir vorgestellt hatte. Aber denk an meine Kurzgeschichten und die Gedichte...
Bravo, mein notorischer Lügenbold! Deine erste Novelle, mit der du in deiner Wohngemeinschaft tagelang hausieren gingst, war über sieben Seiten hinweg komplett von Camus geklaut; du hattest Glück, daß dies unbemerkt blieb... Über deine überladenen und vor Selbstmitleid triefenden Gedichte wollen wir lieber nicht sprechen; ersparen wir uns diesen unsinnigen Tiefgang in die Lächerlichkeit.
Du wirst gemein und ungerecht! Es gab da einige sehr schöne, gute Sachen. Außerdem: ein Gedicht ist nie vollendet, es lebt, es will interpretiert werden; ein Gedicht ist ein lebendes Kunstwerk und für immer unvollendet.
Dann nimm doch mal die ersten beiden Zeilen aus »Ein Liebesgedicht?«:

Zerrissen –
nur eine Bachsche Messe tönt durch den Raum;
ein Gloria für zwei Fleischerhaken hinter meiner Brust.

Genug!
Wie stellst du dir denn die Beziehung mit E. vor? Wie lange möchtest du denn die Wahrheit verschweigen? Und gebe dich bitte nicht glücklich und zufrieden – du bist es nämlich nicht. Diese Beziehung fordert dich, zwingt dich täglich zu einer alkoholischen Lüge. Dieses Abenteuerchen – mehr ist es doch nicht – reibt dich auf, gnadenlos. Und du läßt dich aufreiben. Diese neue Situation kommt deinen subtilen Wünschen nach Selbstbestrafung, ja vielleicht sogar nach Entlarvung und Demütigung doch recht gelegen. Du benutzt E., um *dir* zu schaden; das ist nichts als »Selbstkasteiung unter Mißbrauch einer fremden Person«. Quäle dich alleine, wenn es unbedingt sein muß, aber bediene dich nicht einer vorgeblichen Liebesbeziehung, um deinen Hals in die Schlinge zu stecken!
Vielleicht ist es wirklich Liebe? Ich weiß es nicht.
Werd nicht sentimental; Affenarsch!
Ich muß doch sehr bitten...
Schenk dir deine verquollene Rührseligkeit und deine gezwungenen romantischen Ausbrüche. Deine sogenannte Liebe ist im Augenblick nichts anderes als eine ganz alltägliche, selbstsüchtige Affäre. Eine Kuschelnacht und ein paar Kullertränen beim Abschied lassen aus einer getigerten Hauskatze noch lange keinen Puma werden!

So, da bin ich wieder. Du hast wahrscheinlich gar nicht bemerkt, daß ich kurz weg war. Ja, ich war um die Ecke, im Feinkostladen; die haben da köstlichen Schampus im Kühlschrank! Schau, was ich mir jetzt zugestehe: Eine Flasche Louis-Roederer Cristal; in gelbes Cellophan verpackt, damit die UV-Strahlen die Qualität nicht beeinträchtigen; Jahrgang 1981. Es wäre noch ein 83er zu haben gewesen, aber der 81er schmeckt wesentlich traubiger, findest du nicht auch? Hundertfünfundzwanzig Mark das Fläschchen, das bin ich mir heute einfach wert! Und du kannst nichts dagegen tun, nichts. Deine Moral schlingert ins Leere. Ich lasse mir diesen Genuß nicht vermiesen. Ich kann dich einfach niedersaufen, und dann verstummst du, solange ich es möchte; so einfach geht das – und dazu noch völlig undramatisch. Nein – um tatsächlich ehrlich zu sein: Deine Einwände erreichen mich nicht mehr. Die Sucht hält mich gefangen wie unter einer Käseglocke; ich höre dich nur noch verschwommen und halblaut. Aber ich höre dir noch etwas zu, sag doch was, komm, gib doch noch ein, zwei Zynismen zum besten!

Du denkst einfach nicht mehr in deine Tiefen. Wenn es um deine Sucht geht, wechselst du rasch das Programm, genau wie beim Fernsehen; ist ja auch so bequem mit der Fernbedienung, sprich Champagner.

Ein prosaisches Kabinettstückchen, Kompliment!

Du süchtigst dich jetzt gerade wieder durch die Flasche. Kaum lockt dich der Stoff, bricht deine kindische Ironie auf. Bemerkst du denn nicht, daß du dich wieder ein gewaltiges Stück von dir entfernst? Vorhin, als du mir zuhörtest, da warst du empfindsam und aufrichtig. Ja, du wolltest eigentlich gar nicht trinken; ich hatte dich beinahe soweit, daß aus den trockenen vier Wochen vier Monate und vielleicht noch mehr geworden wären. Schade. Du stehst jetzt im Sinn des Wortes vor einem beklagenswerten Rückfall.

Trübsinniger, affiger Kitsch! Ich entkorke jetzt die Flasche, nehme das mundgeblasene Glas aus meinem Schreibtisch und gieße mir Champagner ein. Mmh – er entfaltet sich und perlt einfach sondergleichen! Und er hat auch genau die richtige Temperatur! Ist es nicht eine Augenweide, sag doch...

Jetzt kipp endlich das erste Glas; danach hörst du mir wieder zu!

Aber E. klammern wir jetzt aus, ja? Das Drama muß seinen Gang gehen. Und die schnippische Bemerkung mit den Kullertränen war mehr als taktlos: Die Tränen waren echt.

Deine Freude über die Ruhe nach dem Abschied auch!

Du sezierst unverblümt meine Gefühle und meine Psyche. Wundert es dich, daß ich unter diesen Umständen trinke? Wie um alles in der Welt soll ich dich denn sonst ertragen?

Nun gieße dir schon das zweite Glas ein, beeil dich.

Du meinst wohl, daß ich mich nach dem zweiten oder dritten

Glas öffne? Ja, du hast recht. Ich rede dann ehrlicher mit mir, weil ich mich dann nicht mehr so krampfhaft und heftig ertragen muß. Ja, ich glaube sogar, daß sich darin eine ersehnte Mechanik offenbart: Der Alkohol in seiner Funktion als »menschenfreundliches« Regulativ, sprich beruhigendes Korrektiv; gewissermaßen ein gefühlvoller Puffer zwischen den psychischen Blessuren und den alltäglichen Unerträglichkeiten. Natürlich koste ich diese zwiespältigen Zerreißproben ausschweifend in mir aus; diese animalische Macht der Sucht und meine süffige Katzbuckelei davor, diese inzestuöse Verbrüderung von Lust und Verderben... Und ich bin Zuschauer, Regisseur und – talentloser – Hauptakteur zugleich. Ich weiß, daß ich mir Gewalt antue; dafür schäme ich mich aber nicht. Weißt du, wofür ich mich wirklich schäme? Dafür, daß ich mich an meinem schändlichen Scheitern auch noch in einem hinterhältigen Selbstmitleid ergötze!
Gut gebrüllt, Löwe!
Wer spricht jetzt zu mir: Sucht oder Ich?
Wie viele Gläser hast du getrunken?
Drei.
Wer also spricht jetzt zu dir?
Keine Frage. Du hast mich also wieder am Haken; freust dich wohl darüber, he?
Denk daran – du wolltest nur ein, zwei Gläser trinken. Aber das sollte ja kein Thema zwischen uns sein, oder?
Du kennst uns beide ja: Wenn's auf der Seele so tadelnswert zirpelt und dann noch das Blut so temperamentvoll durchs Gehirn strömt, dann nähern wir uns zielstrebig und kühn dem krönenden Finale: dem Jetzt-erst-recht-Effekt, dem alles zunichte saufenden Endkampf. Wenn schon Alkoholiker, dann aber bitte richtig! Erbarmungslos und ohne Rücksicht auf Verluste!
Wollen wir noch ein wenig über E. reden? Paß auf... Nein, ich schildere dir meine Beobachtungen, damit es nicht ganz so verklärt und gefühlsduselig klingt – nimm das Folgende einfach mal als intimes Statement hin: Nüchtern wärst du nie auf die Idee gekommen, diese Beziehung einzugehen, denn bereits nach drei Verabredungen zeigten sich für dich die ersten Disharmonien zwischen euch. Aber in deiner

Leutseligkeit und in deiner rückfälligen Angst kommt dir diese Affäre auch sehr gelegen, kannst du doch wieder einmal das Klammeräffchen mimen! Und ganz nebenbei darfst du dich profilieren und produzieren. Endlich wirst du bewundert, wird dein Stil geschätzt, erweist dir ein attraktiver, sinnlicher Reiz seine Referenz. Aber du begibst dich unversehens in deine hochbetagten Konflikte. Nur ein Beispiel: dein chronisches Unvermögen, verständig mit liebevoller Nähe und notwendiger Distanz umzugehen... ganz zu schweigen von deiner beinahe selbstmörderischen Unfähigkeit, Entscheidungen zu treffen und nein zu sagen, wenn du nein sagen möchtest...
Du witterst mit einem verblüffenden säuferischen Instinkt solche seelischen Kontroversen immer und immer wieder, stürzt dich todesmutig in sie und kommst darin um, immer und immer wieder... Du läßt dich manipulieren und verführen. Du läßt dich willig überreden und beeinflussen; dazwischen markieren deine jämmerlichen Vollräusche die hilflosen Phasen der Betäubung.
Aber – Geborgenheit, Zärtlichkeit...?
Keine Verschleierung bitte! In Schweden brüskierte dich die forsche Intimität, mit der dich E. überrumpelte!
Ja, jetzt, beim vierten Glas, stimme ich dir zu. Ich hätte mir mehr geistige Übereinstimmung, Offenheit und Vertrautheit gewünscht und nicht diese plumpe, plattwalzende Leidenschaft...
Mehr noch: Deine Feinfühligkeit wurde gekränkt.
Ja, als E. ins Flugzeug stieg, sagte ich leise zu mir: Ich glaube, diese leidenschaftliche Beziehung wird nie ihre anonyme und banale Eigenart verlieren.
Du charakterisiertest das noch treffender, erinnerst du dich?
Ich spürte, daß ich in diesen Sommernächten um ein Stück Liebe ärmer wurde; eine traurig-naive und doch sehr bestürzende Erkenntnis.

Stichwort: Champagner!
Wie?
Champagner! Ich möchte mit dir über Champagner reden. Moment – bevor du mir nun sagst, »das hatten wir doch beim

ersten Abend mit E. schon«; ich möchte dir nur die unverfängliche Frage stellen: »Weshalb trinkst du ausgerechnet Champagner?« Du zögerst? Du kennst die Antwort doch genau! Okay, trink noch ein Glas, oder besser: Nimm einen pausbäckigen Schluck aus der Flasche; wirf den Knigge in die Ecke...
Nein danke, ich trinke aus dem Glas; ich möchte mir nicht deine Abdeckermanieren zu eigen machen!
Du balancierst wieder zwischen Stil und Gosse – aber gib dir keine Mühe: Ich, deine Sucht – ich nistete mich doch bereits vor Jahren hinter deinen Fassaden ein...
Du beherrschst die Klaviatur meines Unterbewußtseins so vorzüglich, daß du gefälligst auch die Frage nach meiner Getränkewahl selbst beantworten wirst!
Du hast dich für Champagner entschieden, weil du vielleicht, na, sagen wir, dieses Mal ein wenig stilvoller süchtigen möchtest als in deiner guten alten Zeit... Aber das ist noch nicht alles: Denk an deinen Vater; er trank teuflisch gerne Champagner, ein Leben lang – er konnte sich ihn auch finanziell leisten, im Gegensatz zu dir.
Ich verdiene ganz gut; wo ist das Problem?
Du verlierst den Boden unter den Füßen, mein Lieber; aber nach dem fünften Glas ist das ja ein normaler Zustand für dich. Natürlich verdienst du nicht genug, um dir längerfristig deine Champagnerallüren leisten zu können, ganz zu schweigen von deiner großspurigen Exkursion nach Paris. Dein Konto ist bereits überzogen, und die kommenden Tage mit E. werden dich ganz schön beuteln.
Ich werde nach Paris eben ein wenig haushalten müssen.
Wenn es dir gelingt! Du manövrierst dich in eine Rolle, aus der es in Kürze kein Entrinnen mehr geben wird. Du bezahlst und verwöhnst; erkennst du die Widersprüche zwischen deiner Persönlichkeitsruine und deinem großmäuligen finanziellen Gebaren? Wenn du den Kurs nicht änderst, steuerst du geradewegs in einen pekuniären Orkan. Du mußt endlich wenigstens ein einziges Mal dein simpelhaftes Leben nach der Realität ausrichten!
Ich bin beim sechsten Glas angelangt, aber das dürfte dir nicht entgangen sein... Jetzt steht einer extraordinären und gefälligen Prise Wahrheit fast nichts mehr im Wege...

Deine Widerstände verflüssigen sich, sonst nichts.

Weshalb trinke ich wohl? Kurzerhand: Es gelingt mir nicht, meine Persönlichkeit auf ein sogenanntes Normalmaß zu reduzieren, meine Wünsche und Bedürfnisse an das Tatsächliche, Reale anzupassen. Du weißt es doch: Ich wollte immer etwas Besseres sein, immer wenigstens einen Millimeter über den Dingen und den Menschen stehen. Ich verschmähe alles Durchschnittliche!

Aber es gelingt dir nicht, deine Individualität über ein Mittelmaß zu recken; bei jeder Anforderung kneifst du – es sei denn, auf deinem Seeleneintopf schwimmen die würzigen, alkoholischen Fettaugen... Kehren wir zum Champagner zurück!

Was soll da noch interpretiert werden?

Du gibst dich als Mann von Welt – du spielst deine Rolle übrigens sehr gut –, aber du bist es eben nicht. Niemand möchte dir deine Erziehung und deine Bildung oder deine positiven Eigenschaften absprechen, aber du bewegst dich eben immer noch in der Rolle des kleinen, blockierten Kindes. Und da füllt der spritzige Champagner mit seinem edlen Nimbus gerade eben mal die richtige Lebenslücke aus.

Eine bedachtsame, exakte Auslegung; aber das kann nicht alles sein.

Ist es auch nicht: Der Champagner – der Alkohol als solcher – entwickelte sich in deiner Lebensgeschichte zum verhaßten Despoten. Er beherrscht dich gnadenlos, aber du bedienst dich seiner auch – zwischen euch spielte sich ein abartiger Schlagabtausch ein, und nach dem ersten Glas, ja, inzwischen sogar mit dem ersten Schluck, läßt du dir in hündischer Ergebenheit die symbiotischen Daumenschrauben anlegen...

...um kurz darauf mit lautstarkem Geschrei über die Schmerzen zu zetern; im Grunde eine groteske Parabel...

...vergleichbar der eines Jungen, der seine Eltern ermordet und dann das Gericht um Milde bittet, weil er Vollwaise ist...

Ich benutze Champagner, um die kleinen Defizite in meinem Leben auszugleichen; wenigstens über den Champagner gelingt es mir, mich ein Stück mit meinem Vater zu identifizieren... Ich bin übrigens beim letzten Glas angelangt; danach muß ich noch etwas trinken, unsere heikle Diskussion trocknet meine Kehle aus.

Du wirst dich verändern. Das weissagt dir hier und jetzt dein Selbst!

Blödsinn! Der Alkohol hält mich, seine aufständische Sucht, doch recht forsch im Zaum; irgendwann wird er wieder ganz dir gehören – du mußt eben warten können... so wie ich.

Ich wiederhole mich: Du wirst dich verändern, gewaltig verändern. Du wirst vorsichtig, ängstlich und mißtrauisch. Du wirst enorme Energie daran verschwenden müssen, damit der erneute Aufgang deiner Sucht unbemerkt bleibt. Das Taktieren und Abwägen hat bereits begonnen: Du möchtest zur Toilette, aber dazu mußt du über den Flur gehen, und dieses Risiko ist nach sechs Gläsern Champagner zu groß – du könntest Frau Cordes, Monika oder Jens begegnen! Sie wissen noch nicht, daß du eine neue alkoholische Ära eingeläutet hast; für sie bist du immer noch der trockene Alkoholiker, und einen Gesichtsverlust kannst du dir bei deiner momentanen Zerbrechlichkeit nicht leisten. Aber es gibt einen Ausweg: Hör sofort mit dem Saufen auf; gehe jeden Abend in eine Gruppe, sei schonungslos offen, bekenne dich!

Quatsch! Es droht überhaupt keinerlei Gefahr. Ich habe meinen Alkoholkonsum völlig unter Kontrolle. Ich bin immer heil ins Bett gekommen; ich kann mir ohne Skrupel hie und da ein Fläschchen gönnen. Und der Absprung wird mir zur rechten Zeit gelingen; danach ist immer noch Zeit genug, abstinent zu leben...

Fang nicht an zu spinnen! Trink das letzte Glas langsam, zögere den letzten Schluck hinaus, das erhöht ungemein den Reiz!

Ja, Vater trank fast inbrünstig Champagner, guten Champagner natürlich. Seinen edlen Tropfen gegenüber verhielt er sich wie ein Gentleman, da gab es auch keine Entgleisungen...

Du wetzt schon wieder einige fatale Scharten aus. Der hingebungsvolle Umgang deines Vaters mit seinem geliebten Champagner endete oftmals in einer tückischen Katastro-

phe... Erinnere dich doch nur an jenen verheerenden Freitagabend, du weißt schon...
Lassen wir das jetzt. In diese Schichten ist noch kein Champagner durchgesickert; da genügt eine Flasche nicht!
Dieser Abend hinterließ Trümmer; in der Wohnung und in dir. Am Tag danach fand der alljährliche Offiziersball statt – du erinnerst dich: Mutter benötigte eine halbe Stunde, um den Bluterguß unter dem Auge wegzuschminken...
Meine Geschichte verfolgt mich bis zur Urne...
Denk einfach nicht daran...
Du rüttelst meine Geschichte wach, und dann soll ich sie sofort wieder verdrängen; wo ist da die Logik?
Es gibt keine. Gäbe es eine, müßtest du nicht mehr trinken.
Immer, wenn ich trinke, erwacht meine Erinnerung, und immer, wenn ich mich erinnere...
Unlogisch, völlig absurd! Denk nicht so destruktiv, und versuch nicht, Haare auf einer Glatze zu spalten. Trink noch einen Schluck...
Ich bin geflüchtet, regelrecht geflüchtet. Und nun stehe ich seit einer Stunde hier am Fenster und ärgere mich darüber.
Deine Flucht hatte ihre Gründe: Dich durchwühlt die Angst, in deiner neuen Position zu versagen. Es wird nicht einfach werden, aber mit einem guten Tröpfchen wirst du es schaffen. Es werden hohe Anforderungen an dich gestellt werden, und du wecktest ja bereits in den zurückliegenden Monaten große Erwartungen – aber keine Bange: Gemeinsam schaffen wir das schon!
Natürlich stecke ich sie alle in die Tasche, ausnahmslos!
Cordes, die Intrigantin; Brett, den Kriecher; Kaiser, Alt, Matthias: Sie werden mich schon kennenlernen!
So gefällst du mir! Jetzt schaukelt der Pegel auf der passenden Höhe. In diesem Zustand bist du einfach unschlagbar! Du wirst es ihnen zeigen!
Wie lange? Wie lange werde ich dieses Spiel durchhalten?
Jetzt ist nicht die Zeit für Zweifel...
Ich trinke nicht freiwillig...
Aber du trinkst...

Gegen alle Vernunft. Das ist so, als würde ich ständig bei Rot über die Straße gehen, so lange bis...
Keine Ausflüchte!
Schweden und Alkohol – was wäre da wohl geschehen?
In meinem stumpfsinnigen Suff wäre ich über die Orchideen getrampelt, ohne sie auch nur eines Blickes zu würdigen, und die Adler hätten allenfalls Horrorvisionen à la »Die Vögel« von Hitchcock erweckt! Ach, weißt du: Der Alkohol läßt eben keinen Feinsinn zu...
Und es wird noch schlimmer kommen; vergiß nicht: Ich bin Zyniker, und ich verachte alle Zweifler und Abtrünnigen! Ich bin erst dann befriedigt, wenn *deine* Lebensgeschichte durch mich in deiner ganz persönlichen Apokalypse endet...
Ach ja – wir haben noch eine Version deiner vierzigsten – oder gnädigerweise fünfundvierzigsten – Geburtstagsparty vergessen: Saufe einfach weiter, den Rest erledigt die Pathologie! Du kennst doch den Verlauf und das Ende deiner Sucht haargenau: Fettleber, chronische Magenschleimhautentzündungen, Milz und Bauchspeicheldrüse degenerieren; schließlich das Tresenfinale: Leberzirrhose! Die Leber verhärtet und stranguliert dabei die Pfortader. Der Körper versucht, den dadurch entstehenden Blutstau mit Umgehungskreisläufen zu überlisten. Die Folgen: unter einer häßlichen Abdominalglatze öffnen sich erneut die seit der Geburt geschlossenen Nabelvenen; und schließlich als herausragende Zugabe: fingerdicke Krampfadern in der Speiseröhre! Irgendwann halten sie dem Blutdruck nicht mehr stand und platzen – und du wirst beim ersten Blutschwall aus deinem Rachen in Todesangst versinken und beinahe ersticken! Während der sich anschließenden Bewußtlosigkeit werden dir die Ärzte eine Ballonsonde einführen, um die Blutungsquellen zu komprimieren. Und dann, vielleicht nach einem waschechten Delirium mit der üblichen Statisterie des Wahnsinns, mußt du dich in letzter Minute einer Bypassoperation unterziehen... Und du kennst das ja: In vielen Fällen schließt sich diese riesige, halbmondförmige Operationswunde nur unter schwersten Komplikationen: Tage- und wochenlang klafft unter deinem rechten Rippenbogen ein grauenvolles Loch! Ja – du

kannst mit deiner Hand reinfassen, dein eigenes Bauchfell kitzeln und die derben Höcker auf deiner Leber tätscheln, ha, ha! Aber – vielleicht erhältst du ja als Geburtstagsgeschenk eine Flasche Champagner – *intravenös!*
Ich wußte es: Du wirst mich umbringen! Irgendwann, irgendwo...
Sicher werde ich das tun, aber das hat Zeit. Trink noch ein wenig! Dieser Tag ist gelaufen; du kannst nach einer Flasche weder den Kassenbericht erstellen noch einen einzigen Brief beantworten, obgleich das eigentlich dein Job ist und du dafür bezahlt wirst... Und deinen Angestellten solltest du in deinem eigenen Interesse frühestens morgen wieder begegnen. Schleiche dich also über die Hintertreppe davon, gehe ins »Atlantic«, iß ein halbes Dutzend Scampi im Speckröllchen und trinke noch ein großes Glas; zu mehr taugst du heute nicht. Schleiche dich über die Hintertreppe davon wie ein geprügelter Hund! *Denke daran: Du läßt dich durch mich, deine Sucht, über die Hintertreppe davonjagen; vergiß das nicht!*
Genau das werde ich tun: eine Kleinigkeit essen, noch etwas trinken, ein wenig nachdenken. Du hast gewonnen!
Wie immer!
Na und? Keine Sorge – eines Tages jage ich dich davon. Heute hast du gewonnen; es ist mir gleichgültig. Komm, laß uns gehen! *Auf ein letztes Wort, Freundin Sucht, Mätresse meiner kindlich-ewigen Ekstase, du verruchte Königin aller Dirnen: Rede nie wieder in diesem Ton mit mir!*

Eine verbrämte Laune des Champagners: In drolliger Trunkenheit lasse ich bei einem Juwelier zwei Ringe gravieren, und beim Flug nach Paris, in zehntausend Meter Höhe, streifen wir sie uns über die Finger – E. himmelt mich an!
Mein Vater pflegte bei manchen noblen Gelegenheiten ironisch einzuflechten: »Natürlich lebe ich permanent über meine Verhältnisse – aber noch lange nicht standesgemäß!« und hatte dabei stets die Lacher auf seiner Seite.
In einer momentanen Verlegenheit leihe ich mir quasi inoffiziell eine kleine Summe aus dem Tresor. Beinahe wie auf Samtpfoten schleicht sich der Hang zum überspannten Ge-

nuß und zu übermäßigen, wirklichkeitsfernen Geldausgaben in mein Leben, um schließlich für einen langen Zeitraum mein Verhalten zu beherrschen. Der Grundsatz der Verhältnismäßigkeit wird fast achtlos aus den Fugen gehebelt. Beispiel Paris: Nettogehalt 3600 DM; Flugtickets: 1248 DM; Hotel: drei Nächte à 1300 FF; Essen, Champagner, etc.... Aber: Erstens befinde ich mich quasi »auf der Flucht«, das rechtfertigt fast alles. Zweitens liebe ich Paris und möchte E. die schönsten Winkel »meiner Stadt« präsentieren; drittens liebe ich Champagner (alleine diese noble Passion rechtfertigte eine phasenweise Verleugnung der Realität); viertens bin ich Alkoholiker, das rechtfertigt alles.
Notabene: Natürlich bin ich kein Alkoholiker. Vielmehr bewegen mich momentan widrige Umstände, fatale Geschicke und die verfemten Lüste meines Lebens zu etwas unkonventionellen Handlungsweisen.
Ich *ahne*, daß dieses Viertageglück auf Pump den Auftakt für eine Vielzahl von fingierten Machenschaften darstellt, die mit einem merkwürdig-sudeligen Reiz fügsam in der Strömung der Sucht treiben werden: Kabale und Schampus!
Sofort fasse ich den energischen Vorsatz, diesen »heimlichen Kredit« am Montagmorgen unverzüglich wieder zu tilgen; ganz bestimmt – ich weiß nur nicht, wovon... Aber ich möchte diese Tage und Nächte in Paris genießen, ja in fast verachtenswerter Weise auskosten! So wollen es eben die Usancen meiner Prägung... Und die luxuriöse Ironie dieser Usancen: Wo könnte ich leichter und gedankenloser den Boden unter meinen Sucht-Füßen verlieren, wo unbekümmerter in eine frivole Großmannssucht verfallen als in sprudelnden Sommernächten in Paris?
Auch im Drang nach Besitz und äußerer Darstellung, im hemmungslosen, verschwenderischen Genuß sowie im exzentrischen Umgang mit Geld offenbaren sich charakteristische Fragmente meiner süchtigen Persönlichkeit, respektive meiner *persönlichen Sucht*. Diese Vorgänge, die ich hier beschreibe, vollziehen sich unbemerkt. Ich kann weder den Zeitpunkt ihres erstmaligen Auftauchens benennen noch die auslösenden Momente – nur das Ende realisiert sich

schließlich in drastischer Deutlichkeit. Dieser Wahrnehmungsschwund der Wirklichkeit entwickelt sich leichthin unbewußt-mechanisch und mündet sehr rasch in die verlokkende Endlosspirale der notorischen Mißachtung von Ehrlichkeit, Geist und Gewissen. Gleichwohl stets in stummer Vermutung das vernichtende Ende vor Augen, verschließt sich das Ich jeder einsichtigen Zugänglichkeit; diese absonderliche Phase der phantastischen Distanzierung vom gewöhnlichen Dasein, mit all ihrem Sumpf und ihren prahlerischen Lügen, begehrt selbstvernichtend nach einem zerstörerischen Finale.

Mit dieser Parisreise verhedderte ich mich wohl zum ersten Mal in einem Fallstrick meines laxen Größenwahns.

Ich führe E. durch Paris, und E. genießt mit glänzenden Augen die pulsende Metropole und – mich. Ich wählte ein verschwiegenes Hotel auf der Île St. Louis; es besticht durch seinen anachronistisch-gallischen Charme. Tagsüber, auf unseren oftmals schweißtreibenden Streifzügen, finde ich fast stündlich eine Gelegenheit, um in einem Straßencafé einen Kir Royal wegzusüchteln. E. trinkt nur einen Kir und begnügt sich dann bis zum Abend mit Mineralwasser.

In einem Bistro am Boulevard Sébastopol fragt mich E. scherzhaft, ob ich wohl Alkoholiker sei... Ich gerate noch heftiger ins Schwitzen, fahre kurz mit der Geisterbahn durch meine Seele und verneine, besser: *verlüge* dann ebenfalls lachend. Aber damit nicht genug, denn solch ein unerhörter verbaler Tiefschlag bedarf in kräftig-labiler Kir-Royal-Laune einer dampfwalzenartigen Ausschweifung:

Nein! Natürlich bin ich kein Alkoholiker – ich genieße lediglich. Und ich genieße meine Genüsse! Alkoholiker zeichnen sich unter anderem auch oder gerade dadurch aus, daß sie sich bis an die Schwelle der Besinnungslosigkeit besaufen, spule ich meinen lehrbuchreifen Text ab.

Natürlich bin ich kein Alkoholiker. Säufer, das sind doch dumpfe und hemmungslose Wesen. Aus mir hingegen quillt Witz und Charme, und aus meinen listig-lustigen Äugchen funkelt unentwegt ein smarter Esprit! Nein, ein Säufer; das bin ich nicht! (Künftig werde ich mir Mineralwasser *und* einen Kir Royal bestellen!)

Während E. in der Badewanne sitzt, kann ich mir auf die heimliche Schnelle noch ein Schlückchen aus der Minibar genehmigen.
E. schließt während des Bades die Tür, denn es ist mir zutiefst zuwider, Menschen bei der Körperreinigung zu beobachten. Auch das Zähneputzen birgt eine schützenswerte Intimität in sich – ich möchte niemand dabei zusehen, und Gurgelgeräusche sind allenfalls noch durch die geschlossene Tür erträglich. Und nicht zuletzt befindet sich die Minibar genau gegenüber der Badezimmertür...
»Paris, ein Fest fürs Leben«; dieser Hemingwaysche Kanon versauert über meinem versteckten Trinken zur Galgenhumoreske. Ich jongliere mit den Reizen, mich heimlich davonzustehlen, um mich dann bis zum Rückflug schelmisch einmal die Rue de Rivoli rauf und wieder runter zu süffeln.
Am Abend schlemmen wir stundenlang in einem kleinen, exquisiten Restaurant auf der Île de la Cité im Schatten von Notre Dame. Unseren Tisch habe ich aus Hamburg telegrafisch reservieren lassen.
Pêche Royal als Aperitif, ein schmackhafter Einstieg. Als E. zur Toilette geht, bestelle ich mir flugs einen zweiten! (Den Terminus »flugs« wählte ich unbewußt aus; im Synonymwörterbuch wird dafür wahlweise auch »dringend« angeboten.)
Nach der zweiten Vorspeise, Lachstatar mit Rumkirschen, tischt Renata ein zauberhaftes Apfelsorbet mit reichlich Calvados auf. Zeit, um mich ein wenig zu brüsten: »Ich kündige mich hier immer mit einem Telegramm an. Renata kennt mich seit Jahren. Ja, es ist nicht übertrieben, wenn ich sage, das ›La Colombe‹ ist meine Stammadresse in Paris, fast so etwas wie meine zweite Heimat!«
Zum hochgebratenen Filet mit fünf Pfeffersorten bestellt E. eine Flasche Champagner. »Weißt du, abends trinke ich gerne so ein kleines Fläschchen Champagner...« Ich auch.
Paris, ein Fest für die Leber!
Später, im Waschraum, stehe ich minutenlang regungslos vor dem Spiegel. Ich erkenne mich kaum noch.
»Hallo, du, mein Gegenüber, was soll ich sagen. Mein Gott,

wir wissen es doch: Irgendwann, vielleicht recht bald schon werden wir an unserer Ironie ersticken!«

Dann schließlich die Glanzstücke des Menüs: einen gebackenen Ziegenkäse und einen sechzig Jahre alten Cognac – »das nächste Mal trinken wir eine Flasche von diesem Chablis, Jahrgang 1941, kostet lächerliche dreitausend – Francs natürlich«. Der Höhenflug gerät endgültig außer Kontrolle.

Spät am Abend zünden wir in Notre-Dame zwei Kerzen an.

»Du mußt dir jetzt etwas wünschen, aber du darfst es nicht aussprechen, sonst geht dieser Wunsch nicht in Erfüllung.«

Ich schaue gedankenversunken in das flackernde Licht und wünsche mir innigst, wieder trocken, nüchtern und lebensfroh zu werden.

Doch wie selbstverständlich pustet die Sucht aus vollen Backen meine Kerze aus: »Komm, laß uns an der Place Dauphine noch ein Betthupferl trinken ...«

Ich nehme mir fest vor, erst ab 14 Uhr zu trinken, bis dahin ist das Wichtigste vom Schreibtisch. Champagner scheidet aus, ebenso jedes andere fahnenträchtige Getränk. Ich entscheide mich schließlich für Wodka mit viel Eis und Zitrone. Wodka verursacht eine hauchdünne, kaum wahrnehmbare Fahne und eignet sich ideal als Pausenfüller bis zum abendlichen Umtrunk.

Natürlich bemerke ich Veränderungen in mir, aber ich trinke sie weg. Meine Gedanken kreisen immer enger um den Alkohol, und die Sucht führt inzwischen bereits ihren separaten Terminkalender.

Ich trinke ab 14 Uhr bis zum Feierabend maximal zwei doppelte Wodka, das genügt.

Oder vielleicht drei; das genügt mit Sicherheit.

Ab zwölf Uhr jagen meine Augen abwechselnd von der Uhr zur verschlossenen Schreibtischschublade. Um 13.30 Uhr löse ich den Krawattenknoten etwas; meine Hände sind feucht, mein Schlund trocknet aus und wird zur Wüste. Aber: Juhu, die Oase ist greifbar nah!

Meine Eiswürfel bereite ich aus Mineralwasser, und die Zi-

tronen sind selbstverständlich unbehandelt: Ich möchte gut zu meinem Körper sein!
Und dann endlich, endlich, endlich: Eintritt ins Paradies; Erlösung, Erleichterung, Erfüllung, Lust und Wahnsinn, Liebe und Tod, dirnenhafte Jungfräulichkeit: Die Sucht kadavert mit Posaunen und Schalmeien über meine Seele hinweg: *endlich, endlich, endlich Alkohol!*

Die strapaziöse, überzogene und aufgeblähte Intimität, mit der mich E. bedrängt, wird mich umbringen.
Mein Job wird mich umbringen.
Meine Sucht wird mich umbringen.
Ich bringe mich um.
Diese Einsichten verlangen heute ausnahmsweise nach einem vierten Wodka; wirklich nur ausnahmsweise. Ich möchte tagsüber wenig, sehr wenig trinken. Na gut: trinken müssen. Ich weise die Rezeption an, keine Telefonate mehr durchzustellen und jeden Besucher abzuwimmeln: Ab 14 Uhr empfange ich nicht mehr. Ich sitze über der Monatsbilanz, ja, auch wenn heute erst der 23. ist, verdammt noch mal: BITTE NICHT STÖREN!
Im Tresor befinden sich 16950,00 DM. Sechzehntausendneunhundertfünfzig Mark – der Kassenbericht weist aber nur 14690,00 DM aus; ich muß einen Zahlendreher in den Computer getippt haben!
Ich überprüfe mochmals alle dreiundvierzig Einzelposten des vergangenen Tages, dennoch ändert sich die Endsumme nicht. Ich mißtraue dem Computer und gebe die dreiundvierzig Beträge einzeln in den Tischrechner: 14690,00 Mark. Ich bemühe die angestaubte Rechenmaschine: 14690,00 Mark. Ich zerfalle zum Nervenbündel: Verdammt, irgendwo muß sich doch ein Fehler eingeschlichen haben! Unwillig gehe ich zu Tisch, esse einen Salat und eine Pasta mista, trinke *ein Mineralwasser* und beginne die Abrechnung von vorn.
Dann, nach zwei Stunden, werde ich endlich fündig: Die Differenz beruht auf einem unscheinbaren, gänzlich banalen Fehler, der selbst für einen Insider kaum zu entdecken ist. Plötzlich durchschaue ich das betrügerische System meines Vorgängers und begreife, weshalb seine Manipulationen nie aufgedeckt wurden. Seine bis heute unverstandene

Äußerung: »Man kann nicht auf einmal zehntausend Mark aus dem Haus schaffen, aber zehnmal tausend Mark; das merkt keiner!«, bekommt nun einen Sinn. Per Zufall stoße ich jetzt in diese Lücke; sie weist eine geradezu beängstigend-diabolische Raffinesse auf; eine Verführung lege artis, nach allen Regeln der Kunst!
Ich schwanke zwischen einer »stummen Geldentnahme« ohne Korrektur des Kassenberichts und einer »auf einem Zufall beruhenden Unterschlagung«.
Ich ringe mich zu keinem Entschluß durch und verlege die Entscheidung auf den Abend. Ich werde mich wieder einmal durch den Hinterausgang schleichen und an der Bar im »Atlantic« bei einem (oder zwei) Pêche Royal über »Ehrlichkeit contra Gerissenheit« nachdenken.
Natürlich werden es fünf Pêches, aber meine exorbitante Konfliktsituation begehrt nach einer umfassenden Abwägung. Natürlich entscheide ich mich bereits nach dem ersten Pêche dafür, diesen kleinen Reichtum aus heiterem Himmel in meiner Brieftasche verschwinden zu lassen. Nach dem fünften Pêche sind auch alle tugendhaften Zweifel tadellos weggetrunken, so daß ich mit dem sechsten Glas in Gedanken Claus zuproste.
2260,00 Mark: Die Tickets nach Paris sind vom Tisch, und es wird noch für einige Flaschen Champagner reichen.
Natürlich bin ich *eigentlich* ein ehrlicher und grundanständiger Mensch, aber die gegenwärtigen Suchtumstände lassen mir offenkundig keine andere Wahl. Natürlich ist mir auch bewußt, daß ich einen riskanten Reigen eröffne, denn diese unfreiwillige Manipulation wird alsbald nach Wiederholung drängen.
Ich gehe ins Gästehaus zurück und gelange unbeobachtet ins Büro. Ich überwinde die letzte moralische Hürde, stecke das »überschüssige« Geldbündel in die Tasche und hefte danach den Kassenbericht ab.
Ich setze mich an den Schreibtisch und fühle mich elend. Vielleicht hilft mir ja ein Wodka?
Ärgerlich fege ich die Dienstpläne vom Tisch; soll meinethalben jeder im Haus arbeiten, wie und wann er möchte! Ich übe Macht aus, aber ich begegne meiner Macht in tiefer Ohnmacht.

Noch rasch einen Wodka, dann will ich E. anrufen.
Noch einen kleinen Wodka, dann rufe ich wirklich an; heute bin ich einfach unersättlich!
Ich lade E. zu einem intimen Candlelight-Dinner ins »Atlantic« ein. E. schiebt mir eine Karte zu, auf der ein Schlüssel klebt:

Den Schlüssel zu meinem Herzen besitzt Du schon,
jetzt sollst Du auch den Schlüssel für meine Wohnung besitzen...

Zugegeben, ein etwas einfach gestrickter Text – aber ich will heute nicht allzu kritisch sein...

Ich weiß nicht, was mich beharrlicher isoliert: meine Position oder meine Sucht?
Im Büro fühle ich mich einsam, ich treffe einsame Entscheidungen, fühle mich im Wintergarten mitten in einem Gespräch unversehens alleingelassen und empfinde das Zusammensein mit E. zunehmend als quälend-wünschenswerte Einsamkeit. In der innigsten Umarmung überfällt mich jäh ein frostiges Alleinsein, aber ich bleibe... Und tief in mir trinke ich mich behende in ein kleines, auserkorenes Stundenglück. Was soll ich mit all den verherrlichten, normalen Beziehungen? Sie nehmen mehr gefangen, als daß sie befreien können. Sie attackieren mich rücksichtslos mit Erwartungen und überspannten Anforderungen und dezimieren die letzten Schlupfwinkel meines Selbst. Und dabei wäre alles so einfach: Ich müßte nur wieder zu mir finden.
Ich mache mich daran, einen innerbetrieblichen Wandel herbeizuführen und die gesamte Struktur des Gästehauses zu optimieren; das ist meine Aufgabe, dafür werde ich bezahlt. Der Vorstand ermuntert mich, dem »gemeinnützigen Dienstleistungsbetrieb Gästehaus« einen professionellen Touch zu verleihen.
Die Personalkosten müssen deutlich sinken, die Werbeaktion vom Winter soll in größerem Stil wiederholt werden. Gewinn, nichts als Gewinn – in dicken Lettern prangt dieser Leitspruch in meinen Gedanken.
Wodkawillig lasse ich mich vor den Karren der achtbaren

Kaufleute spannen und lege mir für die nächsten Monate einen generalstabsmäßigen Plan zurecht.
Ich führe unzählige Telefonate, um schließlich am Tag X eine komplette, neue Mannschaft an Aushilfskräften präsentieren zu können. Den neuralgischen Punkt des Hauses, die Rezeption, besetze ich mit Ralf, einem hochgewachsenen 24jährigen Hotelkaufmann mit vorgeblich erlesenen Referenzen. Wir lernen uns in einer Bar kennen, und nach drei Stunden gilt er als engagiert. Niemand ahnt etwas von meinen Plänen, der Überraschungseffekt wird auf meiner Seite sein.
Nach drei Wochen ist es soweit: Ich raffe allen Mut zusammen und entlasse sämtliche Aushilfskräfte.
Korrektur: Es gibt nicht viel Mut zu raffen – ich trinke ihn mir an. Um 9.25 Uhr trinke ich eine viertel Flasche Wodka, vertusche bis 9.55 Uhr mit Mundwasser und -spray meine Fahne und breche dann autoritär-gemessen zu den Höhlen meiner zahnlosen Löwen auf. In zehn Minuten ist alles erledigt, die Aushilfskräfte sind umgeschichtet; man wird mich für Monate hassen.
Dieses einmalige, unvermeidbare morgendliche Trinken soll wahrhaftig eine sensationelle Rarität bleiben; versprochen – hierüber brauche ich mit mir kein einziges Wort zu verlieren!
Mein Mut zu unerschrockenem Handeln wird von allen gewürdigt. Herr Brett steigert seine Zuvorkommenheit in eine schier obszöne Unterwürfigkeit, *Mops* empfängt mich plötzlich mit phantasievollen Frühstücken, und Monika verschont mich geflissentlich mit dem alkoholbedingten Zerfall ihrer Mutter; mein allegorisches Spiegelbild erblindet auf dem Abstellgleis.
Alle lieben Hans.

Mein Leben rinnt mir durch die Finger und zertröpfelt zu einer sehnsüchtigen Maskerade. Ich passe mich an, so gut es geht, und ich betrinke mich dabei, so heimlich es eben geht: Ein siecher Kompromiß spurtet dem anderen hinterher.
Laut Vertrag bin ich Leitender Angestellter mit weitreichenden Vollmachten – mein Ich empfindet sich als kleiner

König, meine Sucht erhebt mich zum übermächtigen Kaiser: dem alkoholservilen Imperator Rex!
So sehr ich mich auch sträube, es einzugestehen – die Sucht wirft die ersten scharfen Schatten: Es ist mir wieder bewußt, daß ich Alkoholiker bin, aber ich verleugne diese Tatsache leidenschaftlich, durchdringend, enthusiastisch und um geradezu fanatische Ehrenrettung bemüht vor meinem verirrten, gebrochenen Selbst. Ich verdränge meinen krankhaften Makel, indem ich unerbittlich trinke, denn mein Selbst glaubt nur betrunken meinen Lügen. Eine irrsinnig-defekte Anmerkung, aber das schlotternde Ich duldet keine andere mehr.
Der Tunnel der Sucht verschluckt mein Sein. Meine Persönlichkeit befindet sich unermüdlich auf der Pirsch nach Trinkpausen. Manchmal fürchte ich, mein Leben spielt sich in der durchgehend geöffneten Trinkhalle eines Bahnhofs ab. Hier verbringe ich wie gelähmt meine Tage und Nächte, unfähig zum Entschluß, in irgendeinen Zug zu steigen. Die unerreichbaren Züge in Richtung Nüchternheit; wenn es doch nur jemanden gäbe, der mich auf den letzten Puffer des letzten Waggons werfen würde...
Nein, ich bin nicht süchtig. Ich habe mich völlig unter Kontrolle. Ich verkaufe mich zehn, zwölf oder vierzehn Stunden täglich, danach flüchte ich zu E. und betrinke mich in verstohlenem Kleinmut, so gut ich eben kann.
Meine Ansprüche entgleiten; Geld bedeutet mir plötzlich nichts mehr; ich habe genug davon. Ich kleide mich nobel ein und statte mich mit den Insignien meiner Macht aus (Füllhalter: achthundert Mark, ein Ring für den kleinen Finger: zweitausend Mark). Jetzt ist es an mir, Boss-Anzüge zu tragen, zweiundsechzig Krawatten in den Schrank zu hängen (da ich täglich die Krawatte wechsele, trage ich so zwei Monate lang jeden Tag eine andere) und in allen gängigen Konsumtempeln hofiert zu werden.
Natürlich – und dies ist keine Ironie, sondern eine drastisch-übliche Folge – erweist sich mein Gehalt als vollkommen unzulänglich, um all meine suchtgedungenen Wünsche zu erfüllen.
Ich entwickle ein Faible für sündige Eaux de Toilette, überhäufe E. mit prahlerischen Geschenken und verflüssige das

Gehalt von zwei Zimmermädchen zu Champagner. Mein Selbst gleicht einem tumultartigen Szenarium, in dem die Aufrichtigkeit unterliegt.
Ich verbessere das System meines Vorgängers und manipuliere die Kassenberichte zugunsten meiner Süchtigkeit. Dieses sträfliche Hantieren geschieht relativ gefahrlos, denn die Einnahmen sind inzwischen so enorm gestiegen, daß meine stummen Korrekturen nicht ins Gewicht fallen.
Doch auch im Taumel meines weltfremden Höhenfluges läßt mich die bedrückende Ahnung meines drohenden Unterganges nicht mehr los. Mein Denken und Handeln scheint gespalten zu sein.
Ich handle gegen jede Einsicht und trinke meine Moral ins passende Muster. Durch mein Selbst zieht sich ein Bruch; die scharfen Kanten glättet der Alkohol. Jedes neue Glas gleicht einem unbedachten Schachzug, jeder Rausch endet mit einem unsinnigen Bauernopfer. Dahinter müßte sich eine gescheite Kühnheit verbergen – der Scharfsinn eilt mindestens drei gegnerischen Zügen voraus –, doch ich süchtige mich in dumpfer Selbstmordmanier unvermeidbar ins Matt.
Ich erwarte das Schlimmste.

Mit meinen Erfolgen erringe ich das Vertrauen des Vorstandes, und bereits nach drei Monaten stehe ich außerhalb jeder Kontrolle.
Ralf bewerkstelligt seine Aufgaben mit viel Geschick. Er beaufsichtigt die Rezeption und erledigt die Buchungen inklusive der umfangreichen Korrespondenz.
Ich glaube, daß mir mit der Zusammenstellung des neuen Teams ein nutzbringend-glücklicher Griff gelungen ist. Ich gebe mich distanziert und kontrolliere die Mitarbeiter mit unnachgiebiger Strenge. Ich reize die Karten meiner Autorität aus und ertaste geschickt meine Grenzen.
Schwungvoll modifiziere ich die verkrustete Verwaltungsstruktur und ziehe schließlich die Umsätze in unerwartete Höhen. Das Glück wird zu meinem heimlichen Begleiter, und als der größte aller kleinen Könige hefte ich mir in wundersamen Wodkaphantasien voll trunkenem Stolz den hauseigenen Orden der Genialität an meine selbstherrliche

Brust. Begabung, Glück und Beziehungen – mit dieser Formel gelange ich an zahlreiche schnäppchenhafte Verträge. Reisegruppen aus Skandinavien, Frankreich, England und Holland melden sich busweise an, und schon bald übersteigen die Anfragen erheblich das Bettenkontingent des Hauses. Vier Monate arbeite ich verbissen an meinem kniffligen Erfolg, dann, am 15. Oktober, winkt Ralf glückstrahlend ab: Das Haus ist bis zum 31. März 1989 vollständig ausgebucht.
Mein fieberndes Selbst scheint wieder intakt, meine hochgeschossenen Träume blinzeln schläfrig in die Morgenröte, und ich bin plötzlich so unverschämt stolz!

15. Oktober 1988:
Monika serviert mir das Frühstück im Büro. Kaum bin ich allein, erdreiste ich mich, zu den Rühreiern mit Schinken eine Flasche Champagner zu öffnen. Ich hänge das signalrote Schild BITTE NICHT STÖREN an das kleine Nägelchen in der Tür (beim Einschlagen dieses Nägelchens glitt dem Hausmeister plötzlich der Hammer aus der Hand und brach ihm eine Zehe!), schließe von innen ab und beperle genüßlich Gaumen und Seele.
E. wird heute von einer zehntägigen Reise zurückkehren.
Das erste Gespräch – das wichtigste seit Tagen – ist für elf Uhr geplant: ein Professor aus Paris möchte sofort für vier Monate fünfzehn Austauschstudenten im Gästehaus unterbringen. Kommt ein Vertrag zustande, so bedeutet dies eine zusätzliche Einnahme von dreiundsechzigtausend Mark – dies wäre auch das betriebswirtschaftliche Nonplusultra meiner Debütantenzeit, zugleich ein unwiderlegbarer Beweis meines Könnens!
Natürlich muß ich mich ein wenig in Stimmung trinken, mit Klugheit und Umsicht, aber in fröhlicher Champagnerlaune flitzt die Zunge eben noch mal so glatt über die Lippen.
Zu meiner Verblüffung zahlte Professor G. sofort und in bar; beim zweiten offiziellen Glas Champagner (eigentlich mein fünftes inoffizielles) werden wir uns überraschend einig. Freudig bringe ich den Professor zur Hintertür (niemand darf meine Fahne bemerken) und verabschiede ihn ein wenig zu überschwenglich, aber das tut nichts zur Sache,

sein Geld liegt schließlich in meinem Tresor! Auf der Treppe umarmen mich rasende Glücksgefühle, und im Büro überwältigt mich triumphale Freude! Schnell, noch ein kleines Fläschchen; das habe ich mir wahrlich verdient! Ach, nicht nur ich allein; auch Ralf soll daran teilhaben, gemeinsames Zechen verschweißt!

Hochmütig präsentiere ich Ralf die gebündelten Scheine; darauf müssen wir einfach trinken! Mein Mißtrauen und meine Achtsamkeit, meine Vorsicht und mein Argwohn verflüssigen sich im Freudentaumel.

»Ist das nicht verlockend? Soviel Geld, und niemand kontrolliert es. Ist es schon verbucht?« Ich sollte ihn auf der Stelle rauswerfen.

»Nein; ich verbuche es später. Natürlich kann so eine Summe verführen...«

»Schon mal schwach geworden?«

»Noch etwas Champagner? Schwach geworden? Vielleicht; ist das so wichtig?«

»Über einen zusätzlichen Schein freut man sich doch, oder?«

»Und wenn es entdeckt wird?«

»Wer soll es entdecken? Der senile Alte etwa? Lächerlich!«

Als wir die Flasche zu Ende getrunken haben, nehme ich zwei Tausender aus dem Tresor und stecke sie Ralf in die Tasche.

»Du hast gute Arbeit geleistet. Diese kleine Sonderzuwendung kommt dir sicher gelegen. Aber schweige wie ein efeubewachsenes Grab – auch über dieses Trinkgelage hier –, aber das ist eine andere, eine lange, sehr lange Geschichte. Ich werde sie dir irgendwann einmal erzählen...«

Ich fahre mit einem Taxi zu E.s Wohnung. In mir zittert absolute Hochspannung, wie in einer Überlandleitung.

Ich trank mit einem Angestellten Alkohol und ließ ihn Zeuge einer Unterschlagung werden! Mein strotzender Erfolg und meine freimütige Champagnerlaune rissen mich zu diesen verheerenden Kardinalfehlern hin, eine unverzeihliche Schwäche! Wie konnte ich mich so gehenlassen! In mir poltern Entsetzen, Bestürzung, Verrat und Furcht; die Gefühle gehorchen mir plötzlich nicht mehr, purzeln und stür-

zen durcheinander, verstricken sich in infernalische Gefechte... die Spannung schießt ins Unerträgliche... ich möchte fliehen, ein anderer sein, irgendwo untertauchen, von vorn beginnen, alles Gewesene vergessen, auslöschen, vernichten.
In vier Stunden wird mich E. in das Gefängnis der gehandikapten Gefühle einkerkern, und ich werde mich wieder unauffällig über meine Zwiespältigkeiten trinken.
Ich ertrage E. nicht mehr.
Ich ertrage uns nicht mehr.
Ich ertrage mich nicht mehr.
Ich ertrage nichts und niemanden mehr...
Ich muß diese unerträgliche Spannung in mir lösen, sofort, umgehend, notfalls mit Gewalt... der dickbäuchige Cognacschwenker liegt wie eine Waffe in meiner Hand; schützend und tötend.
Der erste große, nein: heftige Schluck brüllt sich in die Tiefe. Ich bin so widersinnig grausam zu mir!
Ich weiß nicht, was ich denken soll.
Meine Gedanken sind durch den Alkohol entstellt, mein Selbst ist längst in tausend Flaschen zerrissen. Nähe und Intimität fürchte ich als tödliche Gefahren, Entfernung und Alleinsein bringen mich um mein Ich. Blindlings lärme und jammere ich durch mein Leben – es gibt nichts, wofür sich ein Innehalten oder Aufbäumen oder Zuneigen oder Nüchternheit oder Liebe oder Haß oder Verachtung oder Interesse oder Wahrheit oder Lüge oder Spiel oder Freude oder Leid oder Tod oder einfach nur Leben lohnen würde. Nichts. Nichts gibt es da mehr.
Diese unabsehbare, zerquälende, immerwährende Disharmonie zwischen Anspruch und Erfüllung, diese schrillen, zerkratzten Dissonanzen zwischen Errettung und Vernichtung, diese maßlos-gigantischen Wünsche mit ihren maßlos-gigantischen Enttäuschungen, diese nagenden Zweifel mit den peinigenden Fluchten ins alkoholische Nichts...
Cognac, bitte ertränke mich! Ich schütte dich auf das, was da noch in mir winselt, was sich noch in meine Eingeweide, in meine Gedanken und in meine Geschichte krallt!
Die Steine des Staudammes zerbersten, Illusionen zerschellen, Wahnsinn und Träume zerplatzen, die Niederlage zeigt

endlich ihr steinernes Gesicht; die ungeheuere Katastrophe zerschmettert mein dünnwandiges Weinen.

Ich erwache in einer frostkalten Urinpfütze.
E. streichelt mein Gesicht.
Mein Gott, ich will endlich nicht mehr sein!
Ich wechsele das Laken und das Bettzeug, sagt E.
Wie spät ist es? Neunzehn Uhr zweiunddreißig.
»Das letzte Glas trank ich aus der Flasche.«
Ein brauchbarer, spöttelnder Satz für einen Roman, wenig geeignet für ein Suchttagebuch.
Ich habe ins Bett gepißt. Aber ich bin viel zu betrunken, als daß es mir peinlich sein könnte. Dennoch kann ich E. nicht anschauen; ich will es auch nicht. Wo ist meine Brille? Ach – vielleicht habe ich sie aus dem Fenster geworfen oder aufgegessen oder an die Wand genagelt; ich will es gar nicht wissen. Ich richte mich auf und falle hilflos zurück. E. raschelt mit der frischen Bettwäsche. Ich hasse dieses eiszapfige Rascheln frischer Bettwäsche! Schon als Kind bekam ich davon eine Gänsehaut.
E. meint, *es* muß mir nicht peinlich sein. Ich lasse mir nicht vorschreiben, was mir peinlich zu sein hat und was nicht. E. meint, *es* muß mir *wirklich* nicht peinlich sein. O Gott, hätte ich mich doch zu Tode gesoffen! Dieses Gerede, dieses zermürbende, ausgehöhlte Geschwätz! Ich will endlich allein sein!
E. meint, wir lösen mein Alkoholproblem. Gemeinsam; in Liebe.
Lachhaft! Was weiß E. davon?
E. stützt mich.
»Wir schaffen das schon. Ich ahnte so etwas. Ich kenne dich doch!«
Ein Irrtum, eine romantische Verlogenheit. Ich habe dich zwei Millimeter unter meine Haut gucken lassen. Niemand kennt mich. Viele glauben es. Meine Geschichte ist so verworren, ich gewähre niemandem Einlaß in mein Leben. Das ist mein Schicksal.
E. greift mir unter die Arme.
»Nicht umfallen, bitte!«
Welcher Unsinn doch auf dieser Welt geredet wird.

»Wenn ich umfalle, denkst du, das geschieht freiwillig?«
»Natürlich nicht...«
»...dann ist es doch unsinnig, mich darum zu bitten, nicht umzufallen. Klingt doch logisch, oder? Hast du meine Brille im Bett gefunden?«
»Wozu benötigst du jetzt deine Brille?«
»Ich hasse diese albernen Gegenfragen!«
»Nein, ich habe sie nicht gefunden.«
»Ich möchte mir eine Zigarette aus der Küche holen.«
»Aber nicht ohne Brille; du wirst dir sämtliche Knochen brechen.«
»Eben deshalb meine Frage...«
»...du bist ja kurzsichtig wie ein Maulwurf...«
»...Maulwürfe sind blind! Mein Gott, du hast wirklich keine Ahnung vom Leben...«
Ich bin völlig durchnäßt. Hemd, Hose, Socken – aus allen Fasern trieft Urin. Wenigstens habe ich mir nicht ins Gesicht gepinkelt!
Ich lehne an der Wand und stinke fürchterlich.
Und dann überkommt mich dieses gemeine, bodenlose Gefühl der Scham, und ich weine, sacke zusammen, ziehe mich aus, krieche nackt und zitternd ins Bett, und das Weinen entgleitet meinem Wollen, und ich weine und schluchze, bebe und verkümmere, und ich weine und weine meinen Seelenrotz ins frisch bezogene Bett. E. ist bei mir, aber ich bin allein.
Ich bin so schauerlich winzig.

16. Oktober 1988:
Ich schleiche mich aus der Wohnung, E. schläft noch.
Aus einer Telefonzelle rufe ich Ralf an und melde mich für drei Tage krank.
Im Hanseviertel trinke ich einen Espresso und ein Glas Sekt.
Noch ein Glas Sekt.
In mir perlt es schon wieder.
Natürlich schäme ich mich.
Ich möchte nie mehr zu E. zurück!
Niemand besitzt die Erlaubnis, mich so schwach zu sehen.
Niemand soll und darf mich so sehen.

Noch ein Glas Sekt.
Jetzt bin ich wieder in säufiger Stimmung. Gleich werde ich E. anrufen – nein, wozu? Jetzt aber reichlich Sekt bitte!
Auf der Reeperbahn, an irgendeinem Tresen, verabschiedet sich plötzlich die Sonne.

17. Oktober 1988:
Ich erwache tatsächlich in meinem Bett – eigentlich hielt ich es für ausgeschlossen.
Nein, ich werde jetzt nicht nachdenken! Weder über die Vergangenheit noch über die Zukunft. Letztere gibt es nicht mehr.
Es ist vierzehn Uhr.
Das Telefon klingelt sich hysterisch durch den Flur. Natürlich ist es E. Natürlich macht sich E. Sorgen um mich.
E. weint. Ich verspreche, daß morgen alles wieder in Ordnung sein wird. Nein, heute bleibe ich zu Hause, ich habe am Abend einen wichtigen Termin mit einem Kunden.
Ich liebe dich.
Ich muß dringend trinken!!
Nein, heute keinen Absturz in St. Pauli – heute wird St. Georg aufgemischt. Natürlich werde ich mich nicht sinnlos betrinken, bestimmt nicht, ganz bestimmt. Versprochen!
Ein simulierter, abgewetzter Sonnenaufgang im »Vesuvio« am Hauptbahnhof:
Ein 1. Bier, seelenzischend.
Ein 2. Bier, schamverscheuchend.
Ein 3. Bier, beruhigend, fast lähmend.
Ein 4. Bier, erweckend, lärmend.
Ein 5. Bier, aufblähend; lawinenartige Idylle.
Auf dem Weg zur versinkenden Sonne begegnet mir Katharina im »Golden Oldies«. Nach der zweiten Flasche Champagner tanze ich mit ihr aus Versehen in die Damentoilette.
Fünf Uhr.
Siebzehn Uhr oder fünf Uhr?
Fünf Uhr!
Komm, laß uns am Schlachthof bei »Erika« frühstükken...

»Erika«: Endstation und Verschiebebahnhof der liederlichen Nachtschwärmer, Sackgasse aller nüchternen Sehnsüchte.
Als ich am Schlachthof vorbeigehe, entdecke ich im Rinnstein ein Kuhauge.
Ich könnte schwören, es blinzelt mir zu.

18. Oktober 1988:
Das Telefon heult sich nimmermüde ins Kopfkissen.
Es ist mir so gleichgültig. Und doch pocht sofort mein Gewissen. Ich ignoriere Schuld und Scham und verweigere jede Reaktion. Endlich kann ich an E. Rache üben.
Wofür?
In den Gehirnen der Nachtmenschen entfaltet sich eine eigene Logik.
Später Nachmittag oder früher Abend, vielleicht auch Vormittag, wer will das schon wissen? Die Uhren der Nachtmenschen ticken ihre eigene Zeit.
E. klingelt sich furchtvoll an mir vorbei. Ich telefoniere mit Ralf und bitte ihn, mich für weitere drei Tage zu vertreten; ich lasse mich krankschreiben.
»Wie lange?«, Dr. M. nestelt teilnahmslos am goldenen Kugelschreiber. Noch ehe ich antworten kann, reicht er mir bereits den gelben Block mit den Blankoformularen.
Wetten, daß er auch die Interpunktion diktiert?
»Höchstens zehn Tage eintragen, sonst macht die Kasse Schwierigkeiten. Diagnose, *Doppelpunkt*, nervöser Erschöpfungszustand, *Semikolon*, akuter Leberschaden, *Punkt*.«
Und: »Drehen Sie den Hahn ein wenig zu. Ihr letztes Blutbild ähnelt verdammt dem Bauplan eines Leichenschauhauses!«
Ein lachender Vollmond küßt mich satt auf die Stirn, und an den Tresen wird wieder stundenweise Erinnerung verpfändet...
Stumpfes Erwachen am Küchentisch; das Radio erbricht beflissen die Dreizehn-Uhr-Nachrichten.

19. Oktober 1988:
Das Telefon stranguliert sich beim fünften Läuten.
Wie gut, daß noch eine halbe Flasche Sekt auf mich wartet, und zur Reeperbahn sind's nur zwölfeinhalb Minuten.
Reeperbahn, »Bier Bar № 36«: Panoptikum der Schnapsnasen; jede Nacht ein duseliges Requiem für die Leberlegionen der Stadt.
Die Sammelbüchse der Heilsarmee nimmt die Biergläser im Slalom; man drückt eine Münze in den gezahnten Schlitz und darf sich plötzlich so großherzig fühlen! Und vielleicht ist man ja bald schon für ein Süppchen dankbar.
»In Saudi-Arabien wird einem Dieb die rechte Hand amputiert.«
Rainers Pupillen entkorken gerade seine neunte Seele. »Alkoholikern amputiert man beide...«
Wo ist das Problem? Dann trinke ich eben mit dem Strohhalm weiter!

20. Oktober 1988:
»Heiße Ecke«, gegenüber der Davidwache: Panoramaverglastes Lehrbuch der Psychiatrie, handverlesener psychosozialer Ausschuß, Fallstudien zum Anfassen. Alkoholismus, Prostitution, Drogenabhängigkeit, Medikamentenabhängigkeit, Liebesabhängigkeit, Lebensabhängigkeit und kerngesunde Normalitäten aus dem paranoiden Formenkreis.
Interviews bitte am Tresen anmelden – dabei keinesfalls das emsige Wenden der Bratwürste unterbrechen –, *no cards*; Lebensgeschichten für Gleichgesinnte gratis.

21. Oktober 1988:
Genug scharwenzelt, Kater! Noch einen Abschiedstrunk und dann mit struppigem Fell zurück zu Katzenklo und Katzenkörbchen.
Der erste Nachtfrost schweift rüde über die Haut, und ein glitzernder Rauhreif zirzt mit den verwaisten Autos am Straßenrand.
Ich kehre zurück, fast automatisch, wie im Reflex. Ich werde alles ertragen, Vorwürfe, Schmollen und Schweigen, vielleicht sogar mich selbst. Auf dem Weg zu E. vergegenwärtige ich meine Rolle. Kein Problem, das Drehbuch ist

mir auf den Leib geschrieben. Die Abgründe in mir schließen sich zuversichtlich.
Ich habe Hoffnung mit mir.
Am Schlüsselloch verläßt mich die Orientierung. Weshalb muß es gerade ein BKS-Schloß sein? Das wird Stunden dauern! Beim dritten oder vierten Versuch schaltet sich die Treppenhausbeleuchtung aus, und ich ertaste den Lichtschalter nicht mehr.
Wie spät wird es wohl sein? Ich fingere mein Feuerzeug aus der Tasche, halte es an meine Armbanduhr und versenge mir dabei die Haut. Erschrocken lasse ich es los, und es fällt scheppernd die Treppe hinab. Ich denke nicht daran, es zu suchen.
E. hat die Kette vorgelegt, jetzt gilt es, behutsam zu taktieren. E. hat wirklich die Kette vorgelegt; schlagartig komme ich mir so herzlos verlassen vor.
Ich habe doch nichts getan.
Ich habe wirklich nichts Böses oder Unanständiges getan.
Ich habe doch nur getrunken.
Wirklich nur knochenhart getrunken und sonst nichts.
Man kann einen kranken Menschen doch deshalb nicht für immer verlassen!
E. steht auf, wirft den Bademantel über (ich interpretiere die kulissenhaften Laute) und postiert sich hinter der spaltbreit geöffneten Tür.
Jetzt muß ich ganz lieb sein. Etwas Witz, und sobald ich in der Küche bin, greife ich mir noch einen ganz bescheidenen Cognac, zeige ein wenig Reue und lasse brav den moralischen Platzregen über mich prasseln.
Morgen lade ich E. zum Sektfrühstück ein, danach trinke ich für einige Zeit nichts mehr (oder nur ganz wenig).
»Huhu, mach doch bitte auf. Ich bin es doch, dein Schnuffelhase . . .«
»Hau endlich ab, du mißratener Säufer, übernachte doch gefälligst bei deinen Tresenschlampen!«
Die Tür knallt dröhnend ins Schloß.
Ich weine mich stumm auf die Straße.

Nach zwei Tagen nimmt E. endlich den Hörer ab.
»Du, ich trinke nichts mehr.«

Ich bitte minutenlang um Verzeihung, ringe nach Erklärungen und erflehe mit weichen Worten Vergebung.
Wir verabreden uns zum Essen. Unsere Blicke sind mißtrauisch und scheu. Meine Krankheit wird ausgeklammert; ich werde künftig mäßig trinken und mich aller Exzesse enthalten. Ich rede wie um mein Leben, und E. ahnt nicht, daß ich wahrhaftig um mein Leben rede. Aber ich lüge immer noch und immer wieder, und während ich um mein Leben rede, trinke ich mich um Kopf und Kragen.
Beim Frühstück trinken wir ein Glas Sekt, und alles ist vergessen. Nach dem ersten Glas stellt E. sofort die Flasche in den Kühlschrank zurück. In meinem Rachen geht eine Staublawine nieder. E. rät ernsthaft zum Besuch einer Alkoholikergruppe. Ich schrecke verletzt auf: Zum erstenmal vermutet E. die Krankheit in mir! Ich möchte trinken, nur trinken.
»Geh doch mal zu einer Alkoholikergruppe...«
Welch niederträchtiger, unautorisierter, unmanierlicher Eingriff in meine zerschundene Intimsphäre! Meine Augen flackern zum Kühlschrank, die Beine zucken hektisch nach Flucht.
»Wenn dir der Alkohol tatsächlich Probleme bereitet, solltest du dich vielleicht nach einer Therapie umsehen, bevor es zu spät ist...«
Davor fürchte ich mich am meisten: vor diesen prügelnden, spröden Donnerschlägen der sorgenvollen Belehrung, vor diesen kitschigen Patentrezepten zur raschen Heilung; vor diesen altjüngferlichen Wahrheiten, die für jede Krankheit das passende Mittel wissen.
Doch, jetzt wäre der Augenblick des Bekenntnisses und der Entsagung, ja, der Kapitulation, des erlösenden Eingeständnisses der bedingungslosen Niederlage, so wie damals.
Jetzt, und haargenau jetzt, wäre ein im Sinne der Bedeutung grenzenloses Vertrauen vonnöten, damit ich mich fallenlassen und um Hilfe bitten könnte; nur wortlos vielleicht.
Aber dieser richtungsweisende Moment zerplatzt wie eine kurzlebige Seifenblase und verflüchtigt sich in jene typische Sprachlosigkeit, die aufrichtige Verbundenheit und Liebe von subtiler Abhängigkeit und unwesentlicher Annäherung unterscheidet.

Beim Bekenntnis zur Krankheit zerbricht das Selbst und mit ihm alle aufgebauschten Illusionen – ein einschneidend-bewegendes Erlebnis; eine drastische, unumgängliche und extrem tiefe Erfahrung – sie beinhaltet Fundament, Ursprung und Mitte einer fruchtbaren Abstinenz.
Doch die Sucht heiligt die Mittel: In hochmütiger Ungebrochenheit, mit hilfloser, geschwätziger Ironie und in beinahe kindlicher Verleugnung wehre ich das unwiderrufliche Eingeständnis verzweifelt ab.
Ich verweigere mich in süchtiger Engstirnigkeit der schonungslosen, rettenden Aufrichtigkeit. Die Wahrheit wäre jetzt unerträglich!
[Wie würde Vater agieren??]
»Wie kann ich die zurückliegenden Tage ausbügeln, vergessen lassen. Wünsch dir etwas...«
E. beißt herzhaft in ein Lachsbrötchen, überlegt einen Moment und mümpfelt dann mit vollem Mund: »Paris!«
»Wie bescheiden wir doch heute sind...«
»Laß uns für die Weihnachtseinkäufe nach Paris fliegen. Dann ist die Welt wieder in Ordnung.«
»Und alles vergeben und vergessen?«
»Alles!«
»Aber Paris ohne Champagner – unmöglich!«
»Trinke du ruhig deinen Champagner, aber übertreibe es nicht.«
»Darf ich darüber bei einem Glas deines wunderbaren badischen Sektes nachdenken?«
»Er steht im Kühlschrank...«
(*So als wüßte ich das nicht!*)
E. verzeiht und vergißt, ich darf ohne Vorwürfe, ohne grimmige Blicke und ohne Murren Sekt trinken. Einfach ganz normal Sekt trinken! Und wieder einmal enthüllt die Welt beim Frühstück eine Facette ihres alltäglichen Irrsinns...
»Paris... mmh – ich freue mich darauf!«
E. küßt meine Nasenspitze, liebpurzelt schnurrend über meine Gefühle und flirtet gekonnt mit meinen Defiziten. Gewonnen!
[Wahrscheinlich erlebe ich nie jenen bedeutsamen Tag, an dem ich nein sagen werde, wenn ich nein sagen möchte!]

Jede Rolle fordert ihren Preis – *c'est la vie*.
Bei der Air France gibt man sich überfreundlich:
»Sie sind ein gern gesehener Gast unserer Linie!«
Pseudo-Männer von Welt fühlen sich bei solchen Lobhudeleien zutiefst geschmeichelt...
»Reservieren Sie bitte die Plätze fünf und sechs in Reihe fünf!«
Hochmut kommt vor dem Flug.
»Du hast Business-Class gewählt?« Zwei staunende Hamsteräuglein verkünden höchste Bewunderung. »Ist das nicht sündhaft teuer?«
Endlich! Der Fisch beißt an, der Köder war von vorzüglicher Qualität!
»In diesem Zusammenhang von Sünde zu sprechen klingt geradezu unästhetisch. Eintausendzweihundertzweiundvierzig Mark pro Ticket. Ein ganz ziviler Preis, wie du siehst.«
»Und weshalb dieser Hauch von verruchtem Luxus?«
»Ganz einfach: Zum ersten sind die Erfrischungstücher in der Business-Class doppelt so groß wie in der Economy-Class, zum zweiten wird bereits Champagner serviert, noch ehe die Maschine startet – aus Sicherheitsgründen leider im transparenten Plastikbecher, aber das nimmt man gerne in Kauf –, zum dritten werden ofenfrische Croissants gereicht und Champagner in halben Flaschen!«
»Diese Argumente bestechen!«

Für den Rest des Jahres nimmt E. mein Leben fest in die Hand – glaubt E. Aber mein Leben entgleitet in aller Stille.
Je dichter diese bevormundende Nähe an mich rücken möchte, desto beharrlicher verschließe ich mich und verinnerliche einen depressiven Rückzug. Ich lasse mich leben und begebe mich dabei auf eine gefährliche Gratwanderung zwischen melancholischer Verstimmung und heimlichen Alkoholexzessen.
Umweg oder Irrweg? Und dabei wäre doch alles so einfach...
Heiligabend, erster Weihnachtstag, zweiter Weihnachtstag: verplant und ausgefüllt mit unsinnigen, lästigen Terminen.

Silvester 1988:
Riesenparty bei Thomas; zirka einhundert Besoffene, Bekiffte und Ausgeflippte in einer aparten, aber geschmacklos möblierten Sechs-Zimmer-Wohnung am Fischmarkt. Meinen Wunsch, den Jahreswechsel beschaulich zu begehen, schmettert E. unwirsch ab: »Besinnlichkeit ist eine Tugend, der wir frühestens im Rentenalter frönen werden. Jetzt bin ich jung, jetzt will ich Action!«
Unsere Beziehung zwängt sich unbemerkt in das Korsett der sinnlichen Gewöhnung und verfällt dabei in eine sprachdürre Idiotie.
Tausend Teufel werden mich wohl reiten; ich bin zehnfach gespalten und hundertfach entscheidungsarm und süchtig unerwachsen. Aber ein dreistöckiger Cognac wird mich darüber hinwegphantasieren.
Silvestermaskerade: Auf dem Balkon lege ich mir hinter einem Blumenkübel ein diskretes Notdepot (Cognac) an, nur so kann ich diesen Abend überstehen, ohne ein Blutbad anzurichten.
Um Mitternacht liegen wir uns mäßig betrunken in den Armen. Mir ist nach nichts zumute, und ich fasse auch keine Vorsätze für 1989. Ich schwöre zwar lustlos Liebe und Treue, Einsicht und Besserung, doch mein Herz und meine Augen flüchten dabei lüstern zum erlösenden Notdepot.
»Und wenn wieder diese Probleme mit dem Alkohol auftauchen, mußt du dich wirklich mit dem Gedanken an eine Therapie anfreunden...«
THERAPIE?
UM GOTTES WILLEN – WESHALB DENN?!

1. Januar 1989 – 12. Juli 1989:
Mein Trinken hält sich in erträglichen Grenzen.
(Natürlich nicht.)
Am 2. Januar fahren wir für eine Woche ins »Aux deux Sapins«.
Bereits hinter Frankfurt zimmere ich eine Strategie zurecht, um möglichst viel und unauffällig süchteln zu können.
E. badet gerne und lange, mit einem Gläschen Champagner und einem Magazin (das jedesmal prompt ins Wasser fällt);

diese köstlichen, meist einstündigen »Kurzurlaube« gilt es schamlos zu nutzen.
Im Speisewagen lade ich E. zum Champagner ein – weder aus Liebe noch aus Freundlichkeit. Das Kalkül: Wer Alkohol trinkt, nimmt die Fahne seines Gegenübers nicht mehr wahr – in so einfachen Mustern denkt die Sucht. Zwischen Hannover und Offenburg verschwinde ich viermal im Speisewagen, kaufe mir eine kleine Flasche und stürze im Waschraum den Sekt in meine schlotternde Gurgel.
Dann endlich gibt sich die herrische Sucht provisorisch zufrieden.
Natürlich hält sich mein Trinken keinesfalls in adretten Grenzen, aber ich belüge mich mit expliziter Hartnäckigkeit, um vor der drohenden Wahrheit zu fliehen. Mit der Sucht verbindet mich jetzt eine derbe, zotige Kumpanei. Ich betrinke mich zwar nicht mehr exzessiv bis zur völligen Ohnmacht, aber ich trinke ständig kleine Mengen, Tag für Tag, bei jeder sich bietenden Gelegenheit. Das Frühstück (filterlose Zigarette, schwarzer Kaffee) wird *selbstverständlich* mit einem (heimlichen) Glas Sekt abgerundet. Das swingt den Kreislauf rasch aus dem Keller.
Im Büro beginnt jeder Tag mit einem kräftigen Schluck aus der Wodkaflasche. Sicher wird man bereits über meine persistente Erkältung tuscheln – ich schiebe sie vor, um die Einnahme eines Medikamentes zu rechtfertigen: ein homöopathisches Mittel in Tropfenform mit 64 % Alkohol, im akuten Stadium träufelt man sich stündlich zehn Tropfen auf die Zunge. Ich träufle im Wintergarten, öffentlich und mit viel Gehabe, schneuze mich umständlich und huste heuchlerisch die Lungenflügel zum Kollaps, aber nach dieser Vorstellung ist die Medikamentenfahne nicht mehr von der schmalbrüstigen Wodkafahne zu unterscheiden.
Sucht macht erfinderisch. Die Sucht krempelt das Denken zur perfekten Lügenfabrik um.
Sucht produziert die abgebrühten Masken der gescheiterten Anpassung.
Sucht bedeutet Flucht.
Sucht ist das widerliche Grinsen in der Fratze einer verunglückten Lebensgeschichte.
Sucht, das ist der rechtfertigende Notstand der mimosenhaf-

ten Ewig-Kinder. Ewig unverstanden und viel zu zart für diese böse Welt. Die Kinderseelen plazieren sich wagemutig auf Sandhäufchen und beweinen das rauhbeinige Schicksal, zwängen sich kühn durch ungezählte Flaschenhälse und erklimmen im »alkoholischen Phantasia« die unbezwingbaren Lebensgipfel.
Sucht: Das Laufställchen der psychischen Windelträger.
Ich winde mich zwischen diffusen und unsäglichen Konflikten. Einerseits freue ich mich auf diesen Kurzurlaub, andererseits möchte ich alleine sein, doch zugleich lähmt mich die Furcht vor meiner süchtigen Einsamkeit.
Ich spüre, wie ich kaltschnäuzig vereinsame.
Ich flüchte aus meiner Wohnung, fliehe in Einladungen, lasse mich bereitwillig zu einem Zug durch die Gemeinde überreden und schlittere von einer öden Party in die nächste. Aber als überdrehter, zotteliger Partylöwe gelte ich überall als Garant eines ausschweifenden Abends.
Und dabei sehne ich mich schlicht nach einem *trockenen* Abend in meinem Sessel, nach zwei Stunden guter Lektüre, nach Händel oder Bach, nach Besinnung, nach Sinn, nach bejahenden Lebensinhalten. Doch die Krankheit weiß mich geschickt zu ködern. Ich denke nicht mehr.
Und ich denke nicht, diese geistlose Misere zu beenden.
Ich trinke mich in einen schwerelosen Gedankentod.
Natürlich süchtige ich, während E. badet. Kaum ist die Tür zum Badezimmer ins Schloß gefallen, haste ich zur Minibar, öffne mit flatter-feuchten Händen ein Cognacfläschchen und zertrinke mit lüsternem Schmatzen meine bebende Unrast.
Natürlich nutze ich jede »Ferme Auberge« für ein Mineralwasser *und* eine kleine Flasche Côte du Rhône.
Natürlich sehne ich das Abendessen herbei: Aperitif, Crémant d'Alsace, Sorbet mit Champagner oder Calvados, Dessert mit Digestif. *Natürlich* vermag ich heute nicht mehr zu sagen, was ich aß, aber die Getränke sind mir in bester Erinnerung...
Natürlich ernte ich böse, vorwurfsvolle und verständnislose Blicke von E.
Natürlich werden dadurch jene Mechanismen ausgelöst, in denen Scham und Schuld sich zum Gefühlsstillstand be-

trinken, um danach erneut in Scham und Schuld zu erwachen; der armselige Flaschenkreislauf einer gedemütigten Seele.
Natürlich strebt und atmet alles in mir nur noch in Richtung Sucht.
Natürlich süchtige ich mich geradewegs in die Psychiatrie oder in die Urne.
Natürlich muß ich mich jetzt sofort noch einen Cognac näher zum Sterben trinken.

E. markiert heimlich die Flaschen.
»Du belügst mich!«
»Wozu? Ich belüge mich selbst; das genügt.«
»Du hast gestern abend mindestens zehn Cognacs getrunken!«
»Du irrst dich – es waren elf! Ich hatte eine Krise; sie ist vorüber.«
»Eine Lebenskrise oder eine Leberkrise?«
»Sarkasmus ist meine Domäne; Ende des Gesprächs.«
Zweitägiges Schmollen = achtundvierzig Stunden Einkehr bei meinen guten alten Schnapsnasen. Danach: Telefonat, Blumenstrauß in Klarsichtfolie und ein Flakon Jil Sander.
Die Welt ist käuflich und so simpel.

9. April 1989:
Die Koffer sind gepackt. E. nörgelt und quengelt wie ein übermüdetes Kind. Zum xten Male: Nein, wir können nicht gemeinsam in Urlaub fahren, die beruflichen Verpflichtungen lassen dies nicht zu. Im nächsten Jahr fahren wir beide zusammen nach Schweden, ganz bestimmt! *(Oder auch nicht.)*
Ein Monat geht schnell vorüber, und ich werde zweimal die Woche anrufen. *(Hoffentlich stürzt der Satellit ins Meer!)*
Natürlich werde ich mich in Treue üben und keinen einzigen Menschen in schlüpfriger Absicht anstarren.
Natürlich liebe ich dich! *(Obgleich ich mir dessen nicht sicher bin.)*
E. zurrt die Mimik ins Gekränkte: »Du liebst mich nicht mehr...«
Ich trage E. auf Händen zu Bett. Mitten in der Nacht ver-

krieche ich mich in die Küche und betrinke mich mit skrupelloser Prägnanz.
Völlig verkatert und mit einem üblen Geschmack auf der Seele treffe ich mich pünktlich um 6.30 Uhr mit Michael und Franz am Flughafen. Wir sind über acht Jahre befreundet – es bleibt mir keine andere Wahl: Mit einem weinenden Auge vereinbare ich mit meiner Sucht einen vierwöchigen Waffenstillstand.

Griechenland:
Bereits im Flugzeug spüre ich, wie eine unerträgliche Last von mir weicht. Ich atme plötzlich tiefer und freier, mein Gedankendickicht lichtet sich, ich beginne zu leben.
Während der Überfahrt von Kreta nach Santorini erwischt uns ein verheerender Sturm mit Windstärke zehn – und nach zehn Minuten liege ich flach und blaßgesichtig auf dem Boden und möchte nur noch sterben... Nach einer halben Stunde ist alles vorüber, und auf dem Meer lastet wieder eine bleierne, windstille Schwere.
Nach drei Tagen erreichen wir unser Ziel: Amorgos, die östlichste Kykladeninsel, karg und menschenfeindlich, aber von unwiderstehlichen mystischen Reizen umwoben.
Ich finde zu mir zurück.
So möchte ich leben!
Hier möchte ich leben.
Einen Monat, ein Jahr, ein Jahrzehnt.
Einfach der Sucht entwischen, der Krankheit eine lange Nase zeigen und der lästigen Seele entfleuchen.
Hier gebe ich der Sucht keine Chance!
Ein kurzsichtiger Trugschluß, unreifes, illusionäres Heile-Welt-Denken, klabauterhafte Gedankenflucht in malerische Dauerferien vom Ich.
Zehn Tage halte ich durch, zehn trockene, sensible, farbenfrohe Inseltage.

E. betrügt und bestiehlt mich, ich weiß es. Dennoch bin ich unfähig, diesem widerlichen Schauspiel ein Ende zu bereiten. Und ich weiß nicht, worüber ich mehr entsetzt sein müßte: über die frappierende Unehrlichkeit oder über mein stummes, selbstquälendes Stillhalten?

Ich fühle mich in einem Maße gedemütigt, wie es selbst die Sucht in ihren verwerflichsten Glanzzeiten nie vermochte. Ich mißtraue jeder überzogenen, aufdringlichen Liebe und jeder plakativ-demonstrativen Zärtlichkeit. Und mein Mißtrauen rechtfertigt sich. Auf dem Rückflug von Paris stiehlt mir E. in Champagnerlaune sechshundert Mark; ich ignoriere es. Weshalb?
Ich locke E. in eine Falle: Abermals in Champagnerlaune lasse ich einen säuberlich gefalteten Fünfhundertmarkschein neben das Sofa fallen, so als wäre es mir versehentlich aus der Hosentasche geglitten. Am nächsten Morgen, 11. März, ist der Schein verschwunden. Drei Tage später entdecke ich beim Aufräumen in E.s Wohnung ein Sparbuch: Einzahlung, 11. März 1989: 500 DM.
Ich schweige. Weshalb?
Meine Sprache versiegt, und mir bleibt nichts anderes übrig, als diese gehirnkalte Ernüchterung mit einer Flasche Cognac zu erschlagen.
Ich zeige mich erstaunt, dieses Fiasko zu überleben.
Weshalb?
Liebe?
Hörigkeit?
Selbstbestrafung mit Beifall auf offener Szene?
Masochismus als salonfähiges Laster?

Bedächtig lecke ich das Salz aus meinen Wunden.
Ich schreibe einen langen, ehrlichen Brief, nein – nicht an E. Was sollte ich E. auch schreiben?
Es gibt wirklich keinen Grund, um auf diesem glückseligen Eiland zu süchtigen. Ich lese erstmals seit Monaten wieder ein Buch, mache mir ernsthaft Notizen für mein Manuskript und ergötze mich an meiner genesenden Seele.
Am elften Tag telefoniere ich erstmals mit E.
Fußkalter Seelenterror: Das Gespräch verkümmert nach wenigen Sätzen zur belanglosen Sprechblasenartistik und wühlt doch in seiner schieren Nutzlosigkeit unheilverkündende Wogen in mir auf.
Nach dem Telefonat kaufe ich mir mit zitternden Gefühlen eine Flasche Wein und verstecke sie in meinem Zimmer. Nach Sonnenuntergang, in der schützenden Einsamkeit der

Nacht, möchte ich mich wenigstens ein wenig betrinken, wegtrinken, aus meinen Gedanken schwimmen.
Ich trinke wieder.
Ich bin zutiefst von mir enttäuscht. Ich trinke wieder und immer wieder und immer wieder; mein Gott!
Ich muß heimlich trinken; weder Michael noch Franz dürfen davon wissen. Ich dosiere meine Sucht so geschickt, daß beim gemeinsamen Frühstück keine verräterischen Spuren zu entdecken sind. Ich begnüge mich mit einer Flasche Wein, sturzartig getrunken, danach streckt mich der Schlaf wie ein Hammerschlag nieder.
Die langjährige Freundschaft mit Michael und Franz vermittelte mir immer ein bodenständiges Gefühl von Ehrlichkeit und menschlicher Geborgenheit, dennoch flüchte ich mich erneut in Heimlichkeiten und süchtige Lügen.
In herzklopfender Unlauterkeit schleiche ich mich in einen Shop, kaufe eine Flasche und verstecke sie fahrig im Wasserkasten meiner Toilette. Nachts, wenn alle schlafen, giere ich mir zittrig den Höllenfusel in den bangen Schlund.

Zum letztenmal saugen sich meine Augen am leuchtenden Mohn satt, und die dösenden Katzen schnurren ein sanftes Abschiedslied in die Mittagshitze.
Ich ahne, daß ich wiederkommen muß.

Ich verändere mich – nein, ich versüchtige und beuge mich unterwürfig den Spielregeln der Krankheit.
Ich degeneriere zum süchtigen Schwätzer.
Mein Handeln verkommt zum kranken Eigennutz, und meine Moral verwahrlost zum kopfnickenden Opportunismus.
Wo, um alles in der Welt, hält sich plötzlich meine Persönlichkeit versteckt?
Meine Sprache verarmt, meine Interessen verflachen, meine Gedanken verebben und konzentrieren sich magisch auf Alkohol.
Mein Denken und Fühlen kreisen um die Flasche, unaufhörlich, unabänderlich, ständig. Und die Kreise ziehen sich selbst immer enger – das tödlich-zynische Perpetuum mobile

der Sucht. Alkohol, Alkohol, das allein bestimmt mein Sein; eine einfache chemische Formel wird in ehrfürchtigem Respekt zum Lebensinhalt stilisiert und jeder Rausch wie ein feierliches Gebet zelebriert:

$$C_2H_5OH$$

21. Juni 1989:
Sieben Besprechungen, zweiunddreißig Telefonate – die internen Gespräche verhallen ungezählt – und eine außerplanmäßige kleine Berichterstattung: Präsentation der vorgezogenen Halbjahresbilanz. Ich beklage laut und überdeutlich meine lästige Erkältung und ertränke meine Zunge mit den tarnenden Tropfen.
Ein Mißgeschick bahnt sich an, eine alkoholische Katastrophe braut sich zusammen. Ich möchte weglaufen, wie ein Kind, das des Spielens müde ist. Buchungen, Stornierungen, Steuererklärungen, Termine. Ich bin einfach nicht tüchtig genug, um wirklich zufrieden zu sein. Und dies, obgleich die Umsätze das Gegenteil bekunden.
Ich entdecke einen abgelegenen Raum, in den ich mich stundenweise verkriechen kann. Niemand vermutet mich hier, niemand wird hier nach mir suchen. Ein trostloses Zimmer im Keller, mit rostigen Gitterstäben vor den ergrauten Fensterscheiben, wie geschaffen für meine anonymen Flaschenexekutionen. Nackte Wasserleitungen schlängeln sich über die Wände und rülpsen ihr Innenleben in die durstigen Wasserhähne; ein zerschlissener Sessel ächzt unter der speckigen Kuhle im schmutzigen Polster.
Eine zermarternde Schwüle wringt die Poren aus. E. schlägt einen Abendspaziergang an der Elbe vor, danach ein Essen, einen Drink. Solch einen Bilderbuchabend muß man einfach gemeinsam genießen – schwärmt E. Ich weiß, daß es zu Ende geht zwischen uns; vier Wochen bleiben uns vielleicht noch.
Es ist alles wie damals. Und damals ist jetzt. Hier unten, ohne Zeugen, gestehe ich es mir völlig unerwartet ein:
Ich kann nicht mehr.
Ich bin süchtig, verloren, erledigt, abgeschrieben.
Hier, in diesem schimmelnden Verlies, will ich sterben,

jetzt. Aufhören? Wozu? Wofür? Aussichtslos! Goliath dürstet bereits nach David.
Im Vergleich zum Vorjahr stieg der Erlös um sechsundfünfzig Komma sieben Prozent. In einhundertzwölf Minuten *muß* ich E. wenigstens zur Begrüßung kurz in die Arme nehmen.
Ich habe meine Freiheiten verscherzt. Ich *darf* nicht umarmen, es wird stumm befohlen, der Vollzug registriert, erwidert, kommentiert. Ich *darf* nicht selbstvergessen in der Abendsonne spazierengehen, ich werde in Leidenschaft dazu genötigt.
Wenigstens hält Ralf still und erledigt widerspruchslos einen Teil meiner gutbezahlten Arbeit. Dafür manipuliere ich monatlich ein zusätzliches Gehalt in sein Portemonnaie, bei Katharina ebenso; im Gegenzug darf ich dafür ungestört trinken.
Ich verlasse kurz mein Verlies und besorge mir im Delikatessengeschäft zwei Flaschen; eine davon als Reserve – eine schwachsinnige Rechtfertigung! Vielleicht putze ich sie beide noch rasch weg?
Auf dem Rückweg gebe ich dreitausend Mark aus: ein Anzug, ein Flugticket, Schuhe, Hemd, Krawatte, Krawattennadel, diverse Eaux de Toilette und einen kleinen Lederkoffer, zugelassen als Handgepäck – am 14. Juli wird ganz Paris eine schrille Party sein. Im Büro begegne ich mir im Spiegel: ein sabbernder Mund und zwei tote Augen.
Am 13. Juli fliegt E. nach New York, eine Woche danach weiter zum Strandurlaub in Florida: Ich werde zu vier Wochen ausgelassener Freiheit begnadigt – auf Bewährung.
E. – das ist keine Liebe, das ist emotionaler Freiheitsentzug. Ich werde den Champagner bis zur oberen Kante des Etiketts abtrinken, mehr nicht.
E. besteht auf terminmäßigem und nüchternem Erscheinen. In der Flasche schwappt es zehntelmillimetergenau an der oberen Kante des Etiketts. Ich flüchte ins Verlies zurück; Totenstille. Die Rostflecken werfen plötzlich ein buntes Blumenmuster auf den Betonfußboden. In meinem Kopf denke ich kleine Kreise zurecht, blank und verbogen.

Verstohlen demontiert der Alkohol die Stoppschilder in meinem Gehirn.
Ich muß noch ein oder zwei Flaschen trinken, so in meiner widerspenstigen Erregung, so vor den extravaganten Silhouetten der in goldenem Aluminium gekleideten Flaschenhälse und außerdem so ganz mit mir allein.
Was ist das für ein Leben, das so hundsföttisch mit dem Tod kollaboriert?
Wie wird es wieder schön sein, wenn ich mit dem Trinken aufhöre!
Um den Verlust von E. werde ich mich nicht weiter kümmern. Es wird so sein, als hätte ich kürzlich meinen Regenschirm beim Friseur vergessen.

13. Juli 1989 – 12. September 1989:
Ich werde mit zehn Tagen Verachtung bestraft, am elften Tag weinen wir uns stürmisch in die Arme. In der Flughafenhalle verabschieden wir uns fast wortlos, aber noch nicht endgültig.
»Deine Alkoholprobleme gehen mir allmählich auf die Nerven!«
»Sei mir nicht böse. Irgendwann wird es vorbei sein.«
»Die Flaschen bedeuten dir mehr als ich – das ist wahrhaftig kein Kompliment!«
»Erwartest du etwa eine Entschuldigung? Wofür? Was habe ich getan?«
»Du hast dich gehenlassen. Immer wieder. Der Alkohol ließ dich so schrecklich haltlos werden.«
»Was erwartest du von mir? Daß ich dir zuliebe heiße Milch trinke?«
»Du öffnest dich einfach nicht. Im Gegenteil – du verschließt dich immer mehr, lügst immer häufiger, säufst immer größere Mengen in immer kleiner werdenden Abständen. Was ist los mit dir?«
»Ich weiß es nicht.«
»Natürlich weißt du es! Los, sprich darüber. Jetzt!«
»Unmöglich!«
»Du bist krank. Ja, verdammt: Du bist ein Säufer. Und Säufer sind nun mal kranke Menschen. Hilf dir, indem du dir helfen läßt, jetzt sofort!«
»Was habe ich dir getan?«
»Du hast mich belogen, häufig sogar. Du hast mich versetzt, um dich heimlich zu betrinken. Du liebst nur deine Flaschen. Du liebst nur dich.«
»Du trinkst doch auch ganz gerne.«
»Aber das bringt mich nicht um. Dich schon; in absehbarer Zeit.«
»Es ist mein Leben, ich kann damit machen, was ich will!«
»Aber nicht mit einem Menschen an deiner Seite, der dich liebt!«
»Was redest du da? Was verstehst du davon – nichts!«

»O doch! Mein Vater war ein Säufer. Er verflüssigte unser Gut in Schleswig-Holstein, schlug meine Mutter krankenhausreif und starb schließlich im Suff.«
»Mein Vater war ebenfalls Säufer. *Ich bin es nicht!*«
»Diese ewigen, immer wiederkehrenden Lügen, das ist das Schlimmste! Nicht das übermäßige Trinken zermürbt mich, nein, diese traurigen Ausflüchte vor der Wahrheit entfernen uns immer mehr voneinander.«
»Ich gelobe Besserung!«
»Ich glaube dir kein Wort mehr!«
»Wer einmal lügt ...«
»Einmal? Ha! Hundertmal, tausendmal.«
»Hier ist ein Umschlag mit viertausend Mark – damit du in den Staaten nicht darben mußt. Okay – ich verspreche dir, es wird keine alkoholischen Seitensprünge mehr geben, Ehrenwort!«
British Airways bittet alle Passagiere nach London mit Weiterflug nach New York zum Ausgang elf.
»Danke für das Geld. Deine Großzügigkeit ist ...«
»Ich trinke nichts mehr. Paris wird ein Abschied für mich sein, endgültig!«
»Rede nicht darüber: Tu es! Ich rufe dich aus New York an.«
»Das ist lieb von dir ...«
»Und bitte: Sei nüchtern, wenn wir telefonieren!«
Ein flüchtiger Abschiedskuß mit fest zusammengekniffenen Lippen; mumifizierte Verneinung.
Ein Abschiedskuß wie von einem Blutegel.
An der Snackbar entkrampfe ich mich mit Cognac und Sekt. Vielleicht entzerrt dies unseren Abschied.
Air France bittet die Passagiere des Fluges 701 zum Ausgang sieben.
Nüchternheit: Komm – dreh noch eine Warteschleife über dem Tresen!

Meine Gedanken werden kürzer, meine Sprache fließt dürftiger, und mein Empfinden erlahmt in gleichförmiger Inhaltslosigkeit. Sätze poltern wirr aus meinen Gedanken, gedrungen, kompakt, manchmal zusammenhanglos und abgehackt, wie auf der Flucht vor den Satzenden. Mein

Wortschatz reduziert sich schleichend; ich komme mit hundert Wörtern zurecht.
Nach drei Stunden und sieben Cognacs finde ich endlich ein winziges Hotelzimmer, schäbig und teuer, aber zum Trinken genügt es. Aus dem Klofenster erkenne ich sogar einen Mauerfetzen des Arc de Triomphe.
Es wird nicht mehr lange gutgehen mit mir, die Krankheit gräbt sich immer tiefer. Meine Wahrnehmung verkümmert ausdruckslos und schal, plötzlich mangelt es an Sensationen; die Sucht peitscht nicht mehr auf, die euphorischen Glitzerstreifen verblassen, erblinden. Die Sucht saugt sich wie ein Polyp an mir fest und reißt mich in die Tiefe.
Der Alkohol prellt mich um mein Leben.
Die Krankheit verschandelt mein Dasein.
Die Sucht manifestiert sich als unflätiger Mittelpunkt.
Das Trinken verlottert zur notgedrungenen Leidenschaft.
Ich bin dem Ende näher als jedem Anfang.
Endphase; die Seele registriert nur noch im Telegrammstil:

13.07.89:
In meiner Brieftasche glühen fünfundsechzigtausend Francs.
Bei »McDonald's« genießt man in der zweiten, großzügig verglasten Etage einen fabelhaften Blick auf die Champs-Élysées, doch für die Nationalfeiertage sind die Plätze auf Jahre vorbestellt.
Die Welt ist käuflich – wieviel? Fünfhundert Francs? Tausend? Der Ober winkt garstig ab. Die Historie ist gegen mich – in diesen geschichtsträchtigen Stunden läßt sich wohl kein aufrechter Franzose von einem deutschen Alkoholiker bestechen; ich werde früh aufstehen müssen, um einen guten Stehplatz am Straßenrand zu ergattern.
Am Abend erhält Renata im »La Colombe« einen wohlerzogenen, angedeuteten Handkuß. Danach: Open-Air-Party vor dem »Hôtel de Ville«; vernichtender Rausch mit schwarzen Erinnerungslöchern.

14.07.89:
Elendes Erwachen; der Digitalwecker glimmt auf 14.11 Uhr. Ich verschiebe die Militärparade aufs nächste Jahr.
Meine Armbanduhr ist verschwunden! Ohne Uhr fühle ich mich wie um meine Zeit betrogen, nackt und ohne Prestigesymbol.
Ich zertrinke eine Stunde im Bett und kaufe mir anschließend auf den Champs-Élysées eine neue Uhr. Beim Verlassen des Geschäftes hält der Juwelier mit einem verbindlichen Lächeln die Tür auf. Fünfzehntausend Francs.
Gräßlicher Absturz und verstörtes Erwachen auf einer Parkbank nahe der Pont Alexandre III.
In den Straßenschluchten warten die Bistros auf mich...
In der Rue St. Denis zupft mich ein Abklatsch von Irma la Douce am Ärmel und lotst mich in einen schlüpfrigen Hausflur.
»Entschuldigung, ich dachte, es gäbe hier etwas zu trinken!«

15.07.89:
Kir Royal zum Frühstück.
Flughafen Charles de Gaulle: Cognac.
Flug AF 708: Champagner.
Hamburg: Erinnerungstrinken an E. Katastrophaler Untergang.

Alle wissen es: Ich trinke wieder; ich kann es nicht mehr verbergen.
Ich möchte von der Erde verschwinden; ich schäme mich.
Aber diese Entlarvung befreit mich zugleich von der zwanghaften, kräftezehrenden Heimlichkeit. Bereitwillig steige ich die Gleichgültigkeitsskala eine Stufe tiefer.
Wahrscheinlich plauderte Ralf, oder Katharina übte sich im Verrat; vielleicht lüftete sich unversehens auch das Geheimnis um meine Wundertropfen?
Egal; zu spät, es mangelt mir an Elan und Zeit, meinen Ruf zu reparieren. Sollen es eben alle wissen; die Sucht nimmt es aufatmend zur Kenntnis.
Alle wissen es, doch niemand spricht darüber.
Ja, alle vermeiden tunlichst das Wörtchen »Alkohol«.
Meine Umgebung gebiert jetzt ihre eigenen Zwänge.

Alle, die es wissen, flüchten in die ratlose Bestürzung der Zuschauer, in die Sprachlosigkeit der Zeugen, in das peinliche Schweigen des Publikums.
Ich trank meine Autorität zum Mitleid nieder.
Alle wissen es jetzt, und ihre Blicke stolpern von der verschwiegenen Anteilnahme zur brüllenden Verachtung: Jetzt, da der Makel der Sucht authentisch wird, existiert der alkoholkranke Mensch nicht mehr, jetzt löst die Krankheit Angriffslust und Entrüstung aus. Unser Boß ist nur ein willensarmer, charakterloser, erbärmlicher und hosenscheißender Säufer. Ein Feigling vor dem Leben, ein torkelnder Strauchdieb, ein Penner im feinen Zwirn!
Ralf biedert sich an und heuchelt Verständnis. Er sägt an den Beinen des Thrones. In seinen Augen blitzt schon mein Untergang; kleiner dummer Königsmörder.
In mir erfriert das Leben. Es wird Nacht, und es wird frostig, und ich werde von nun an frieren, bis ich nüchtern oder tot bin.
Ich benötige dringend Hilfe; ich vereise in Hilflosigkeit, aber – ich funktioniere noch, oder ist das nur die Sucht, die da ungebändigt in mir flackert? Der letzte Zug ist abgefahren, und ich warte noch immer auf meinen privaten Sonderzug, doch der Bahnhof wird bereits abgerissen.
Aber ich bin ja ein guter Schauspieler – mit und ohne Zuschauer; manchmal bin ich mir selbst das denkbar beste Publikum.
Geschätzte Damen, werte Herren: Nein, es ist noch nicht zu Ende – lediglich das Bühnenbild wechselt; die Aufführung wird selbstverständlich zu Ende gebracht: Ich kehre dem »Atlantic« den Rücken (zuviel Erinnerung an E.) und wechsle ins »Intercontinental«; Vorhang auf!

Morgen höre ich auf zu trinken!
Zuvor reise ich noch einmal nach Paris; danach höre ich auf, Alkoholiker zu sein – für immer!
Morgen oder übermorgen, nein, sobald das Flugzeug in Hamburg landet, wird ein völlig neuer, einzigartiger, ja origineller Mensch entstehen! Dann noch eine allerallerletzte Flasche zum Abschied, danach ist Schluß; ich verspreche es mir, feierlich und rigoros.

Wirklich, es ist mir ernst.
Im Tresor befinden sich –?
Ich sortiere stundenlang Belege, korrigiere und manipuliere. Klammheimlich stöbern Kolonnen schnurriger Tippfehler über den Bildschirm; meine Konzentration zerflattert zur Panik, das Kurzzeitgedächtnis lallt sich grotesk zur Amnesie.
Viele der Belege sind geradezu überflüssig: Ich schaffe sie beiseite.
Ich nenne am Telefon nur meinen Namen, und die Air France weiß sofort Bescheid: Plätze fünf und sechs, Reihe fünf.
D. nimmt mich lange in die Arme, ich spüre, daß es mir guttut, fast möchte ich weinen.
Wie lange kennen wir uns, drei oder vier Jahre?
Ich trinke wieder. Ja, es ist furchtbar oder auch nicht, wer will das schon wissen? Du, wir fliegen nach Paris, ich muß weg; weg von meiner Unruhe, weit weg von meiner Unrast, unmöglich weit weg von mir. Laß uns trinken, trinken und vergessen, trinken und trinken, laß uns am Morgen nicht mehr wissen, wie die Nacht zu Ende ging.
Morgen höre ich auf zu trinken!
(Pah! Ich denke nicht daran!)

Paris, Hotel »Intercontinental«, zwischen Place Vêndome und Jardin des Tuileries – Luxus in schmachtender Vollendung; eine Nacht für läppische viertausendfünfhundert Francs; doch was bedeutet das schon?
Nein, ich bin wahrlich kein Alkoholiker. Ich versteife mich in eine psychiatrische Diagnose, die niemals zutreffen kann – es geht mir gut, sehr gut sogar, und alle Äußerlichkeiten sprechen unwiderlegbar gegen die Existenz einer Krankheit!
Ich bin gesund; zwar trinke ich ein wenig mehr als üblich, aber das charakterisiert noch lange keine Krankheit!
D. und Paris:
Ein verwegener Mummenschanz zweier kunterbunter Seelen. Ich bin so heiter-hirnschaukelnd betrunken: Der Handkuß für Renata schmatzt sich keck ins Leere, D. stolpert feixend durch meine Fassaden, und im »La Palace« tanze ich

so kindlich-verrückt meinen Seelenschlachthof in Fetzen; und der Morgen trudelt so schüchtern in die übermütige Nacht, und D. ist immer noch bei mir...

»Hast du denn keine Angst?«
Ralf versucht vergebens, Besorgnis auszudrücken. Er stellt eine Flasche Sekt auf den Schreibtisch, zwei Gläser und Zigaretten. Er bringt mir Alkohol ins Büro, das ist neu, das hat er noch nie getan. Er möchte einen Schluck mit mir trinken. Sein Lächeln mißlingt und vergreist zum billigen Zähnezeigen. Er kann meinen Untergang kaum erwarten.
»Angst – wovor?«
»Daß wieder alles so wird wie damals?«
Und dieses *damals* schnalzt ihm so draufgängerisch über die Zunge, als hätten wir *damals* gemeinsam Hab und Gut, Seele und Zukunft versoffen, und dabei begreift er kein mörderisches Glas und keine Sekunde von *damals*.
Mops' Freundlichkeit umgarnt plötzlich eine glockenreine Hinterlist. Herr Brett fletscht die Zähne zum Biß. Monikas Augen fliehen bereits beim Klang meiner Schritte. Katharina trinkt mit mir; heimlich. Meine Sucht gewinnt authentische, offizielle Formen, dennoch behalte ich die Rituale der Heimlichkeit bei. Ich trinke im Verborgenen und tilge die Spuren sofort.
Auf der Straße schludert mir Monikas Mutter entgegen; sie kann sich nur mühsam auf den Beinen halten. Ihrem Mund entweicht ein unverständliches, verwaschenes Raunen; die Bluse strotzt vor frisch Erbrochenem. Ich drehe mich auf dem Absatz um und renne um Leben und elendes Sterben und renne die Straße hinab, vorbei an Geschichte und Zukunft, Eben und Gestern und renne und renne so lange vor mir davon, bis mir das pochende Herz die Ohren zerreißt!

Nein, ich kann nicht mehr alleine sein!
Ich fliege E. entgegen, wie man nach einer schlaflosen Nacht den Morgen ersehnt und doch fürchtet. Ich telefoniere mit Ralf und verspreche ihm einen beträchtlichen Obulus; ich brauche vier Tage, dann habe ich gewonnen oder verloren.

Sieger und Verlierer betrinken sich, vielleicht sogar gemeinsam.
Elf einsam-verhunzte Stunden bleiben mir noch, dann darf ich nicht mehr trinken. E. will es so.
Hundertzwanzig Pfund – ich bezahle das Zimmer im voraus, vielleicht sterbe ich ja in einer Stunde, dann wenigstens ohne Hotelschulden. Sieger und Verlierer betrinken sich, vielleicht sogar gemeinsam. Ich ordere zwei Flaschen Taittinger und starre durch die Schallschutzscheiben aufs Rollfeld; in London will ich jetzt endlich mit dem Trinken aufhören!
7.41 Uhr Ortszeit: Die Maschine aus Miami landet pünktlich. Ich verstecke mich im Transitraum hinter einer verspiegelten Säule, zwei Polizisten bleiben stehen.
7.58 Uhr Ortszeit: In meinen Augen sitzt Angst, ich möchte die verspiegelten Kacheln zertrümmern; ich zwinkere den Polizisten zu, und sie gehen kopfschüttelnd weiter.
8.01 Uhr Ortszeit: Die Umarmung mit E. nimmt zwei Sekunden in Anspruch. (Laß mich nicht alleine. Bitte!)
8.02 Uhr Ortszeit: Das Mundspray frißt sich durch meine Zunge, aber E. darf keinen Alkohol schnuppern; ich habe schließlich Abstinenz versprochen.
8.04 Uhr Ortszeit: Ich hole uns zwei Coke – und einen doppelten Scotch. Blitzschnell süchtige ich hinter der Säule – für E. nicht einsehbar –, zische vier Sekunden Spray in den Rachen und setze mich mit tränenden Augen neben E.
»Du mußt nicht weinen«, sagt E. beim Blättern in der »Vogue«.
»Weshalb sollte ich auch?« erwidere ich und rülpse diskret etwas Scotch durch die Nase. »Ich hab' dich doch wieder.«
(Ich werde mir noch einen Scotch besorgen und dann in einem der Waschräume verschwinden!)
8.17 Uhr Ortszeit: »Ich habe deinen Flug umgebucht, das war nicht einfach. Fluggesellschaften hüten ihre Passagierlisten wie Staatsgeheimnisse, aber ich habe es geschafft. Wir fliegen für drei Tage nach Paris!«
E.s Gesicht erstarrt vor Freude.
9.30 Uhr Ortszeit: Ich wette mein Leben gegen eine pißwarme Flasche Aldi-Sekt: Ich habe verloren.
Paris: Im »La Colombe« trinkt sich E. ins Torkelstadium; meinetwegen.

Ich habe verloren.
Nein, noch nicht.
»Ich gebe dir noch eine Chance: Du hast den ganzen Abend über nur Mineralwasser getrunken. Wir treffen eine Vereinbarung: Du bleibst trocken, und ich bleibe bei dir!«
0.17 Uhr Ortszeit: Mein Lieblingsbistro Ecke Boulevard Haussmann, Rue La Fayette – siebzehn Kir Royal, vom Feinsten!
Rückflug, 21.39 Uhr: »Meine Damen und Herren, hier spricht Ihr Kapitän. Wir überfliegen soeben Brüssel!«
»Denk daran: Du trinkst nicht mehr, und wir suchen uns eine gemeinsame Wohnung. Ist das ein Angebot?«
Auf dem Rückflug, 21.41 Uhr: Ich streife den Ring vom Finger und stecke ihn in den Ascher, löse den Schlüssel von meinem Bund und drücke ihn E. in die Hand.
»Stewardeß, Champagner bitte – für uns beide!«

13. September 1989 – 20. April 1990:
E. frißt ein Loch in meine Seele. Ich habe E. verlassen, aber E. warf mich dennoch weg wie ein benutztes Papiertaschentuch.
Ich ertrage keine Zurückweisungen; Trennungen bringen mich um den Verstand, Enttäuschungen werfen mich unerbittlich nieder!
Man verläßt mich nicht! Und schon gar nicht aufgrund meiner Trinkgewohnheiten!
Mein Schmerz trägt endgültige Züge: Ich saufe mich aus dem Leben, wirklich, ich tue es!
Gott – wie lange nannte ich deinen Namen nicht –, *Gott*, wo und wann erlischt endlich mein kindisch-verdorbenes Leben?
Ach, niemand zeigt Mitleid mit mir, außer ich selbst.

Hamburg, 5.34 Uhr, Toilette im Hotel »Intercontinental«:
Ich erwache auf dem Fußboden, neben der Kloschüssel.
Mein linkes Brillenglas ist zerbrochen, spinnennetzartig gesplittert wie eine Windschutzscheibe nach einer Karambolage.
Ich bemühe mich, die Erinnerungen zusammenzuklauben – vergebens.

So tief bin ich also schon gesunken!
Ich bin verlassen, verlassen worden; zurückgewiesen, zurückgestoßen – nein, jetzt nicht daran denken, bitte nicht!
Natürlich orientiert sich eine gefräßige Erinnerung nicht an der unersättlichen Verdrängung einer süchtigen Seele...
...ein Freitagabend, kurz nach meinem zwölften Geburtstag:
Mutter erholte sich gerade von einer schweren Depression; Vaters Affäre mit einer wesentlich jüngeren Frau hätte sie um Haaresbreite umgebracht.
Vater kehrt an einem Freitagabend, nach zehn Tagen, zurück.
Unsere Haushälterin liegt mit einem gebrochenen Bein im Krankenhaus, ich bin mit Mutter allein. Wir hören den herannahenden Dienstwagen; Mutter beginnt am ganzen Körper zu flattern.
Ich liege mit einer eitrigen Mandelentzündung zu Bett, Mutter flößt mir Penicillinsaft ein und wechselt die essigsauren Wadenwickel. Draußen, auf dem Kies, knirschen schwere Schritte, Vater kommt zurück.
Mein betrunkener Vater kommt zurück.
Ich stehe auf und setzte mich auf die Eckbank in der Küche. Vaters Augen stieren glasig in mein fieberrotes Gesicht, sein Mund verzieht sich zu einem abschätzigen Grinsen. Wortlos zitternd stellt Mutter das Essen auf den Tisch, tritt zurück, setzt sich auf einen Stuhl in der Ecke. Stumm beobachten wir Vater beim Essen. Dreimal fallen ihm Kartoffelstücke von der Gabel, klatschen in die Soße zurück; bespritzen Hemd und Tischtuch. Beim viertenmal wirft Vater den Teller an die Wand und beschuldigt Mutter, sie hätte die Kartoffelstücke absichtlich so groß geschnitten, daß sie ihm unweigerlich von der Gabel fallen müßten! Und sie habe das nur getan, um ihn vor mir lächerlich zu machen!
Er richtet sich auf, zeigt mit einem Finger auf mich und schreit mit wutverzerrtem Gesicht: »Hätte dir damals dieser idiotische Frauenarzt noch eine weitere Spritze gegeben, wäre mir dieser Elendshaufen erspart geblieben!«
Mein Körper wird plötzlich eiskalt, aber ich weiß nicht, weshalb; Vaters Ausbruch allein kann es nicht sein.

Mutters Gesicht versteinert, sie beschwört ihn auf Knien, sofort zu schweigen!
»Das hättest du ihm nicht sagen dürfen«, stammelt sie, »du bist zu weit gegangen; das wird er dir nie verzeihen.«
Mutter kauert hilflos auf einem Stuhl und starrt verloren in ihren Schoß.
Keiner wagt, jemanden anzuschauen.
Vater sackt zusammen, seine Augen zucken sich in den Schlaf.
In meinem Bauch rumort es wie Durchfall. Ich begreife nichts, ich spüre nur die zusammengeschnürte Angst in meinem Bauch.
Mutter weint dünne Tränenfäden.
Dann rüttelt sie Vater wach und stützt ihn beim Gehen. Im Schlafzimmer, vor dem Kleiderschrank, strauchelt er, stürzt und reißt Mutter zu Boden; ich kauere an der Wand, neben der Tür.
»Du hast mich absichtlich umgestoßen; das hast du absichtlich getan!«
Er schlägt ihr mit dem Handrücken ins Gesicht. Die Schläge treffen sie auf den Lippen, wimmernd zieht sie die Hände vor den Mund. Ich lasse mich zu Boden fallen und presse schreiend die Fäuste an meine Ohren.
Mein Gott, er bringt sie um! Und danach wird er mich töten!
An den Haaren schleift er sie durchs Zimmer, reißt sie hoch, zerrt sie aufs Bett, wirft sich grunzend über sie. Mutter wehrt sich verzweifelt, will ihn wegstoßen, jammert, wimmert, fleht, schluchzt, schaut zu mir und schreit: »Geh – um Gottes willen, geh! Schau dir das nicht an ...!«
Er hält einen Moment inne, fixiert mich, reißt das Lämpchen vom Nachttisch und wirft es nach mir!
Ich ziehe schreiend die Arme über den Kopf – kein Blut, keine Schmerzen –, das Geschoß verfehlt mich knapp, Glassplitter überall.
Mir ist, als habe er mich soeben umgebracht!
Mutters Wimmern erstickt, Vater schnarcht.
Ich weine ohne Tränen.
Mutter versucht mich zu beruhigen, doch es gelingt ihr nicht. Unbeholfen ringt sie nach einer Erklärung:

»Ich mußte mit dem Schicksal leben, nie Kinder bekommen zu können. Bei deiner Geburt war ich einundvierzig, selbst der Frauenarzt bemerkte die Schwangerschaft nicht. Plötzlich blieb die Monatsblutung aus.« Sie spricht davon, als wäre es die unanständigste Sache der Welt. »Der Arzt gab mir eine Spritze, aber die Blutung kam nicht, Gott sei Dank kam sie nicht! Der Arzt untersuchte mich nochmals und stellte fest, daß ich schwanger bin. Ich war fassungslos vor Freude und traurig zugleich, alle Gefühle aus neunzehn Ehejahren in einer Sekunde. Niemand kann es nachvollziehen, was das für mich bedeutete: schwanger zu sein nach all den Jahren des Spottes, des Hohnes und der ungezählten Demütigungen durch deinen Vater. Wenn du wüßtest, wie erlösend diese Schwangerschaft für mich war! Verstehst du – für ihn war ich keine Frau, keine richtige Frau. Eine Frau, die keine Kinder gebären kann, ist eben keine richtige Frau. Und die Kameraden in der Kaserne rissen jahrelang Witze über ihn, weil sie dachten, er ... Dein Vater gehörte mir nie, er war immer ein streunender Hund. Kurz vor deiner Geburt verschwand er zu einer anderen Frau; ich wollte mir das Leben nehmen, doch nach drei Tagen kam er zurück. Du darfst nie darüber sprechen! Versprich mir, daß du nie darüber sprichst! Der Arzt meinte, die Spritze könne eine Fehlgeburt auslösen. Er fragte mich, ob er *dich* wegmachen soll.« Ihre Stimme klingt wie Eisblumen am Fenster. »Ich überlegte lange und schüttelte nur den Kopf. Später, im Krankenhaus, meinte die Hebamme, daß dies eine der schwersten Geburten war, die sie je erlebt hatte ... Ich wäre fast dabei gestorben. Aber ich war glücklich, als ich es durchgestanden hatte. Ich weinte vor Freude.«
Ich liege regungslos im Bett, spüre die Hand nicht, die mich streichelt. Ich liebe niemanden mehr.
Es muß sich Entsetzliches in mir vollziehen, denn am nächsten Morgen bin ich stumm. Ich kann mir keinen Laut abringen und möchte am liebsten sterben. Es gibt niemanden mehr, der mich wirklich liebt, auch Mutter nicht.
Ich werde zum Notfall, und Mutter bringt mich sofort zum Arzt. Weitschweifig versucht sie, die zurückliegende Nacht zu dechiffrieren, und nach wenigen Sätzen werde ich freundlich aus dem Sprechzimmer gewiesen. Im Wartezimmer pla-

ziert mich eine Schwester zwischen zwei griesgrämigen alten Frauen, die mit offenen Mäulern gierig nach Luft schnappen.
Wenig später werde ich in einen weißgetünchten Raum gebracht. Der Arzt ist weich und freundlich: »Ein Schock; keine Sorge, wir bekommen das wieder hin.«
Eine Nadel wird in meinen Arm gestochen, kurz darauf fällt mir das Atmen leichter. Das kleine, speckige Kissen unter meinem Kopf dünstet nach kaltem Schweiß. Ich schließe die Augen und schwebe ... In meinen Ohren plätschert es sanft, mein Körper gleitet plötzlich in einen Tunnel aus kuscheliger Watte, Arme und Beine spüre ich nicht mehr.
»Mein Kleiner, schlaf ein wenig, wenn du möchtest ...« Die Stimme des Arztes dringt träge durch ein Gewölbe, tief in meinem Bauch verlieren sich die Bässe.
Eine zweite Spritze, und es ist geschafft – ich höre meine Stimme wieder, noch etwas piepsig zwar, aber sie gehört zu mir! Alles Bedrohliche ist wie weggewischt. Mutter gleicht einem niedlichen, rosigen Schwein, und den großen, kräftigen Mann neben ihr taufe ich lachend »Dr. Lieb und Freundlich«. Und ich lache plötzlich so irrsinnig komisch, obwohl ich todmüde und traurig bin.
»Befolgen Sie meinen Rat, und bringen Sie ihn zu Frau Dr. H. Sie ist eine Kapazität. Ich werde Sie für nächsten Donnerstag anmelden.«
Am Abend nach dem »Vorkommnis«, wie Mutter es nennen wird, findet der jährliche Standortball statt, *das* Ereignis des Jahres mit ranghohen Gästen aus dem Ministerium. In der Familie funktioniert alles wie immer. Vater läßt die Galauniform aus der Reinigung holen, Mutter näht und bürstet stundenlang an ihrem Abendkleid. Am frühen Abend schminkt sie mit viel Raffinesse das blaue Auge weg.
»Und wie soll es weitergehen?«
Ich bin so erbärmlich allein.
»Wie immer. Es wird weitergehen wie immer. Mach dir keine Sorgen, alles wird gut.«
Mutter wendet keinen Blick vom Spiegel.
»Aber – gestern ...?!« Gestern schnürt mir die Luft ab.
»Gestern war gestern. Man kann nichts ungeschehen machen, Kleiner. Das Leben geht weiter. Man hat seine Ver-

pflichtungen. Vater kann heute unmöglich ohne mich erscheinen. Was sollen die Leute von uns denken? Du wirst es noch früh genug bemerken: Die Welt will belogen werden, die Welt braucht ihren Glimmer, ihren abstrusen Glitter, ihre Fassaden mit dem fauligen Gestank dahinter. Was zählt, ist Schein – nicht Sein. Je früher du das begreifst, um so höher wirst du steigen; ein einfaches Rezept. Meinst du, mir macht das alles Spaß? Aber – was soll ich tun? Mit den Schmerzen der Vergangenheit kann man im Leben keinen einzigen Blumentopf gewinnen. Manchmal muß man eben mit den Wölfen heulen, vielleicht ein ganzes Leben lang, egal. Ändere es, wenn du kannst...«

Die Haare der Kinderpsychologin hängen über dic Schultern, bis zur Mitte des Rückens. Sie glänzen und duften nach Pfirsichöl.

Hinter den dicken Brillengläsern verlieren sich ihre Augen ins Unsichtbare, und ganz hinten, am Ende der trichterförmigen Brillenglasringe, entdecke ich wie zufällig ihre winzigen Pupillen. Ihr Gesicht wirkt ernst, doch die Miniaturpupillen verleihen ihm fast widerstrebend eine neckische Note.

Ich genieße es, plötzlich so wichtig zu sein.

Rorschachtest, Intelligenztest; danach plaziere ich im Wohnzimmer einer Puppenstube bunte Figürchen: Mutter, Tobias, Vater. Auf dem Sofa liegen Mutter und Tobias.

»Und wo ist dein Vater?«

Ich setze ihn in einen Sessel und lege seine Beine auf den Tisch. Später setze ich Tobias in den Sessel und befördere Vater bäuchlings vor die Tür.

Dr. H. ist fürchterlich neugierig. Ich öffne vor ihr die Nischen meiner kindlichen Welt, und obwohl sie schon bald alles von mir weiß, mißbraucht sie ihr Wissen nicht. Obwohl mein Leben völlig in ihrer Hand liegt, will sie mich nicht besitzen. Und sie meint, daß es falsch sei, in den Chor der Wölfe einzustimmen. Und zum erstenmal empfinde ich Vertrauen und fühle so etwas wie Liebe.

Ich vermisse sieben Tage meiner Sucht; geraubte Zeit, für immer verloren.
Nein, ich schaffte es nie, mich den sogenannten Spielregeln zu unterwerfen und mit den Wölfen zu heulen. Nein, ich stand immer abseits, mal protestierend, mal hilflos, mal schamvoll, mal verlegen, aber stets abseits. Ich konnte mich nie anpassen, obwohl ich es vielleicht möchte, und vielleicht ist es das, was es der Sucht so verführerisch leicht macht, mich zu gängeln.
Ich streune sieben Nächte durch Bars und Discos, Kneipen und Spelunken.
Ich saufe und bezahle und bezahle mit auswegloser Zeit und bezahle mit meinem mißhandelten Leben.
Ich zerweine für Stunden den Schmerz der Trennung, zertrinke hartnäckig meinen Lebensschmerz und zerbreche mit jedem Erwachen erneut an meinem maßlosen Schicksal.
Und plötzlich verschwindet die Sehnsucht nach einem nüchternen Leben, und plötzlich wird aus jedem neuen Glas ein Todesschrei.
Ich kann nicht mehr alleine sein; nichts flößt mir mehr Furcht ein, als alleine sein zu müssen, alleine trinken zu müssen. Ich fraternisiere mit den Angestellten, lade großzügig zum Essen ein, biedere mich unentwegt an und ködere mit großkotzigen Einladungen.
Die Einsamkeit des Champagners heiligt die Mittel.
Ich verweigere mich.
Ich reduziere mein Arbeitspensum auf ein lächerliches Minimum, erscheine erst spät am Nachmittag, schließe mich sofort im Büro ein, stülpe mir den Kopfhörer über die Ohren und trinke mich bei Händel in den Sonnenuntergang. Jedes Wort empfinde ich als grobe Belästigung, jede Unterschrift, jede Entscheidung wird plötzlich zur Tortur. Ich schanze Ralf immer mehr Aufgaben und Befugnisse zu, und ich weiß, daß ich damit mein Ende beschleunige. Es ist mir gleichgültig, obwohl ich Angst um mich habe. Es zählt nur die Sucht. Die Sucht allein zählt. Die Sucht bestimmt die Minuten, die Stunden, die Tage, die Träume und die Ängste. Sucht – alles andere wird zur lästigen Nebensache.
E. ist von mir weggegangen, ich werde von mir weggehen, und ich werde jetzt trinken, bis ich nüchtern oder tot bin.

Ich werde zur Eiswüste – es gibt keinen anderen Ausdruck dafür.

Eiswüste: düster, schneidender Wind, ausgelaugte Knochen, blutleere Organe.

Immer und überall Kälte; sie fräst sich vom Kopf durch den Rumpf in die Füße, und plötzlich verschwindet sie und kommt wieder, zehrt und faucht, hockt lauernd im Schädel, bäumt sich blitzschnell auf und zerfrißt die allerletzten Gedanken.

Und mit der Kälte kommt die Angst.

Sie ist nicht zu erklären.

Sie ist da, und sie wird bleiben, bis zum Ende.

Ich nenne sie die Angst vor jeder Sekunde; die Angst vor jeder Empfindung, die atmet und lebt. Und sie kriecht aus den Wänden, tröpfelt von der Decke und sickert in meine Haut: die Angst vor jedem Pulsschlag, diese zerfressende Angst vor jedem Gedanken, diese unfaßbare Angst vor jeder menschlichen Stimme, diese totschlagende Angst vor der knochentrockenen Leere.

Und mit der Eiswüste und der Angst kommt die Gleichgültigkeit. Und diese Gleichgültigkeit treibt direkt zur Zerstörung. Und mit der Eiswüste, der Angst und der Gleichgültigkeit kommt diese hämmernde, seelenzerfressende Sehnsucht nach einem Ende. Und mit der Eiswüste, der Angst, der Gleichgültigkeit und der Sehnsucht nach einem Ende kriecht die Besessenheit wie eine riesige Spinne in die verrotteten Gedanken.

Und dann liegt er nackt im Schädel, dieser beißende Drang zum morbiden Finale, zum lächerlichen Tod.

Ich möchte nie mehr lieben und nicht mehr geliebt werden.

Ich werde mich bestimmt nicht mehr verlieben, nie mehr. Liebe ist ein Gefühl, und Gefühle bescheren mir ausnahmslos Katastrophen.

Gemeinsam trinken und einsam sterben – mehr erwarte ich nicht mehr.

Mehr kann ich nicht fordern.

Aber dennoch verliebe ich mich, drängend, tief, widerspenstig, gespalten, zufällig und so schwermütig ehrlich. Aber

auch diese Ehrlichkeit dringt nicht in jene Tiefe, in der es keiner schützenden Maske mehr bedarf. Ich flüchte mit dem Vehikel Gefühl aus meinem Alleinsein zur Geborgenheit und spiele dennoch meine klägliche Rolle weiter.
S.: Artige, sattsam ehrlich Augen, die aus einer unbedarften Seele wachsen.
Diese Liebe war nicht geplant; diese wehrlose Zärtlichkeit wurde nie in Betracht gezogen, diese seelenzarte Zuneigung nistete sich versehentlich in mir ein.
S.: Weichherzige Haselnußaugen, in denen Redlichkeit und Neugierde funkeln.
»Deine Augen, deine durchsichtigen, liebeswarmen Augen erinnern mich an ein Kinderbuch, das ich neulich las: *... er kam und saß im Garten, und alle Kinder nannten ihn Knopf. Und alle Kinder liebten ihn, diesen großen und sanftmütigen Hund, mit seinen großen und gutmütigen Augen...*«
Eine Kinderphantasie für die Liebe der Erwachsenen.
»Ich werde dich Knopf nennen, ja, das paßt so schön zu deinen Augen und zu deinen Gefühlen; zu unserer noch so jungen gemeinsamen Zeit.«
»Knopf – klingt das nicht ein wenig nach Augsburger Puppenkiste?«
»Wenn dir danach ist, schneid einfach die Fäden durch und geh...«
»Bin ich ein Abenteuer für dich?«
»Nein – im Gegenteil: unerreichbare Liebe.«
S.: Beständig-verläßliche Geborgenheit, Vertrauen, Zukunft. Eine Zukunft, die ich nicht erfüllen kann, denn zwischen mir und meinen Gefühlen wuchert die Krankheit.
Und ich schaffe es wieder nicht, ehrlich und aufrichtig zu sein, meine Geschichte und die drohende Niederlage zu offenbaren; Knopf – ich habe Angst, dich durch meine Wahrheit zu verlieren. Und ich werde dich durch das Verschweigen der Wahrheit dennoch verlieren.
Und ich spiele wieder einmal ein doppeltes Spiel zwischen all meinen Spielen. Knopf, du darfst nicht in meine Abgründe blicken. Die Wahrheit in mir ist abscheulich. Sucht ist kein Kaffeekränzchen tütteliger alter Damen, bei dem Kuchenrezepte und Strickmuster ausgetauscht werden.
Nein, es ist keine typische süchtige Ausrede, wenn ich

meine, daß ich keine andere Möglichkeit sehe, als in der Rolle zu verweilen, in der du mich kennenlerntest – das wird irgendwann den Abschied vereinfachen. Ich überwinde mich nicht zur Wahrheit, denn die Wahrheit wäre mein Ende. Und es gibt jetzt keinen Schatten mehr, über den ich springen könnte.

Ich verliere meine Sprache und meinen Willen – das ist das Furchtbarste, was ich mir vorstellen kann!
Meine Ironie versagt; sie genügt nicht mehr, um die Krankheit bei Laune zu halten. Sarkasmus und Überheblichkeit, Zynismus und Anmaßung, Illusion und Lüge – vergebens: Die Seele antwortet nicht mehr.
Nur in meinem Verlies fühle ich mich vor der Wahrheit sicher, nur hier, in meiner vertrauten Todeszelle empfinde ich noch einen flüchtigen Hauch süßlicher Geborgenheit in den Armen meines Henkers Alkohol. Nur hier, in der vergitterten Finsternis, soll mir das Sonnenlicht den Schädel knakken. Ich verbarrikadiere mich hinter meinen ausgedünsteten Flaschen mit den angelaufenen Aluminiumhälsen, einhundertzweiundvierzig Piper-Heidsieck, brut: Einhundertzweiundvierzig Scheintode starb ich bereits.
Ich denke oft an früher.
Meine Gedankenkreise verengen sich mit jedem Tag.
Ich reduziere mich auf S. und ein sporadisches Erscheinen im Gästehaus. Depressionen treiben mich lethargisch an die Elbe, Hochhäuser ziehen mich plötzlich magisch an. Wie wird es sein, wenn ich springe – tritt die Bewußtlosigkeit unmittelbar nach dem Sprung ein, oder zerschmettert mein Körper im hellwachen Wahnsinn?
Es gibt nichts mehr, was ich noch erleben könnte und worüber sich schreiben ließe. Ich liebe S. zutiefst, hierüber könnte ich ein dickleibiges Buch schreiben, aber ohne Wahrheit wäre es nur schnöde Dichtung. Die alkoholischen Höhenflüge degenerieren zu unfeinen Bauchlandungen, die einstmals so kesse und blutrünstige Freude über jede durchzechte Nacht weicht unaufhaltsam einer demütigenden Weinerlichkeit. Ich erfriere in den Ruinen meiner Illusionen.
Mein Vegetieren – *Leben gibt es nicht mehr* – mündet trichterförmig in den Tod; meine Gedanken umreißen ein Szena-

rium, in welchem meine Kindheit, meine Jugend, meine Neigungen, meine Interessen und meine Fähigkeiten letztendlich in den Krater der Krankheit münden; umgeleitet, weggespült ins Auffangbecken Sucht:

SORGFALT, EHRLICHKEIT, AUFRICHTIGKEIT, OFFENHEIT, EINFACHHEIT,
GLAUBE, RÜCKZUG, NÄHE, ZUFRIEDENHEIT, AUFGABE, SINN, ZUKUNFT,
BESTIMMUNG, AUSEINANDERSETZUNG, LIEBE, MITLEID, MEDITATION,
HARMONIE, STILLE, TRINKEN, SCHULDGEFÜHLE, TRINKEN, SCHAM,
TRINKEN, TRICKSEN, TRINKEN, LÜGEN, TRINKEN, TRINKEN
TRINKEN, MASKERADE, TRINKEN, OHNMACHT,TRINKEN
TRINKEN TRINKEN TRINKEN TRINKEN TRINKEN
TRINKEN TRINKEN TRINKEN TRINKEN
TRINKEN TRINKEN TRINKEN
TRINKEN TRINKEN
TRINKEN
TRINKEN
TRINKEN
TRINKEN
TRINKEN
TRINKEN
TRINKEN
TRINKEN
TRINKEN
TRINKEN
TRINKEN

Ich verfalle in Ungerechtigkeit und Überspanntheit, entlasse grundlos und engagiere willkürlich – meine Gedanken und Reaktionen erweisen sich plötzlich als unberechenbar: Wer mit nur einminütiger Verspätung zum Dienst erscheint, wird sofort gefeuert!

Bei belanglosen Mißgeschicken und unbedeutenden Kleinigkeiten beginne ich sofort zu brüllen, der Klang des Wortes Alkohol löst augenblicklich einen Tobsuchtsanfall aus; barsch dränge ich Monika aus dem Büro und verweigere einen flehentlich erbetenen Vorschuß.

Mein Broterwerb entgleitet mir völlig. Ich bin machtlos, nichts als eine ekelhaft betrunkene und hinterhältige Marionette der Sucht.

Die kleine Berichterstattung ertrage ich schließlich nur nach einem heftigen Sturztrunk, der Tresor verkommt zur schlampigen Hausbar (ich bringe tatsächlich meine Flaschen im Tresor unter Verschluß!), und die Lieferantenrechnungen verschwinden ungeöffnet im Papierkorb – ich kann meine letzten Suchttage nicht mit sinnlosen Überweisungen verplempern...
Aber ich erlebe es noch einmal, dieses pompöse Gefühl, mitten durch den Luxus waten zu können: ein Essen für drei Personen im »Interconti«, mit Blick über die Alster... eine Schlemmerschnitte (Tartar mit Kaviar), Seezungenschleifchen und Heilbuttfilet mit wildem Reis auf Saucendialog, getrüffelte Perlhuhnbrust, Champagner...
Was bin ich doch für ein großartiger Kerl – ein leuchtender Goldfasan unter einfältig gackernden Suppenhühnern!
Am nächsten Morgen krame ich in meinen Taschen nach Geld – vergebens –, in neun Stunden gab ich ein Monatsgehalt aus. Bravo!
Ich flüchte nochmals nach Paris, unvorbereitet, in Panik. Paris wird endgültig zum Grab; nichts, wirklich nichts reizt mich noch an dieser Stadt; ich versande, verkomme, vernichte mich und verwahrlose an den vulgärsten Orten.
Ich flüchte zu S., doch in Gedanken trinke ich nur noch und warte auf das Ende.
Ich ersticke in Eifersucht und Mißtrauen und verzehre mich im aberwitzigen Wunsch, S. völlig zu besitzen, inklusive Gedanken und Phantasie. Nähe und Distanz: mein zentraler Konflikt; Gefühle: mein zentrales Siechen.

Ralf trinkt öffentlich Champagner mit mir. Er kennt meine Schwachstellen und ist ein Meister der Verführung.
Ich lasse ihn gewähren. Alle können nach Gutdünken mit mir verfahren – wenn ich dabei nur trinken darf.
Ich warte flaschenweise auf das Ende, und dennoch trifft es mich aus dem Stegreif und hartherzig...

28. Dezember 1989:
Beim elften Glas beichte ich S., daß ich Alkoholiker bin. Wir weinen uns beide in die Nacht. Wärme; lindernde Zärtlichkeit.

»Ich dachte mir so etwas ähnliches«, meint S., »es waren einfach zu viele Flaschen in deiner Wohnung. Und deine Reaktionen – die waren meilenweit entfernt von dir ...«
Danke, S., daß du an jenem Abend nicht gegangen bist.

31. Dezember 1989:
Wir umarmen uns; weinen.
S. ist betrunken, aus Liebe.
Ich trinke heimlich; was sonst?
»Mein Gott«, fleht S., »hör endlich mit dem Trinken auf. Ich liebe einen Mann und keinen Flachmann ...«

4. Januar 1990:
Ich vernachlässige meinen Job, ich opfere sofort mein Leben, wenn ich dafür nicht mehr allein sein muß. S. darf keinen anderen Mann anschauen – sonst werde ich zum Mörder!
Ralf belächelt mich mitleidig. Ich bin so betrunken, daß ich über die Eingangsstufen zum Gästehaus stürze; 15.02 Uhr.

5. Januar 1990:
Mops' Blicke nageln mich an die Wand. Wenn sie mich wenigstens abkanzeln oder öffentlich tadeln würde – vielleicht tränke ich dann wirklich nicht mehr?!
Sie bittet mich in ihre Dienstwohnung, aber nur, weil sie den Überblick über ihren Antrag auf Lohnsteuerjahresausgleich verlor.
Ihre Wohnung entpuppt sich als angestaubter Plüschkäfig; das Sofakissen stöhnt unter einem peniblen Knuff, und der röhrende Hirsch an der Wand erdrosselt sich fast mit seinen verquollenen Stimmbändern.
Nein, das ist nicht meine (heile) Welt, und das wird sie auch niemals sein! Ich lasse mich nicht anpassen!

8. Februar 1990:
Mit S. im »Aux deux Sapins«. Die Mechanismen funktionieren tadellos: Während S. badet, süchtige ich mich blitzschnell in ein psychisches Feuerwerk.

10. Februar 1990:
Ich betäube meine Verschlossenheit gegenüber S. mit gigantischen Geburtstagsgeschenken. Alles an und in mir wirkt überzogen, meine Geschenke, meine Sucht nach Liebe, meine Sucht nach Zuneigung, meine Sucht nach Bestätigung, meine Sucht nach Freiheit, meine Sucht.

17. Februar 1990:
Kassenprüfung! Entsetzliches, bestürzendes Defizit!
Ralf gab dem Vorstand heimlich einen Tip. Man gesteht mir drei Tage zu, um die Kassenberichte zu aktualisieren.
S.: »Wann um Gottes willen hörst du endlich mit dem Trinken auf?«
»Morgen oder nie. Niemals. Gib mir Zeit. Ich trinke nicht zum Vergnügen.«

20. Februar 1990:
Monika und Ralf flüchten vor mir. Mit Katharina köpfe ich am hellichten Vormittag zwei Flaschen. Es wird alles gut werden, meint sie.
Das Kassendefizit ist nach sieben Stunden wegmanipuliert.

27. Februar 1990:
Mops telefoniert heimlich mit Herrn Kaiser: »Herr Wallburg kam um 9.32 Uhr mit einer Alkoholfahne zum Dienst!«
Erneute Kassenprüfung, keine Beanstandung.
Mit Katharina 1345 DM versoffen.

11. März 1990:
Grundloser Streit mit S. Fordere S. auf, meine Wohnung zu verlassen. Danach Absturz auf der Reeperbahn. Elendes Erwachen um 14.11 Uhr; grobes Zittern.

17. März 1990:
Frühstück mit Sekt. Bereits um 15.30 Uhr hirntot betrunken.
Im Gästehaus schweigt man mich an. Noch bin ich Boß oder bereits nicht mehr.

»Interconti«, »Disco Savoy«, »Spielkasino Reeperbahn«, »Heiße Ecke«, Schlachthof. – Mindestens vier Stunden Erinnerung verhökert.

20. März 1990:
Tresor geplündert; »Interconti«, Reeperbahn, »Savoy« – Lücke.
Ich erwache in einem fremden Bett und werde ohne Frühstück abserviert.
Termin mit Vorstand am 22. März, 18.00 Uhr, wg. div. Ungereimtheiten.

22. März 1990:
13.30 Uhr: Zufälliges Treffen mit Thomas; freundschaftlicher Alkoholexzess.
16.45 Uhr: Mit Thomas auf die Reeperbahn. Termin um 18.00 Uhr!
23.35 Uhr: Ich hatte wirklich die Absicht, um 18.00 Uhr zur Stelle zu sein.
Natürlich wird mir niemand glauben...

25. März 1990:
Ich gelange nicht mehr ins Büro! Viermal versuche ich die Tür zu öffnen, erst dann entdecke ich das ausgewechselte Schloß. Flucht durch den Hinterausgang; zwei Flaschen Bedenkzeit.
1.10 Uhr: Ich alarmiere einen Schloßnotdienst. Die Bürotür wird gewaltsam geöffnet. (Das BKS-Schloß wird mit einem Schlagbohrer zerstört.) Ich vernichte alle Unterlagen, die mich belasten könnten, lösche die Computerprogramme und nehme die Bilder von der Wand. Eine letzte Flasche Champagner auf dem Thron – die Revue ist zu Ende; Vorhang.
Danach trinke ich eine Flasche Sekt. Dies wird bestimmt meine letzte Flasche sein. Heute höre ich auf zu trinken!
Ich flüchte mich zu S.: »Um Gottes willen, laß mich jetzt nicht alleine!«
Ich trinke ganz bestimmt nichts mehr!
Genug!
Irgendwann ist Schluß!

21. April 1990 – 21. Juni 1990:
Die letzte, die allerletzte Flasche??!!
S. bringt mich zum Flughafen.
»Nicht traurig sein, wir treffen uns ja in fünf Wochen auf Amorgos, und fünf Wochen, das ist einfach keine Zeit.«
Ein langer, liebevoller und vielleicht ehrlicher Abschied.
»Du kannst nicht ein Leben lang davonlaufen; werd endlich du!« rät S. gewichtig.
So unverkrampft-nichtssagend kann man eben nur mit dreiundzwanzig Jahren plappern...
Zum Check-in fehlen noch achtundzwanzig Minuten = zwei Piccolo Sekt.
Auf dem Flug nach München bitte ich die Stewardeß, mir statt Kaffee Sekt zu servieren. Ich erhalte eiskalten Sekt – mit eiskalter Miene und gekräuselten Augenbrauen. (Wahrscheinlich hält sie mich für einen Säufer!)
Transit in München, Sekt.
Weiterflug nach Athen, Platz F wie Fenster (Originalton Lufthansa), Reihe einundzwanzig: Die Stewardessen beginnen mit der Getränkeverteilung in Reihe sechs!
Meine Hände krampfen sich an den Lehnen fest – wenn der Alkohol an Bord nicht bis Reihe einundzwanzig reicht, erwürge ich eine Stewardeß nach der anderen! Wir können notlanden, bruchlanden oder meinethalben abstürzen, es ist mir kolossal gleichgültig – wenn ich nur sofort meinen Alkohol bekomme!
Nein, nicht traurig sein, Knopf: Ich weiß, daß ich wieder fliehe, aber wieder habe ich keine andere Wahl. Ich möchte wirklich nicht mehr trinken, bitte, glaube es mir. Und diese einsame Insel ist wie geschaffen für einen Neuanfang! Ich beginne ganz von vorn, ohne den Ballast der Vergangenheit. Ja, ich spüre, daß ich jetzt soweit bin, daß ich nicht mehr trinken möchte.
Bitte, glaube mir. Und verzeihe mir meine Unbeherrschtheiten, bitte vergib mir alle meine alkoholischen Vergehen. Ich liebe dich.
Athen: ein gefräßiger Moloch aus Abgasen und Staub; ein Monster mit semi-orientalischem Flair. Athen und Metaxa – ein Eldorado der Sucht.

Ich trinke mich in jenen haltlosen und undefinierbaren Zustand, in dem ich ewig leben und sofort sterben möchte; das sind die Augenblicke, in denen ich meine Gedanken nicht mehr spüre und in denen ich so einträchtig mit meiner Krankheit plausche. Das sind auch jene Momente, die den sterbenden Alkoholikern vorbehalten sind, denn sonst kann niemand so fühlen wie wir: aus einem deftigen Lachen plötzlich einen tollkühnen Salto zum krepierenden Heulen, übergangslos und ohne Startschuß!

Ich trinke mich durch die Nacht, wild und ohne Inneres.

Ja, S., ich weiß, wie sehr und wie tief du mich liebst. Aber du wirst an meiner Krankheit zerbrechen, noch ehe sie mich erschlägt. Ich liebe dich innigst, aber die Sucht ist meine hochbetagte und noch immer feurige Geliebte – ich bin ihr so kraft- und schamlos verfallen.

Ich verbringe die Nacht auf dem Balkon meines Hotelzimmers, weinend, lachend, zweifelnd.

Ich verkrieche mich unter dem Kopfhörer und lasse das »Halleluja« von Händel in mich tröpfeln, und ich weine und lache und weine so lange, bis sich der Morgen zeigt.

Ich weine nur noch, aber das ist gut so, denn die Tränen hindern mich am Freitod. Stunden-, tage-, wochenlang sitze ich auf einer Klippe, zehn Zentimeter vom Tod entfernt. Sichere, todessichere sechzig Meter unter mir brandet Erlösung.

Ich sehne mich so sehr nach Freiheit, nach wirklicher Freiheit, ohne Stimulation durch irgendeine Droge.

Ich sehne mich nach Geborgenheit, nach wirklicher Geborgenheit, ohne Masken und Lügen. Gott, ein Stück von Dir finde ich wieder. Mein Leid relativiert sich, reduziert sich auf ein erträgliches, ganz persönliches Maß.

Im griechischen Fernsehen sehe ich einen einundzwanzigjährigen iranischen Soldaten, der, von irakischem Giftgas verätzt, vielleicht noch sechs Monate leiden wird.

Gott, wie profan erscheint jetzt meine läppische Sucht, angesichts dieses erniedrigenden, sinnlosen Todes? Wie gerne würde dieser Soldat mit meinem Schicksal tauschen. Und er würde nicht hadern, er würde handeln, denn er wird mehr von Dir begreifen, als ich es je vermag.

Oder jene junge Frau in Hamburg, vielleicht zwanzig Jahre alt, die nach einem Unfall vielleicht die doppelten Jahre im Rollstuhl verbringen wird? Sie offenbart mehr Mut und Zuversicht, als meine süchtige Seele zu ahnen vermag. Sie liebt Dich mehr als ich, und dies beschämt mich.
Ich trinke, weil ich nur so die Schmerzen meines Lebens ertragen kann. Und ich kann doch vor mir selbst nicht fliehen, stets begleitet mich meine Geschichte, bis in den letzten Winkel der Erde, bis ins Grab.
Mutter ermahnte mich immer: »Mach dich nicht schmutzig!« – und ihr erhobener Zeigefinger schwebt noch heute in meiner Erinnerung... Ich ertappe mich dabei, einen Stein auf meiner Klippe zu säubern, ehe ich mich setze. Wann endlich wird die Vergangenheit zur seichten Episode?

Ein Brief an S.,
– geschrieben auf Amorgos, am 15. Mai 1990 –
Versuch einer Wahrheit:
...ich sehe noch immer die Angst in Deinen Augen, die Angst um mich. Ich weiß, Du bist zu jung, zu unerfahren, vielleicht zu jugendlich-ehrlich, um die Geschichte meines Lebens und damit die Geschichte meiner Sucht zu verstehen. Du bemühst Dich nach Kräften, mich und meine Individualität zu lieben. Ich schenke Dir Zärtlichkeit, Geborgenheit und tiefes Verständnis. Du gibst mir dafür die sinnlichste Wärme Deiner Seele. Dafür danke ich Dir. Aber ich fühle mich schuldig. Ich nehme so viel und gebe so wenig. Aber ich kann nicht anders handeln, denn solange die Sucht mich demütigt, werde ich nur eine Karikatur meiner selbst sein.
Ich zaudere beim entscheidenden Schritt, beim alles entscheidenden Schritt hin zu mir selbst, denn nach diesem Schritt werde ich mich nackt und erbärmlich wiederfinden. Und davor fürchte ich mich.
Ja, ich fürchte mich vor mir.
Sobald mich die aufgeblähten Illusionen der Sucht verlassen, kollabiere ich wie ein entstöpselter Lachsack... und zurück bleibt eine seelenkranke Traurigkeit, nichts weiter.
Ich weiß – nach dem vierten oder fünften Glas verfalle ich in

eine widerlich-hoffärtige Arroganz, ich sprieße über mein Schattendasein hinaus und bin plötzlich ein Fremder für Dich. Ich lüge nicht um der Lüge willen, ich lüge, um zu trinken. Das entschuldigt nichts, es erklärt nur. Und das ist die Wahrheit, das sind die Wahrhaftigkeiten meiner süchtigen Seele ...
... ich weiß – ich verlange von Dir, einen Eisberg zu verstehen, dabei präsentiere ich Dir nur die blankpolierte Spitze. Verzeih mir, verlasse Dein Boot nicht und warte, bis das Wasser klar genug ist, um den Sockel des Eisberges zu erkunden, warte ... bitte warte und rudere nicht in die Unwiederbringlichkeit des Schmerzes, bitte.
Weißt Du, ich möchte nochmals so frei, unbeschwert und übermütig sein, wie in den sechs Monaten meiner Therapie. Erstmals in meinem geduckten, auf Schein und Attrappe ausgerichteten Leben erfuhr ich bewußt eine Veränderung, erlebte ich, wie ich erstmals Neuland betrat, ohne dabei die Angst vor Verhöhnung und Ablehnung im Nacken zu spüren. Zaghaft, ja scheu, wagte ich aus meiner verdrossenen, verbitterten Einsamkeit einen Schritt in eine völlig neue Erfahrung; in eine Gemeinschaft, die forderte, aber nicht zurückwies, wenn ich Schwäche zeigte, in eine Gemeinschaft, die mich aufnahm, ohne daß ich mich dabei aufgeben mußte.
Erstmals seit Jahren fühlte ich mich frei, erlöst, beschützt; erstmals fühlte ich mein suchtloses, selbstverantwortliches, mein erwachsenes Ich – banale Worte für ein überragendes Erlebnis!
Die Krankheit, die mich deformierte und die meinem Leben bis dahin jede sinnvolle und aufrichtige Perspektive raubte, wurde nun durch einen Lern- und Bewußtseinsprozeß ebenso in die Persönlichkeit integriert wie beispielsweise die Augenfarbe – unabänderlich zwar, aber ohne lebenzerbrechende Vorherrschaft.
Und auch Schuld und Scham müssen bewältigt werden, der Kreislauf von Schuld und Versagen durchbrochen werden, denn Scham und Schuld dürfen nicht endlos wuchern. Irgendwann ist genug gewinselt, und der Fahrkartenschalter nach Canossa bleibt geschlossen.
Ich lernte zu lachen, ohne mich betrinken zu müssen.

Ich lernte zu weinen, ohne mich betrinken zu müssen.
Ich lernte zu lieben, ohne mich betrinken zu müssen.
Ich lernte, mich zu erdulden, ohne mich betrinken zu müssen.
Ich lernte, mich zu akzeptieren, ohne mich betrinken zu müssen.
Ich lernte, mich und andere zu lieben, ohne mich betrinken zu müssen.
Ja, ich lernte auch dies: den Ausbruch aus den Mauern der eigenen Pein, um einen Blick hinter fremde Mauern zu riskieren.
Ich weiß nicht, was mich jetzt hinter dem Berg meiner Sucht erwarten wird, denn noch habe ich den Gipfel nicht erreicht. Vielleicht wird die Zeit irgendwann meine Geschichte erklären...
...ich danke Dir für den schönsten Morgen in meinem Leben; weißt Du noch – die Sonne schmolz die ersten Krokusse aus dem Schnee...
...als ich erwachte und unendlich sachte Deine Nasenflügel küßte, als ich Dein schlafendes Gesicht betrachtete, in dem sich Dein ganzes Vertrauen in meine Nähe widerspiegelte, als ich Dir liebesbebend den Schlaf aus den Fingerkuppen küßte, und als ich plötzlich spürte: Ich will nicht mehr ohne Dich sein...
...Und dieser Brief soll nie vollendet werden, er darf Dich noch nicht erreichen. Die Wahrheit pflückt sich ihre Zeit...
Jetzt liebe ich Dich um so mehr, allein und still mit meinem Selbst, nahezu wie eingemauert in einer jener seit langem vergessenen und doch so stolzen Windmühlen, die, ihrer Aufgaben längst beraubt, den Stürmen trotzen, dem Winde aber treu ergeben sind...

für S. K.

Sollte ich

über das Lächeln Deiner Augen reden,
wären tausend Worte nur eine Sekunde

Sollte ich

Deine Zärtlichkeit zeichnen,
wäre kein Pinsel fein genug

Sollte ich

über Deine Nähe schreiben,
wäre meine Seele das Papier

Dürfte ich

die Sprache neu erschaffen

Dürfte ich

neue Worte schöpfen
für

Geborgenheit, Zärtlichkeit
Vertrauen und Liebe,

so gäbe ich

all dem
nur

Deinen Namen.

Rückzug und Ruin

Nein; dieser Ausbruch verhöhnt sich selbst. Dieses gescheiterte Aufbäumen, diese illusionsverschnürte Reise in ein neues Leben, dieser aufgedunsene Wahn einer heimeligen Abstinenz ohne eigenes Zutun. Ich erfuhr diese Unmöglichkeit bereits damals in Instanbul, Gibraltar, Casablanca, doch ich weigere mich, die Sequenzen der Sucht zu verstehen.

Ich entrinne meinem Selbst keine Sekunde, keinen Millimeter; dieser kümmerliche Aufbruch in ein suchtfreies Neuland vermag meiner Geschichtc kein einziges i-Pünktchen abzujagen. Alles bleibt, wie es ist. Und ich stehe daneben und glotze, streue Salz in meine Wunden und genieße meinen Schmerz.

Niemand versteht diesen starren Schmerz, und gerade dieser Umstand verletzt mich besonders. Natürlich kann ich mit keinem Menschen darüber sprechen, denn niemand könnte meine Erregung, meinen Schmerz und meinen Zerfall begreifen.

Ohne mich wird nichts sein, ohne mich wird sich kein Buchstabe meiner Lebensgeschichte ändern, aber ich treibe einfach entschlußlos davon, stets ein Glas der Entscheidung voraus.

Ich versuche mich in die Stille zu verkriechen, doch die Ruhe dieser Insel erweist sich bereits nach wenigen Stunden als mörderische Fallgrube. Ich fliehe in eine Taverne, bezähme meine süchtige Grabesstille mit reichlich Brandy, um danach meinen Tod zu erwarten, weit entfernt von den Menschen, in einer einsamen Talsohle; dort bei den staubgepuderten Palmen wird mich niemand vermuten.

Nichts wird so sein wie früher.

Ich setze meine letzte, meine lebensletzte Hoffnung in diese karge Insel; erreiche ich hier mein Ziel nicht, so wird mein Weg zu Ende sein. Die Zeit auf der Insel sollte die schönste meines Lebens sein. Hier möchte ich trocken und nüchtern werden; die umbrandeten Felsen stehen symbolisch für mein neues Lebensfundament, unnachgiebig, unerschütterlich und hart. Ich will und werde es schaffen, alleine, ganz alleine, mutterseelenallein – ich glaube wirklich daran.

Nichts von alldem gerät zur Wirklichkeit, geschweige denn zur Wahrheit. Und ich spüre eine neue Angst in mir: die Leere der Zukunft.
Sobald das Flugzeug in Hamburg landet, werde ich mich um einen neuen Job bemühen und mein Leben ordnen müssen, es wird kein Weg daran vorbeiführen. Oder vielleicht doch? Ich hasse jeden Neubeginn und jede Schuld, die es abzutragen gilt. Was habe ich getan? Was habe ich denn nur getan, daß ich so unerhört leiden muß?
Die Gedanken fressen mich auf, gnadenlos.
Die düsteren Visionen meiner Zukunft treiben mich rastlos von Taverne zu Taverne, von Rausch zu Rausch, von Vergessen zu Vergessen. Doch auch der griechische Wein vermag nur tönerne Brücken der Flucht zu bauen – mit jedem kläglichen Erwachen stürzen sie tosend zu Tal.
Aber die Zeit dazwischen, zwischen der ersten, kühlen Flasche und dem viel zu frühen, grellen Erwachen – sie gönnt mir nochmals die Rolle des kleinen Königs, mit all ihrer nichtswürdigen und faulen Faszination und jenem ruinösen, weltentrückten Enthusiasmus, dem ich so glühend, ja hingerissen-lustvoll verfallen bin!
An Publikum mangelt es mir nicht, viele lauschen willig meinen tollkühnen Lügenträumen. Und sind die Plätze einmal unbesetzt, so kaufe ich mir eine genehme Zuhörerschaft mit Wein und Brandy.
Ich genieße mich noch einmal, vielleicht ein letztes Mal, und ziehe alle Register meiner nebulösen Abkehr von der Wirklichkeit. Nochmals zerlüge ich meine Ängste und zersaufe meine Krankheit bis zur Unkenntlichkeit; ein allerletztes Mal vielleicht. Ja, und nochmals glaube ich den weingetränkten, gewitterschweren Fiktionen bedingungslos...
Natürlich besteht kein Anlaß zur Sorge; sobald ich zurück bin, werde ich mich intensiv der Schriftstellerei widmen, es werden Aufträge kommen, ich werde mich um nichts sorgen müssen, am allerwenigsten um mein täglich Brot. Natürlich werde ich irgendwann, recht bald sogar, soviel verdienen, daß mir ein bescheidenes Leben auf dieser Insel möglich

sein wird, und dann werde ich mir mit meinen Honoraren einen Traum erfüllen: ein Haus, ein ruhiges, schlichtes Leben mit etwas Genuß und manchmal auch harter Arbeit. Natürlich werde ich nichts mehr trinken, ein Gläschen vielleicht, nur so erscheinen die überhitzten Sommernächte erträglich.
Ich werde über genügend Mittel verfügen, um unbekümmert leben zu können. Ich kann arbeiten, wenn ich nicht gerade betrunken bin, und ich kann schreiben. Gut schreiben sogar, am besten nach einer Flasche Weißwein. Dann hinken die Finger auf der Tastatur den erregten Gedanken hinterher, und das sind die Momente und Nächte, die nur für mich geschaffen wurden. Und ich liebe diesen Wein, der meine Verkrustungen aufbricht, der meine Hemmungen löst und meine Ängste zurechtweist, energisch, schroff, erlösend.
Nochmals, vielleicht ein letztes Mal, fühle ich die brillante Wirkung des Weines, diese lebensüberwältigende Macht des Alkohols, die mich in eine zweite oder dritte Welt bugsiert, regelmäßig, zuverlässig, schluckweise treu, so, als könnte ich beliebig über austauschbare Persönlichkeiten verfügen, die ich mir überstülpe, auftrage und schließlich gelangweilt oder entsetzt beiseite lege.
Ich möchte wirklich einfach weitertrinken.
Was kann mir das Leben denn sonst noch bieten?

Die Sucht gehorcht mir nicht mehr, ich spüre es deutlich. Sie läßt mich im Stich, unvorbereitet und unumstößlich. Ich beobachte sie genau, jedes Detail ihres Tuns ist mir geläufig, und kein Zeichen entgeht meiner flackernden Aufmerksamkeit. Und dann wird mir bewußt, daß ich dies alles ja bereits kenne, schon einmal durchlebte und daran zerbrach: Plötzlich und ohne Warnung verweigert die Euphorie ihre Dienste! Und sie kehrt nicht mehr zurück.
Das ist der Beginn der letzten Grausamkeit; für die Abstinenz wird nun keine Zeit mehr bleiben.
Ich trinke, weil nichts anderes mehr zu mir paßt. Ich rutsche noch eine Stufe tiefer, falle in ein tiefes Loch der Depression, aus dem es kein Entrinnen geben wird. Ich kann mich dem Gang der Dinge nun nicht mehr entziehen. Ich trinke

mit diabolischer Besessenheit, gigantische Mengen, doch ich finde nicht mehr zu meinen Erlösungen zurück. Ich trinke mich bewußtlos und kippe weg, ohne die geringste Freude erfahren zu haben.

Das künstliche Lachen in mir verblaßt, ich spüre nur noch Trauer, Wehmut und Angst. Selbst die Angst vor der Zukunft, ja vor dem Heute, vor dem Jetzt und vor dem Ich läßt sich jetzt nicht mehr wegtrinken. Jetzt bin ich ganz allein mit mir, und kein Rausch wird mich mehr von mir befreien.

Ich versuche es mit Gewalt und betrinke mich unablässig, doch die Sucht bleibt unbestechlich und wirft mich unnachgiebig auf meine Ängste zurück; meine Heiterkeit stirbt.

Niemand darf mich so sehen: Ich strauchle, stürze, bleibe stundenlang irgendwo liegen; ich verwildere zum lallenden Idioten, weinerlich, inkontinent, abartig und würdelos.

Ich ertrage diese unendlichen Todesnächte nicht mehr. Sobald die Sonne versinkt, verlasse ich mein Zimmer, taumle den mörderischen Hang hinab und zittere mir schließlich schweißgebadet mit beiden Händen einen Brandy in die lauernde Gurgel.

Unter meinen gespenstischen Augenhöhlen zeigen sich die grauen Ringe der Verwesung; ich fürchte mich vor mir und nur noch vor mir.

Das Erwachen am späten Nachmittag gleicht einer verhaßten Geburt – Gefechte in den Arenen Schuld und Sucht, Makel und Verderben. Sofort greife ich zu den Flaschen, die neben dem Bett lauern, und leere die Reste. Mein Gott, wann werde ich mich endlich wieder besser fühlen!

Mein lumpiges Sein mästet sich aufs neue an den abgenutzten und unerfüllbaren Visionen des Größenwahns; meine Gedanken verlottern und ergötzen sich an sexuellen Ausschweifungen, unersättlich und schäbig. S. wird mich nicht wiedererkennen – das Lamm entpuppt sich plötzlich als räudiger Wolf...

Ja, ich suhle mich in den Orgien meiner Phantasie, lustvoll und infam, und bei jedem neuen Erwachen überfällt mich tiefe Scham und Abscheu; mein Ich gehört nicht mehr zu mir, ich werde zum Fremden im eigenen Körper.

Täglich flüchte ich für Stunden auf meine Klippe am Ende der Bucht, um vielleicht heute oder irgendwann meinem unwürdigen Leben ein Ende zu setzen. Es wird immer schlimmer mit mir, immer heftiger bedrängen mich Depressionen und emphatische Selbstmordgedanken. Der Tod erscheint plötzlich so klein und simpel.
Charme, Witz und Esprit sind längst verpufft. Und selbst mein über Jahre abgerichteter Sarkasmus krepiert schließlich still hinter meiner Verzweiflung.
Ich sitze stundenlang auf dem Felsen, stumm und gefügig, vielleicht zehn oder zwanzig Zentimeter vom Abgrund entfernt. Das Meer ist mein Beichtvater, verschwiegen und geduldig, unerschöpflich gütig.
Die Klippe soll zum Ort der Entscheidung werden. Ich kann und will nicht mehr leben, aber ich will wenigstens den Zeitpunkt meines Todes bestimmen.
Bilder, Momente, Szenen, Kindheit, Zuhause, fast ein Abschied...
...der Tag, an dem meinem abgewetzten Teddy plötzlich der linke Arm abfällt und das spröde Seegras aus dem Torso quillt. Mutter tröstet mich und näht den Arm wieder an. Wenig später löst sich ein trauriges Glasauge und kullert über den Fußboden. Irgendwann platzt die Naht am linken Bein, und die durchgescheuerte Schnauze bricht auf...
Vater findet dies komisch und spöttelt tagelang über den Kriegsversehrten-Teddy in meinem Bett!
Dann will mich Vater in die Arme nehmen, vielleicht um Verzeihung bitten. Wofür? Mutter hält mich fest, läßt mich nicht los.
Laß los, laß endlich los! Wie soll ich denn leben lernen, wenn du das Leben vor mir versteckst?
Mit Fernando, einem spindeldürren Aussteiger, trinke ich mich durch die Nächte. Sein ausgelaugter, geschundener Körper lebt nur noch auf Zeit.
»Seit neun Jahren vegetiere ich auf dieser Insel«, stammelt er, »und ich erlebte dabei keinen einzigen nüchternen Tag. Der Alkohol wird mich irgendwann töten, aber ohne Alkohol bin ich vielleicht morgen schon tot...« Er versteckt sein leeres Gesicht in den Händen und weint sich in ein tröstendes Niemandsland.

Ich telefoniere mit S., die Verbindung ist grauenhaft. Ja, es geht mir sehr gut; die Tage sind viel zu kurz, um die Insel wirklich kennenzulernen. Ich bin glücklich, wirklich glücklich. Ich trinke nicht mehr, das ist ja auch der Zweck dieser Reise, der Sinn dieses Rückzuges. Ich vermisse dich, ich liebe dich.
»Bitte, trink nichts mehr«, sagt S. ernst, »mir zuliebe, ja? In vier Tagen bin ich bei dir.«
»Okay«, antworte ich gewichtig, »ich werde bestimmt nicht mehr trinken, wozu auch? Ich fühle mich wohl. Der Alkohol wird mich das Leben kosten, ich weiß es. Nein, ich werde bestimmt nicht mehr trinken, und es wird schön werden mit uns. Alles wird gut, ganz bestimmt ...«

Ich zittere und schwitze. Ich halluziniere und traue mich nicht aus dem Bett. Aber ich will es schaffen, S. zuliebe.
Mein Körper wehrt sich verzweifelt gegen den abrupten Entzug. Im ständigen Verlangen nach Alkohol speichelt sich mein Mund wie irr zur Pfütze.
Ich darf jetzt nicht durchdrehen!
Nein, Fernando, ich trinke nichts mehr!
Ich will endlich leben oder sterben – ich weiß es nicht.
Ich schlingere haarscharf am Delirium vorbei, streife zum Glück den Säuferwahnsinn nur am Rande.
Nein, Fernando: S. darf mich nicht so sehen, sonst ist alles zu Ende, und ich kann nicht allein sein, jetzt nicht, nie. Ich möchte einen Wein saufen, ja, saufen, wegdrücken, reindrücken, saufen bis zum Erbrechen, richtig dreckig wegsaufen, wegschlucken bis zum Brechreiz, einen tierisch kalten Weißwein, aber zuvor einen Brandy, einen aus dem Faß von Urania; er fließt so teuflisch ölig, so unwiderstehlich salbungsvoll ...
Fernando reicht mir ein Glas Wein; seit siebenundvierzig Stunden trinke ich keinen Alkohol mehr. Fernando ist ein wirklicher Freund, denn er erträgt mein Leiden nicht mehr.
»Nein, Fernando, nein. Ich trinke nicht mehr, nie mehr; ich danke dir!«
Er zittert sich den Wein auf die Zunge, sein Blick flüchtet zum Horizont.

»Ich beneide dich. Noch eine Stunde, und du bist bereits zwei Tage trocken. Soviel Kraft hätte ich nie in dir vermutet...«
Pfingstmontag. Ich hätte es wissen müssen: An diesem Feiertag legt kein Schiff in Katapola an. S. sitzt noch eine Nacht auf Naxos fest; ich hätte noch einen Tag länger trinken können!
Fernando geht mir aus dem Weg, ich bin ihm unheimlich geworden. Ich trinke nicht mehr, obwohl ich es möchte. Aber ich bin trocken – S. zuliebe, nur deshalb.
Dienstag: kurz nach 22 Uhr macht die »Scopelitis« im Hafen fest, und augenblicklich herrscht ein hektisches Treiben am Kai. Etwa dreißig Rucksacktouristen trippeln über die Gangway, und mit heiserer Stimme bieten einige griechische Frauen ihre südländisch-kargen Hotelzimmer an. »Rooms, Rooms!« tönt es lautstark, während das Gepäck der überrumpelten Fremden bereits auf die struppigen Esel oder einen der zahlreichen Pritschenwagen geladen wird. Nach einer Viertelstunde ist der Spuk vorüber und die Ladung gelöscht. Auf dem Schiff brennen nur noch die Positionslichter, und die Kartonpaletten mit den Cola-Dosen aus Athen stapeln sich bereits in den lärmerfüllten Tavernen.
S. nimmt mich in die Arme.
»Ich trinke nichts mehr, und das soll auch so bleiben.«
»Ist es nicht schön, so ohne Alkohol? Du bist ein anderer Mensch geworden, deine Augen lachen ja!«
Ich spüre die Distanz, die mich plötzlich so einsam werden läßt. Wir begegnen einander mit verhaltener Zuneigung, abwartend, wie Fremde. Ich fühle das Mißtrauen, das uns mit einem Mal trennt wie das Meer zwei Inseln. S. glaubt mir nicht, daß es mir mit meiner Abstinenz ernst ist, und mir fehlen die Worte, um mein neues Leben zu bekräftigen. Ich versuche es mit den alten, fußfälligen Schwüren, den krampfhaften Versprechungen und den bewährten, fast unterwürfigen Liebkosungen, doch S. kann und will mir nicht mehr trauen. Ich fühle mich wie ein Hund, der nicht mehr von der Kette gelassen wird.
»Wann hast du das Trinken aufgegeben?«
»Welche Wahrheit möchtest du hören?«

S. schaut mich entgeistert an, versteht meinen Säufersarkasmus nicht.
»Am Tag meiner Abreise; im Flugzeug trank ich den letzten Sekt.«
Selten zuvor empfand ich meine Unwahrheiten so als gemeine, gegen mich selbst gerichtete Feindseligkeiten wie in diesem vulgären Lügenmoment! Wieder verkommt die Wahrheit zur drittklassigen Affäre, erneut setze ich Unwahrheit ein wie eine Waffe!

Ich bin tief erschüttert: Auf der Klippe berichte ich S. in aufgewühlten, bewegten Sätzen über meine Verzweiflung, meine Kämpfe, Impressionen und Ängste, doch S. versteht kein Wort davon!
Plötzlich sprechen wir in verschiedenen Sprachen, und meine Gedanken erschließen sich S. nicht mehr. Ich versuche es erneut, doch vergebens: Meine impulsiven Stunden auf der Klippe lösen allein in mir Bestürzung und Ergriffenheit aus.
Ich trinke nichts mehr, das sollte schließlich genügen. Und dann, meint S. nach zwei Wochen, ist es doch noch ein wunderhübscher Urlaub geworden, so richtig faul und sonnig, fast ein Liebestraum...
»... darf ich nach dem Essen einen Metaxa trinken; es stört dich doch nicht, oder...?«
Ich hatte diese Frage erwartet, ich wußte, daß sie mir gestellt wird, irgendwo, irgendwann, und dennoch kommt sie jetzt viel zu früh; vielleicht hätte sie niemals kommen dürfen. Aber – kann ich denn erwarten, daß S. mir zuliebe keinen Alkohol mehr trinkt, nur weil ich mit dem ersten Glas meinen ganz persönlichen und sogar für S. unverständlichen Untergang heraufbeschwöre?
Soll ich eingestehen, daß meine Hände plötzlich zu schwitzen beginnen, ja, daß ich Angst davor habe, vielleicht wieder trinken zu müssen, daß es mich Überwindung kostet, eine Alkoholfahne zu schnuppern und dabei den Unbeteiligten zu mimen? Soll ich denn wenigstens jetzt einmal ehrlich sein, Schwäche und Ängste bekunden und dadurch zugleich an Stärke gewinnen?
Kann ich von einem Menschen, der mich liebt und der mit

mir das Leben teilt, verlangen, daß er meinetwegen aus Solidarität und Liebe auf Alkohol verzichtet?
Ich werde abermals um eine Lüge ärmer: »Nein, weshalb sollte es mich stören? Ich muß damit leben, daß in meiner Umgebung Alkohol getrunken wird. Nimm den Metaxa mit den sieben Sternen; er soll am besten schmecken. Wichtig ist doch, daß ich nichts mehr trinke, oder? Ich kann von der Welt nicht erwarten, daß sie mir zuliebe ab morgen früh sechs Uhr nur noch Früchtetee trinkt...«
Vielleicht begreift S., daß ich lüge, daß ich mich hilflos und unverstanden fühle?
Nein.
S. trinkt Metaxa und lobt meine Beherrschung überschwenglich. Vielleicht gebe ich mich auch einfach nur zu empfindsam...? Aber ich spüre doch einen Schmerz in mir, und ich fühle mich alleingelassen in meinem Kampf um die Krankheit. S. verstand nie die Abhängigkeit, weshalb sollte sich jetzt die Abstinenz begreiflich zeigen? Ich bin enttäuscht, von S. und von mir.
Aus einer Laune heraus trinkt S. im Flugzeug drei Fläschchen Sekt.
»Du mußt mir sagen, wenn es dich belastet. Aber weißt du, wenn es schon mal Sekt umsonst gibt... Du verstehst doch?«
»Und wie«, gebe ich knurrig zurück, »wenn es etwas gibt, was ich verstehe, dann ist es dies...«
S. taxiert mich mißmutig aus den Augenwinkeln.
Ich bin deprimiert.
Aber was hatte ich erwartet; eine Komplizenschaft in Sachen Nüchternheit, mit all der Hingabe und Vehemenz, die ich seit dem letzten Glas selbst in mir vermisse; erwartete ich etwa eine übersprudelnde Begeisterung, so als kündigte ich ein Abenteuer an?
Genug! Ich bürste mir die Seele nicht mehr gegen den Strich!

22. Juni 1990 – 4. Dezember 1990:
Ich werde es nicht alleine schaffen!
Nein: Ich werde mich wohl bis hin zum vertrackten Ende zertrinken.

Von der griechischen Insel zurückgekehrt, flüchte ich sofort auf eine Gedankeninsel und weigere mich, mein Alkoholikerleben zu akzeptieren. Es ist auch kein Zipfelchen Hoffnung in Sicht, an dem ich mich festhalten könnte.
Beim alltäglichen Kampf um ein ganz gewöhnliches, unauffälliges, ja normales Leben unterliege ich gänzlich. Ich finde mich nicht mehr zurecht. Selbst die einfachsten Dinge, wie der Gang zum Arbeitsamt, erweisen sich jetzt als unüberbrückbare Hindernisse. Ich löse mich nicht aus der Zeit vor meiner Flucht, und ich billige nicht, daß diese Flucht gescheitert ist. Und ich drücke mich auch vor dem Eingeständnis, daß ich mich gänzlich ändern muß, um die letzte Katastrophe zu verhindern.
Aber: Katastrophen stellen nichts Neues für mich dar; wovor also sollte ich mich fürchten?
Ich trinke wieder, heimlich zunächst und ohne besonderen Anlaß.
Der angefrostete Wodka gaukelt mich nochmals zur scheinbaren Größe, zum aufgeblähten Dandy...
...könnte ich nochmals Boß sein mit siebzehn Untergebenen, ich würde mich bestimmt nicht mehr durch die Hintertür wegjagen lassen! Oh – ich kann durchaus streng sein! Auch mit mir selbst. Niemand sollte mich unterschätzen. Ich warne jeden davor!
Mops und den Hausmeister stecke ich doch jederzeit in die Tasche! Und ich würde so vieles anders machen. Gerecht, aber mit eisernem Besen. Und ich würde meine Sucht an die Kandare nehmen, ebenso eisern. Ein Glas Wein zum Essen, abends einen Cognac, ab und an ein Gläschen Champagner, Schluß. Und ich würde den Leuten wieder Respekt einflößen, ja, notfalls einhämmern!
Zugegeben: Mein Trinkversuch ging schief, aber das bedeutet nicht, daß auch ein neuer Anlauf scheitern muß. Ich muß es eben etwas gewandter angehen, so daß ich nicht untergehe dabei. Millionen schaffen es doch, Millionen und Abermillionen...
Versonnen und sehnsüchtig blättere ich im »Erlebnistagebuch« des vergangenen Jahres:
25.6.89: Mit Jens und Carsten im »Savoy«; danach Reeperbahn.

26.6.89: Party bei Wolfram. Erinnerungslücke.
27.6.89: Um 15 Uhr ins Büro. Mit Katharina und Thomas gefeiert (was?).
28.6.89: Geburtstagsfete bei Jo. Anschließend alle zum Schlachthof.
29.6.89: Mit Katharina und Babette ins »Savoy«; Schampus für 3.800.--.
...
11.7.89: Party bei Horst, danach zu *Mutti* auf die Reeperbahn. Filmriß.
12.7.89: Mit Lars und Sandro bis 4 Uhr in »Charlys Nightclub«.
...
17.7.89: Im Büro getrunken bis 2 Uhr, danach noch »Heiße Ecke«.
18.7.89: Mit Jennifer im »Savoy« und im »Bierdorf«; 4.45 Uhr.
19.7.89: Party bei Lilly. Mit Gerd und vier Leuten zur Reeperbahn.
20.7.89: »Interconti«, um 2 Uhr mit zwei Angestellten zur Reeperbahn.
21.7.89: Champagnerfrühstück im »Mövenpick«; Absturz 5 Uhr.
22.7.89: Zug durch die Gemeinde mit Jo; Endstation Schlachthof.
23.7.89: Party bei Mario; mit Lilly und Katharina durchgezecht; 6 Uhr.

Man zieht sich von mir zurück. Ich bin nicht mehr salonfähig; ich bin ein Trinker.
»Man kann ihn nicht mehr einladen, vielleicht läßt er ja was mitgehen, man weiß es ja nie bei solchen Elementen. Ich verstehe einfach nicht, wie er so absacken konnte, weshalb er sich so gehen läßt! Er wird noch auf der Straße enden.«
Lilly und Jennifer wechseln die Straßenseite, sobald sie mich von weitem erkennen. Marion und Katharina lassen sich am Telefon verleugnen. Gerd und Thomas ersticken angeblich in Arbeit; Carsten sitzt plötzlich Tag und Nacht über seinem Staatsexamen.
Ich greife tief in die hausbackene Trick- und Lügenkiste,

doch S. bleibt mein Rückfall (der wievielte?) nicht verborgen.
Ja, *Rückfall,* denn es ist sinnlos, die offensichtlichen Umstände noch mit diversen Schnörkeln zu verzieren.
Erneut drängt sich das scheinfromme Drama des gemeinsamen Verschweigens zwischen uns; abermals werden die Folgen der Sucht mit dem Mantel des Totschweigens bedeckt, erneut trotze ich S. ein furchtvolles Stillhalten ab. Und S. verhält sich still, denn auch für S. avanciert meine Sucht zum genierlichen Vorfall.
Solange die Krankheit unausgesprochen bleibt, erweist sie sich nicht als störendes Element, aber sie gedeiht dabei zum vernichtenden Ende.
Obgleich wir in einer intimen Beziehung leben, gebe ich mit meinem destruktiven Verhalten einer tatsächlichen Intimität keine Chance. Die Erträglichkeit unserer Beziehung findet ihre Grenzen bereits am Saum der Sucht.
Und ich treibe es fintenreich auf die Spitze: S. gerät in den Sog meiner Gefühle und Launen, S. trinkt sogar ein kleines Glas mit mir: »Es ist mir wohler, wenn *ich* mit dir trinke, statt irgendwelche Leute in Sankt Pauli, dann habe ich dich wenigstens unter Kontrolle und du versackst nicht auf der Reeperbahn.« S. fühlt sich schlecht, wenn es mir schlecht geht; S. weint, wenn ich weine; S. wird abhängig von meiner Abhängigkeit.
Wir vermeiden tunlichst jede konsequente Auseinandersetzung über meinen Alkoholismus, und dennoch bestimmt er unser beider Leben bis ins kleinste Detail, und er übernimmt nun schrittweise die dominante Rolle eines dritten Partners: Er bestimmt, wie wir uns fühlen, er dirigiert unseren Tagesablauf, er verfügt despotisch über unsere Gefühle, er diktiert unsere Intimsphäre, er läßt uns euphorisch und traurig werden, er reißt uns mit und läßt uns fallen, ganz wie es ihm beliebt; er entwickelt sich zum Kernpunkt unserer Gemeinsamkeit und weist uns dabei klägliche Nebenrollen zu, er frißt uns auf, er terrorisiert und vernichtet uns...
Uns – und dabei ist er doch meine Krankheit!
Heiterkeit, Vertrautheit und Unbefangenheit weichen den permanenten Ängsten der Sucht, selbst eine geringfügige Zärtlichkeit im Vorübergehen weckt jetzt Vorwürfe und

Mißtrauen, Schuld und Ratlosigkeit; übertriebene Sexualität soll der zunehmenden Entfremdung Einhalt gebieten, doch diese hektische Begierde gerät zur Farce; nichts bleibt zurück, was die Sucht nicht zerstören könnte.

21. Juli 1990:
Um 16 Uhr mit S. im »Mövenpick« verabredet.
Bin bereits um 14 Uhr (unerträgliche Spannung!) völlig betrunken; wollte mir nur etwas Mut antrinken. Ich erwache um 19 Uhr; unaussprechlich mieses Gefühl; Angst, daß S. mich nun endgültig verlassen könnte.
Das Telefon klingelt nicht. S. schmollt bestimmt.
Weshalb muß ich auch immer und immer wieder versagen?
Ich trinke mich über die Schwelle meines schlechten Gewissens – es wird schon wieder gut werden.

22. Juli 1990:
Ich möchte mich entschuldigen und lasse das Telefon stundenlang läuten, doch S. nimmt den Hörer nicht ab.
Eine Flasche Sekt, eine Flasche Wodka; mitten in der Nacht noch zur Tankstelle: eine neue Flasche Wodka.
Vielleicht werde ich jetzt für immer allein sein; diese Welt ist einfach zu grausam für mich. Warum hilft mir jetzt niemand? Aber ich werde es auch alleine schaffen, schließlich lebe ich noch.
Ich bringe den Gang zum Arbeitsamt nicht über mich, nein, das ist noch einige Nummern größer als Canossa. Warteschlange, Wartenummer, Papiere, Fragen, Anträge, Beamte, Formulare – lieber sterbe ich, als daß ich mich so erniedrige! Ich bin Schriftsteller und möchte mich vom Schreiben ernähren, ich stelle mich nicht an das Ende der Schlange im Arbeitsamt!

23. Juli 1990:
Nein, ich möchte nicht so tief absinken, daß ich den Rest meiner Zeit in dieser Bierbar auf der Reeperbahn verbringen muß. Dennoch trinke ich einige Biere dort. Treffe zufällig Herbert, den vom Schlachthof, und deklariere meinen

Besuch in der Bar als Milieustudie (ich arbeite an einem Roman, in dem ein Alkoholiker die Hauptfigur spielt).
S. ignoriert das Läuten des Telefons. Ob ich mit einer Taxe nach B. fahren sollte, einfach die Tür eintreten und brüllen: Wir gehören zusammen, stell dich nicht so an, verdammt? Ich verwerfe den Gedanken sofort wieder.
Auf dem Nachhauseweg hole ich mir in der Tankstelle eine »Morgenpost«, eine Dose Erbsensuppe und zwei Flaschen Weißwein.
Ich kann S. nicht anrufen, das Telefon gehorcht mir nicht mehr; vielleicht sollte ich mir ein Säufertelefon besorgen mit Tasten so groß wie Pizzateller!

24. Juli 1990:
Ich weigere mich, meine Post zu öffnen, und werfe sie in den Mülleimer. Später klaube ich sie heraus und verstecke sie im Regal bei den leeren Flaschen hinter den Büchern.
Zum Frühstück, 14.56 Uhr, gönne ich mir eine Flasche Sekt, damit ich in die Sonne gucken kann, ohne dabei zu blinzeln (gelingt). Ich kann nicht traurig sein, die barocke Sektlaune überwuchert alle echten Gefühle.
Ich fahre zur Bank und lasse das Taxi warten, danach weiter zur Reeperbahn mit zweitausend Mark in der Tasche.
Ich finde mich damit ab, von S. kurzfristig ausgehungert zu werden. Ich habe ja noch meine Sucht und zweitausend Mark.
Natürlich tut S. mir weh, aber so habe ich heute einen herausragenden Grund, um zu trinken. Wenn es nicht so albern wäre, würde ich zu mir sagen: Hans, du mußt auch mal das Positive an dieser Beziehungskrise sehen ...
Gegen 6 Uhr nach Hause gekommen (?).

25. Juli 1990:
Ecke Reeperbahn, Talstraße: Ich laufe direkt der Heilsarmee in die Arme, in eine Straßenpredigt über Alkoholismus. Zwei Ehemalige erzählen von ihrer Befreiung. Sofort beginne ich zu weinen, ich kann nichts daran ändern.
Wie lange wird es noch gutgehen mit mir? Eigentlich müßte das Ende längst erreicht sein.
Ein Soldat drückt mir einen Zettel in die Hand, legt einen

Arm um meine Schulter: Kommen Sie in unser Café, dort können wir über alles sprechen. Ich versichere ihm, daß ich später kommen werde, zuerst muß ich noch etwas erledigen...

...in der »Bier Bar« kennt man mich inzwischen – ich muß nun nicht mehr nach jedem Bier bezahlen, sondern darf »eine Rechnung machen«. Rudi, der dickleibige Schiffskoch, reicht mir sogar die Hand. »Das ist Hans«, sagt er zu seinem Kollegen, der heute angelernt wird, »Hans trinkt auf Deckel. Hans ist mein Freund und kein Zechpreller, das spür' ich sofort...«

Eine blonde Frau drängt sich neben mich, bestellt mit rauchiger Stimme zwei Cognacs. »Einen für den Herrn neben mir«, weist sie Rudi an und lacht mir ins Gesicht: »Da staunst du, was, das passiert nicht oft, daß eine Dame vom Kiez einen Herrn einlädt, und dazu noch ohne Hintergedanken. Weshalb ich dich einlade, Rudi, noch zwei bitte – erstens bin ich Alkoholikerin und sumpfe nicht gerne alleine, zweitens habe ich heute Geburtstag...«

»Gratuliere!«

»Kondoliere mir lieber: Ich werde neunundzwanzig – zum fünfzehnten Mal! Ich heiße Gina, aber sag meinetwegen Jennifer, Mary, Rosi oder Susan zu mir – ich habe mit all diesen Namen mein Geld verdient.«

»Wie kommt...«

»...eine Frau wie du in diesen Schuppen, wolltest du fragen, und die nächste Frage liegt dir schon auf der Zunge: Wovon lebst du? Hier sind die Antworten, inklusive einer Kurzfassung meiner Geschichte – keine Sorge, ich nehme kein Honorar dafür... Ich trinke in dieser jämmerlichen Bruchbude, weil hier nur Alkoholiker am Tresen hängen, verstehst du? Und die belästigen mich nicht, kapiert? Alkoholiker saufen, sie fummeln nicht, das ist das einzig Positive an ihnen.

Ich bin eine Altgediente; fünfzehn Jahre, sechs Nächte die Woche im Café F.; Spätschicht von 10 Uhr abends bis 6 Uhr morgens, das geht auf die Knochen und an den Teint. Ich verbringe Stunden vor dem Spiegel; nur Sophia Loren benötigt noch mehr Zeit im Badezimmer als ich.

Ich habe eine Tochter, sie lebt in einem Internat und weiß

nicht, wovon ihre Mutter das Schulgeld bezahlt. Ich arbeite bei einer Agentur, nein, nicht was du vermutest; ich verdiene mein Geld sitzend: Ich synchronisiere *Heimatfilme* – so nennen wir die Ätzstreifen nämlich – ins Französische. Und das mit der Tochter stimmt wirklich, auch wenn die meisten Mädchen das so sagen, damit die Kunden mehr Kohle abdrücken. Tja – und ich bin ein klassisches Mädchen vom Kiez: Meine Mutter arbeitete in Marseille auf der Straße, mein Vater war Alkoholiker... Aber das ist eine andere Geschichte – viel zu lang, um sie hier zu erzählen.
Und jetzt laß uns einfach nur trinken...!«

26. Juli 1990:
S. wirft einen Zettel in meinen Briefkasten: *Ich bin mit meiner Geduld am Ende! Entweder du unternimmst jetzt etwas gegen Deine Sucht, oder... Geh endlich zu einem Psychiater!*
Alleine gehe ich elend zugrunde, S. wird meine Rettung sein, nur deshalb will ich nicht mehr trinken. Ich rufe S. an und verspreche, daß ich am Montag zum Psychiater gehen werde.
»Vielleicht werde ich noch einige Tage *sachte* weitertrinken müssen, denn bei einer abrupten Abstinenz könnte ich eventuell ins Delirium rutschen. Das verstehst du doch, oder? Und ein Delirium ist schließlich eine akut lebensbedrohliche Sensation, die man nicht unterschätzen darf! Nein, ich lüge dich nicht an, und ich versuche auch nicht, dich auszutricksen, wirklich: großes Säuferehrenwort!«

29. Juli 1990:
S. fährt mich vor die Praxis des Psychiaters; ich möchte allein sein und schlage das Foyer im »Elysée« als Treffpunkt vor, in zwei Stunden etwa. Ich steige aus dem Wagen und schaue S. lange in die Augen: »Es wird schon werden, vertraue mir. Ich bin jetzt soweit, daß ich nichts mehr trinken will. Will! Das ist ein großer Schritt für einen Alkoholiker!«
Ich betrete das Haus und warte hinter der Tür. Kaum ist S. weggefahren, schleiche ich mich aus dem Haus, ohne die

Praxis betreten zu haben, und schütte mir im Dammtorbahnhof einige Wodkas in den flatterigen Magen.
Ich mache mir keine Gedanken über meine Komödie, ich bin nur froh darüber, in Ruhe trinken zu können. Und dafür darf S. auch grollen, darf mich die Welt verachten, darf man mich hinwegjagen und ächten: Ich will nur in meiner liebgewonnenen Lethargie trinken, sonst nichts.
Auf dem Weg zum »Elysée« wette ich mit mir einen fünfstöckigen Wodka: Natürlich werden S. meine glasigen Augen nicht verborgen bleiben, und ich wette, daß der erste Satz lauten wird: »...mein Gott, du hast ja schon wieder getrunken!«
Und wir sitzen uns gegenüber, S. ist fassungslos und bleich, und ich kann mir wieder einmal ein dümmliches Grinsen nicht verkneifen.
»Ich sage dir doch, daß ich nicht von einer Minute zur anderen mit dem Trinken aufhören kann – das könnte mich unter Umständen das Leben kosten! Aber es besteht kein Grund zur Panik: Ich war beim Psychiater, und ich werde jetzt alles tun, um nicht mehr abzustürzen. Gib mir noch etwas Zeit, bitte...«
»Wieviel Zeit benötigst du denn noch? Deine Versprechungen sind so hohl, daß ich nun wirklich nicht mehr darüber lachen kann!«
»Glaubst du denn ernsthaft, ich trinke zu meinem Vergnügen? Glaubst du denn wirklich, ein Alkoholiker trinkt zum Spaß? Ich trinke nicht freiwillig, oh nein! Die Sucht läßt mir im Moment keine andere Wahl!«
»Du findest immer eine Ausrede, immer wieder eine Ausrede, und ich bin so naiv und glaube dir auch noch immer und immer wieder. Ich verzweifle, ich weiß bald keinen Ausweg mehr. Schau dich an, schau dich doch an: Dir ist doch das Elend ins Gesicht geschrieben. Wenn ich dich ansehe...«
»Wenn du mich ansiehst, was siehst du da? Ich sage dir, was du siehst: Schau aus dem Fenster; die Sonne scheint. Und ich sage dir, was du siehst, mit den Worten von Samuel Bekkett: Die Sonne scheint, da sie keine andere Wahl hat, auf nichts Neues...«
Ich unterstreiche meine Zynismen mit Gekicher.

Ein Ober nähert sich unserem Tisch.
»Solltest du dir etwas Alkoholisches bestellen, stehe ich sofort auf und...«
»Herr Ober, bringen Sie mir bitte einen fünfstöckigen Wodka mit viel Eis und Zitrone...«
Bitte, bleib doch hier; es muß mir doch jemand beim Aufhören helfen!

Zungenfertig ködere ich S. zurück und gebe augenblicklich das Trinken auf. Ich bin bereit, trocken zu leben, aber unter der Bedingung, daß wir nie wieder über meine Krankheit sprechen; S. willigt ein.
Ich trenne mich beileibe nicht freiwillig von meinen Flaschen, auch wenn ich es gerne so darstelle: Mein Körper macht schlapp; eine heftige Magenschleimhautentzündung zwingt mich zu Bett. Zu den widerwärtigen, krampfartigen Schmerzen gesellt sich nach einigen Tagen noch eine Leberentzündung, so daß ich mit jeder Berührung meines rechten Oberbauches ein Höllenspektakel entfache.
Mein Arzt schlägt abermals ernsthaften Alarm: Die Gamma-GT ist nahe siebenhundert angelangt, alle nichtinfektiösen Hepatitis-Tests sind positiv, die Milz ist deutlich vergrößert, und der Eisengehalt im Blut liegt über dem dreifachen Normalwert – ein verräterisches und sicheres Zeichen des Alkoholmißbrauchs.
Ich leide, aber es ist noch nicht genug. Meine Gedanken lösen sich nicht von der fixen Idee, es doch nochmals mit einem ungefährlichen, erträglichen und auch zeitlich streng limitierten Alkoholgenuß zu versuchen. Immer wieder ergötze ich mich an der Vorstellung eines beschlagenen, mit Champagner gefüllten Glases oder an der blumigen, Ruhe ausstrahlenden Fülle und Behaglichkeit eines handwarmen Cognacs oder an einem gut geschenkten Bier und der damit verbundenen rustikalen Geselligkeit.

Wir halten uns an meine Bedingung, und meine Sucht ist kein Thema mehr in unserer Beziehung. S. umsorgt mich mit rührender Anteilnahme und vermeidet jede auch noch so nebensächliche Anspielung, die an das Kardinalproblem zwischen uns erinnern kann.

Unsere Beziehung verläuft nun friedlich, wenngleich dieses Schaustück der Ausklammerung und des Schweigens nicht endlos bestehen kann; irgendwann muß sich eine kompromißlose und ehrliche Änderung in mir vollziehen, sonst werde ich alleingelassen sterben müssen. Irgendwann muß ich einen absoluten Schritt wagen – irgendwann.
Aber noch sehe ich die Notwendigkeit eines solchen Sinneswandels nicht ein, wozu auch? Wenn meine Finanzen zu Ende gehen, wird mich S. für eine Weile unterstützen, ein Broterwerb wird sich finden, und wenn dann alles geregelt ist, werde ich noch einmal ganz groß auftrumpfen und so richtig pompös Abschied feiern vom Säuferleben. Danach ist Schluß, für immer.
Es ist nicht so, daß ich ein abstinentes Leben nicht ertragen könnte, vielmehr identifiziere ich mich noch nicht damit und sehe auch die Unumgänglichkeit einer Enthaltsamkeit nicht ein. Ich bin eher bereit, die tödliche Absurdität meiner Sucht in konsequenter Selbstzerstörung zu ertragen als die drohende, inhaltlose Ausgestorbenheit einer mühsam errungenen Nüchternheit.
Ich ziehe mich völlig zurück, auch in mich selbst. Ich verliere keine Silbe über meine Krankheit und verbringe die Abende mit S. vor dem Fernseher. Die wenigen Verabredungen, die noch irgendwelche gutgläubigen oder unwissenden Bekannten mit mir treffen, sage ich meistens in letzter Minute ab. Ich isoliere mich mit jedem Tag mehr und schaffe mir mit S. eine künstliche Einsamkeit, ja ich erzwinge diese Abkapselung förmlich, um S. völlig von mir abhängig zu machen. Mein Zynismus lebt neu auf, wird rasch gemein und unerträglich, meine Phantasie stachelt sich an grundloser, vulgärer Eifersucht auf, und meine Ansprüche wuchern ins Groteske.
Das Zusammenleben mit mir erweist sich für S. immer mehr als Qual. Und dabei quäle ich uns beide. Ich manipuliere, reize und spiele, und dies alles, um letztlich einen Streit zu entfachen, der einen neuerlichen Rückfall legitimieren würde. Ich bin unentwegt auf der Suche nach einem Ärgernis, das mir den Weg zur Flasche ebnen könnte.
Am 31. August 1990 hebe ich die letzten zweitausend Mark von meinen Sparbüchern ab, damit sind meine Reserven er-

schöpft. Trotz dieser ruinösen Aussicht denke ich weder an Arbeit noch an eine Arbeitslosenmeldung.
Wir pflegen ein oberflächliches, gereiztes Nebeneinander. Meine Gedanken kleben Tag und Nacht an der Flasche, sonst zählt nichts. Ich trinke nicht, aber ich muß unaufhörlich daran denken, das ist viel schlimmer.

11. September 1990:
S. gibt ein Essen für drei Freunde; ich werde nicht eingeladen, S. möchte diesen Abend ohne mich verbringen. Diese unverständliche, kränkende und boshafte Ausgrenzung trifft mich zutiefst...
...und liefert mir auch den Grund für den lange erfieberten Rückfall, zum ersten Rausch nach siebenunddreißig vertrockneten Tagen.
Gespenstischer Verfall: Ich erwache am nächsten Tag um 16.34 Uhr in meinem Flur, die Wohnungstür steht weit offen, an meinen Fingern klebt geronnenes Blut.
Ich erfahre nie, was sich in jener Nacht ereignete.
Spät am Abend verlasse ich das Haus und trinke mich bei *Mutti* in den Sonnenaufgang.

13. September 1990:
S. verzeiht mir! Ich weiß nicht, womit ich das verdiene.
Ich trinke wieder, und ich werde vorerst weitertrinken. S. verzeiht auch dies. Es geschehen noch Wunder.
S. lädt mich zum Essen ein: Es ist »unser Tag«, wir kennen uns ein Jahr, und ich *darf* (!) trinken. S. trinkt mit mir, wenig zwar, aber aus Liebe. Nach dem vierten Glas Riesling wechseln wir zu »Harry's«, und ich darf noch einige Cocktails trinken. Kein Vorwurf, keine sorgenvollen Blicke, kein Bangen um die Zukunft, einfach nur trinken.
S. ist bereits nach einem Cocktail beschwipst; ich nutze dies schamlos aus und trinke mich lasterhaft ins Vergessen.
Ich verspreche, sobald ich mich nochmals bis zur Besinnungslosigkeit betrinke, unverzüglich etwas gegen meine Sucht zu unternehmen...

2./3. Oktober 1990:
Wiederum wird mein Alkoholismus stillschweigend zur Tabuzone erkoren, und zur geschichtsträchtigen Feier der deutschen Wiedervereinigung erhalte ich eine Nacht Urlaub von der Abstinenz, die ich seit dem 14. September auch widerwillig eingehalten hatte.
Rathausmarkt, Schlußchor aus Beethovens neunter Sinfonie; wir entkorken die zweite Flasche Sekt; S. nippt noch am ersten Glas.
»Ich traf Monika in der Stadt«, flicht S. zwischen zwei Schlucken ein, »ihre Mutter ist seit sieben Wochen trocken und meldete sich inzwischen für eine Langzeittherapie an...«
»Und?«
»Kein Und...«
»Und auch kein langgezogenes Aber? Und wenn du nochmals Probleme hast, dann mußt du dich aber schleunigst um eine Therapie bemühen?«
»Hätte es denn einen Sinn?«
»Nein!«
»Eben...«
»Du gibst auf?«
»Nein.«
»Was denn?«
»Weiß nicht. Ich kann nicht dein Leben für dich leben. Nützt es etwas, wenn ich dir ständig mit der Forderung nach Abstinenz in den Ohren liege?«
»Du hast mich seit Wochen nicht mehr betrunken gesehen!«
»Ich freue mich darüber; vielleicht freue ich mich auch zu früh – meine Unerfahrenheit im Umgang mit Alkoholikern kommt dir zugute. Bevor ich dich kennenlernte, wußte ich noch nicht einmal, daß Alkoholismus eine Krankheit ist. Manchmal könnte ich über meine Naivität lachen...«
»Du wirst sentimental! Verdirb uns diesen Abend nicht, ja! Ich bringe das schon in Ordnung, dieses kleine Malheur mit meinem Suff.«
Um Mitternacht werden wir Zeugen eines geschichtlichen Ereignisses, das bis vor wenigen Monaten noch undenkbar schien. Gedankenvoll blicken wir über die Binnenalster, bis

wir über einem überwältigend-grandiosen Feuerwerk ins Schwärmen geraten.
Doch die historische Dimension dieser Nacht prallt an mir ab: Ich will trinken, nichts als trinken. Sekt und Glühwein sind nicht genug, noch eine Flasche Sekt, dann erst bin ich so richtig zufrieden...
Ich dränge S., noch eine Flasche Sekt zu besorgen; so eine einmalige Nacht rechtfertigt allemal einen kleinen Schwips, und morgen trinke ich nichts mehr. Nach zehn Minuten ist S. überredet und besorgt in einem Lokal noch eine Flasche Sekt.
»Aber danach wirst du nichts mehr trinken – versprochen?«
»Großes Tresenehrenwort!«
Und dann bin ich unversehens todeslustig betrunken...

4. Oktober 1990:
Ich möchte aufhören, aber ich kann nicht.
Ich mache mir nichts vor, und ich rede es mir auch nicht ein, und ich suche auch keine Ausflüchte, um weitertrinken zu können: Im Badezimmer wird mir sterbenselend, ich zittere wie nie zuvor und entgehe nur knapp einem Kollaps. Ich muß sofort etwas trinken, sonst frißt mich mein eigener Körper auf!
S. steckt mir Geld zu, verzweifelt versuche ich, meinen Zustand zu verbergen, und noch ehe S. etwas sagen kann, bin ich längst aus der Tür.
»Vier Brötchen, zwei Croissants, die ›Morgenpost‹ und das ›Abendblatt‹ bitte. Und einen kleinen Weinbrand – Augenblick bitte: zwei kleine Weinbrand und einen kleinen Sekt zum Munterwerden...«
Das maliziöse Grinsen der Verkäuferin bleibt mir nicht verborgen; sie denkt wohl, ich sei ein Säufer, einer der schlimmsten Sorte. Na warte! Ich werde es ihr zeigen, ich werde es allen noch zeigen! Okay – ich werde dieses Formtief überwinden, und dann werde ich aufhören...
Ich haste die Treppen hinauf, ringe fieberhaft nach Luft, ziehe in der dritten Etage die Schuhe aus und schleiche mich an meiner Wohnung vorbei auf den Dachboden. Jetzt langsam gehen und überlegen: S. darf mich unter keinen Um-

ständen hören. Mein Herz tanzt hinter dem Brustbein – die dritte, die siebte und elfte Stufe knarren, ich überspringe sie akkurat und behende. Geräuschlos schließe ich die stählerne Brandschutztür auf, lasse sie scheppernd ins Schloß schnappen. Die Tüte mit den Brötchen fällt zu Boden, und beim Öffnen des Weinbrandes reiße ich mir eine blutende Wunde in die Hand.
Ich atme tief, denn die Folter geht zu Ende, ich atme bis in die Leisten, ich atme und schließe die Augen, ich atme und lehne mich an die Wand, tief, ruhig, ja, der Körper beruhigt sich wirklich beim Duft des Weinbrandes, nicht daran denken, nicht an das denken, was ich mir gerade zufüge; zwei Sekunden noch...
...und ich jage mir den Stoff in den Magen... panische Angst, meinen Lebensretter wieder erbrechen zu müssen! Flach atmen, ganz flach und durch die Nase. Und jetzt langsam das zweite Fläschchen nachschütten, dabei eine Zigarette rauchen, den Rauch durch die Nase ausstoßen. Das zweite Fläschchen nur zur Hälfte abtrinken, Pause. Rauchen. Nicht denken. Keine Vorwürfe, keine Gewissensbisse, unter keinen Umständen über die Krankheit und die Zukunft grübeln! O ja – und es wogt bereits aus dem Bauch, und dann ist sie da, diese Wärme, diese Güte, die verdorbenste aller Zärtlichkeiten, und sie steigt in den Kopf, kitzelt den Nacken, kneift puppenlustig in die Ohren, kullert und purzelt wie eine himmlische Herrlichkeit in den beruhigten Magen zurück, um sich sogleich wieder auf ihre liebjauchzende Reise zu begeben!
Ob ich mir den Sekt für später aufheben sollte?
Mein Schweiß wird langsam warm, Arme und Hände zittern nicht mehr. Natürlich werde ich *jetzt* den Sekt trinken, vielleicht bin ich später schon tot!
Die Symptome sind bis auf weiteres verscheucht, und ich bin sicher: Es wird ein wunderbarer Tag!

Ich schlingere unaufhaltsam ins soziale Abseits. Schlagartig wird mir bewußt, daß ich keine Einnahmen mehr habe und mich gänzlich von S. ernähren lasse. Einerseits ertrage ich diese Tatsache recht unbekümmert, andererseits beginnt

mich diese Abhängigkeit aber sehr schnell zu erdrücken; Aggressionen und die Endlosspirale des überzogenen, demonstrativen Selbstmitleids tun ein übriges, um meine verkümmerte Persönlichkeit vollständig zu erschlagen.
Ich darbe im Trug, das Schicksal vergehe sich in einer besonders raffinierten Tücke an mir, und in stundenlangen Weinkrämpfen mache ich mir die Vorstellung zu eigen, recht bald als unverstandener Säulenheiliger zu sterben.
Ich nutze jede Gelegenheit, um heimlich trinken zu können. Immer häufiger provoziere ich arglistige Händel, um schließlich wütend die Wohnung zu verlassen und in irgendeiner drittklassigen Kneipe zu trinken.
S. leidet nun unverkennbar unter meiner Sucht, und dieser Umstand verursacht heftige Schuldgefühle in mir, die ich ständig auf ein scheinbar erträgliches Maß zurechttrinken muß, um dann erneut einen Streit anzubahnen, der mir zur Flucht aus der Wohnung verhilft.
Nach jedem Rausch wird mir eindringlich bewußt, daß ich S. manipuliere, zermürbe und in absehbarer Zeit zugrunde richten werde, dennoch finde ich keine Kraft mehr, dem Kreislauf Schuld-Scham-Suff-Schuld-Scham-Suff zu entkommen, vielmehr versteifen sich meine noch vorhandenen Ernergien trotzig bis zu einer unnatürlichen Zerstörung dieser Liebe. Ich vernichte mich, und ich zerstöre dabei den Menschen, der mich liebt – ich befinde mich außer Reichweite jeder Vernunft.

19. Oktober 1990:
Ich verspreche mir, spätestens übermorgen zum Arbeitsamt zu gehen. S. hält mich aus wie einen nichtsnutzigen Pennbruder; ich ertrage dieses demütigende Schauspiel nicht länger! Wie tief bin ich doch gesunken: Ich muß bitten, um Geld bitten! Irgendwann werde ich betteln müssen, ganz unverblümt und vielleicht auf den Knien ...
Die Eintragungen ins Tagebuch werden zur Qual: Meine Hände zittern so, daß es mir kaum noch möglich ist, meine eigene Schrift zu lesen. Lesen: Im Bett versuche ich ein Buch zu lesen, doch meine Arme (weniger die Hände) zittern so feinnervig, daß die Zeilen vor den Augen defilieren

wie eine Karawane staubtrunkener Kamele durch die Sahara...
Ich kaschiere meinen Zustand, so gut es geht. S. kommt vom Spätdienst, und ich höre zwei Stunden zuvor mit dem Trinken auf. Dann einen vierstöckigen Espresso, eine heiße Dusche, Gurgeln, ein oder zwei Knoblauchzehen und zuletzt die Augentropfen nicht vergessen! Die zaubern den verräterischen alkoholischen Glanz aus den Augen... Ich weiß nicht, wie lange ich S. damit noch täuschen kann (ich wollte eben »betrügen« schreiben, aber es klingt so häßlich!).

21. Oktober 1990:
Streit, ernsthafter Streit: Ich verschätze mich völlig in der Zeit und nehme um 1 Uhr den letzten Schluck, danach putze ich mir in Panik das Zahnfleisch wund – es nützt nichts –, S. steht um 1.20 Uhr vor mir und starrt entgeistert in mein versoffenes Gesicht. Ich muß die Situation retten und werde albern, schlüpfrig. Die Zahnbürste zwischen den zusammengekniffenen Lippen, nähere ich mich S., werde zudringlich, obszön, S. stößt mich zurück: »Schlaf erst deinen Rausch aus!« Ich weiche zurück, bin entsetzlich getroffen, werde aggressiv, knalle die Badezimmertür zu, werfe die Zahnbürste in die Ecke, stürme ins Wohnzimmer und zische gefährlich leise: »Tu mir einen Gefallen – pack deine Sachen zusammen und verschwinde auf der Stelle aus meiner Wohnung.«
S. geht wortlos. Kaum fällt die Tür ins Schloß, beginne ich zu weinen, möchte alles wieder gutmachen, möchte wirklich mit dem Trinken aufhören, ich verspreche alles; alles. Vergebens; S. fährt davon, ohne sich nach mir umzudrehen.
Ich trinke die restliche halbe Flasche Wodka, danach muß ich nicht mehr weinen: Ich renne niemandem nach, und ich werde es zum Teufel noch mal auch alleine schaffen!
In der Morgendämmerung taumele ich zur Tankstelle und trinke auf dem Rückweg eine Flasche Weißwein – wie gut, daß ich mir drei kaufte! In der Küche, auf meinem »elektrischen Stuhl«, von dem ich irgendwann einmal mausetot fallen werde, trinke ich die zweite Flasche. Ich blicke zum Holzkreuz an der Wand und bete unter Tränen, daß ich diese Nacht überlebe...

12.04 Uhr: Ich erwache und schäme mich abgrundtief, denn ich habe wieder einmal ins Bett gepinkelt...
Hose, Hemd und Bettzeug werden in die Waschmaschine gestopft, mit dem restlichen Wein versuche ich, mich in die Gegenwart zu trinken. Nach drei Gläsern gehorcht mir mein Kreislauf wieder, und ich föne die Matratze trocken.
Mich überfällt plötzlich maßloser Ekel vor mir!
Die Matratze ist nach einer halben Stunde warm und trokken, ich wende sie und verlasse die Wohnung.
In der »Bier Bar« begrüßt mich ein neuer Tresenkellner wie seinen besten Freund, wahrscheinlich spricht es sich herum, daß ich großzügig Trinkgeld gebe.
Ich versuche erst gar nicht, S. mit einem Anruf um Verzeihung zu bitten, ich weiß, daß es sinnlos wäre...

23. Oktober 1990:
Ich bin etwas konfus, aber ich rufe es mir wieder in die Erinnerung: S. fährt für vier Tage nach Berlin – ich bin allein und sitze auf dem Trockenen. Es muß sofort etwas geschehen, ich muß Geld auftreiben, sonst gehe ich vor die Hunde! Ich ertrage dieses Leben nur noch im Rausch und damit basta! Jetzt bleibt keine Zeit für hirnrissige Monologe – ich brauche eine Idee. Und sie kommt auch auf mich zugeflogen: In einer unauffälligen Plastiktüte trage ich meine Kamera, mein Blitzgerät und drei Objektive in ein Pfandhaus, ruhig und gefaßt, obwohl ich mich schäme.
Wortlos schiebe ich die Tüte über den Tisch, es nützt nichts: Jedes Teil wird begutachtet und eingeschätzt. Ich fühle mich unwohl und trauere meinen Objektiven nach...
Der Pfandleiher schaut mir ungerührt in die Augen: »Sechshundertfünfzig.«
»Mir blutet das Herz!« Ich versuche ironisch zu wirken. »Allein das 500-mm-Objektiv kostete eintausend!«
»Ich sehe niemanden hinter Ihnen, der Ihnen eine Pistole in den Rücken hält und Sie zwingt, hier bei mir Hab und Gut zu versetzen...«
»Siebenhundert?« bettele ich unterwürfig.
»Siebenhundert, aber keine müde Mark mehr!«
Ich könnte ihn ohne mit der Wimper zu zucken erdrosseln!

Ich bin klatschnaß und fürchte, jeden Moment zu kollabieren. Rasch stopfe ich das Geld in die Tasche, stürme in den Tabakladen neben dem Pfandhaus, kaufe mir zwei kleine Wodka, haste auf die Straße, verstecke mich hinter einem hölzernen Bauzaun und erlöse mich blitzschnell...

...ich kaufe mir noch zwei Fläschchen und verschwinde erneut im Schatten des Zaunes, erst danach flaut die Gier ab und verlottert langsam zum Rausch...

...und sogleich erwacht in mir die weltmännische Verachtung: Ich werde diesem aufgeplusterten Pfandleiher »Schuld und Sühne« zur Lektüre empfehlen, besonders die Passage, in der die raffgierige Wucherin erschlagen wird...! Vielleicht kennt er diese Stelle ja und weiß nun, wie er enden wird...? Pah! Dieser idiotische Pfandleiher las in seinem Leben bestimmt nichts anderes als seine blödsinnigen Pfandscheine!

25. Oktober 1990:

Auf dem Nachhauseweg stolpere ich an einer Baustelle über aufgeschichtete Ziegelsteine, zum Glück falle ich in einen Sandhaufen; ich finde meine Brille erst nach einer Endloszeit wieder, unbeschädigt.

An der Tankstelle zeche ich stundenlang mit zwei Typen aus der Hafenstraße. Wir reden lange miteinander, walzen unsere sozialen Handikaps platt, und ich spendiere den beiden zwei Flaschen Sekt. Beim Abschied klopft mir Helge auf die Schulter und meint anerkennend: »Ey, Alter, du bist wirklich gut drauf!«, und ich spüre plötzlich, daß ich *tatsächlich* älter geworden bin: Vor zehn Jahren hätte mich der »Alte« kaum getroffen, heute empfinde ich dieses zweischneidige Kompliment schon beinahe als einen Schlag unter die Gürtellinie.

10.31 Uhr: Ich erwache in Schuhen, Hose und Hemd, das Sakko hängt ordentlich über der Stuhllehne. Ich wasche mich flüchtig und verzichte auf das Zähneputzen – es würde wirklich nicht gutgehen heute...

...unterwegs: Wodka; der Magen rebelliert dennoch. Für einen Moment versinke ich wieder in tiefer Scham. Wenn ich ein Jahr zurückdenke... Champagner im »Atlantic«, zwischendurch ein halbes Dutzend Scampis, danach auf einen Sprung an die Bar im »Vier Jahreszeiten«, vielleicht noch ins »Savoy« und als possenhafter Abschluß ein feuchtfröhlicher Besuch bei *Mutti* in der »Heißen Ecke« – ein Gag in Champagnerlaune; Bier und Apfelkorn, zum Abschied fünfzig Mark Trinkgeld, alles ein wenig verrückt und überspannt, aber ich genieße meine Auftritte im tadellosen, englischen Zwirn.

Heute schleiche ich ohne anhängliches Gefolge auf die Reeperbahn und hoffe inständig, jemanden zu treffen, der genau soviel trinkt wie ich, und dann zeige ich mich immer noch großzügig, und ich bin froh, immer noch gute Freunde zu haben; nichts wäre jetzt furchtbarer, als einsam trinken zu müssen!

Die »Heiße Ecke« ist kein Schnellimbiß, sagt die Wirtin stolz, sondern eine Institution! Und mittendrin, als Faktotum ohnegleichen, *Mutti,* seit neunzehn Jahren, unerschütterlich; vor Jahren gab ich ihr den Namen *Mutti*, seither nennen sie alle so.

Muttis Erbsensuppe ist die beste auf der Reeperbahn.

»Ich habe keine Suppe mehr«, sagt sie fast entschuldigend, »Jürgen Roland drehte vor der Davidwache einen neuen Krimi, und die Leute vom Film aßen die ganze Suppe auf...«

Ich esse Kartoffelpuffer – meine erste Nahrung seit drei Tagen.

Danach plaziere ich mich in »meiner Ecke« und trinke mir die Seele stumm. Zwei Stunden später bin ich sturzbetrunken, schludere über die Reeperbahn und spüre diese gemeine Übelkeit in mir aufsteigen... Ich muß mich übergeben, gleich wird es geschehen... Aber kann doch um Himmels willen nicht am hellichten Tag, nachmittags um 3 Uhr hier mitten auf der Straße... Ich stürze in eine Peep-Show, ziehe die Tür einer Kabine hinter mir zu, werfe eine Münze in den Schlitz und erbreche mich, bis mir die Tränen auf die Lippen tropfen... O nein, ich möchte wirklich sterben, ich stehe diesen Selbstmord auf Raten nicht mehr durch!

Irgendwann, es ist längst dunkel, kommt in der »Bier Bar« die Erinnerung abhanden.

31. Oktober 1990:
Ich ertrage die Trennung nicht länger, dieses Alleinsein zehrt mich kaltblütig auf. Mir mangelt es an Mut, um S. anzurufen und um Verzeihung zu bitten. Ich trinke mich in die Höhe (ich werde heute sehr sparsam mit meinem Suchtmittel verfahren!) und diktiere telefonisch ein Telegramm:

mein schnuffelduffel
verzeih mir
bitte komm zurück
ich brauche dich.
h.

2. November 1990:
In der Unterführung beim Hauptbahnhof trinke ich mich etwas in Stimmung, danach gehe ich ohne Umweg zum Arbeitsamt. Ich ziehe die Nummer 48, aufgerufen ist die Nummer 17. Ich verschwinde auf der Toilette und trinke ein Fläschchen Wodka. Nummer 29; ich schütte noch ein Fläschchen nach. Nummer 40; noch schnell einen großen Muttrunk, danach wird es schon gehen.
Der Beamte mustert mich argwöhnisch, weicht ein wenig zurück, vielleicht stört ihn meine Fahne. Er blättert lange in meinen Unterlagen, zu lange, denn es kribbelt bereits wieder auf meiner Zunge. Mein betrunkener Zustand mißfällt ihm, und sein Blick wird geringschätzig. Vielleicht sollte ich ihm sagen, daß ich krank bin, daß ich suchtkrank bin, vielleicht hat er ein Einsehen, Verständnis, Mitleid?
Er schiebt mir meine Papiere zu.
»Wissen Sie ... ja ... fast neige ich dazu, meinen Zustand zu entschuldigen, aber Sie müssen wissen: Ich bin alkoholkrank!«
»Das riecht man ...«, gibt er eisig zurück und ruft Nummer 49 auf.

4. November 1990:
Ich bringe den goldenen Füllhalter und zwanzig CDs ins Pfandhaus. »Bier Bar«; erwache am Küchentisch; von zweihundert Mark sind noch einundsechzig übrig.
Ungewaschen flüchte ich zum Tresen zurück.

5. November 1990:
S. kehrt zurück und schenkt mir einen bunt besprühten Betonbrocken aus der Berliner Mauer. Ich bin überglücklich und sterbenstraurig zugleich; aber ich bin auch genügend betrunken, um uns beide heute zu überleben.
Vielleicht wendet sich doch noch alle zum besten?
Was aber ist das Beste?

14. November 1990:
Ich versetze die elektrische Schreibmaschine und den kleinen Fernseher.
Natürlich werde ich die Pfänder irgendwann einmal wieder auslösen, schließlich hänge ich an diesen Dingen, nur – in meiner augenblicklichen Situation muß ich eben die Prioritäten verschieben...
Klingt gut; aber ich konnte schon immer das schäbigste Ereignis in ein nobles Sprachgewand kleiden.

17. November 1990:
Ich bringe die Lederjacke aus Paris und die zweite Schreibmaschine ins Pfandhaus; noch immer verliert dieser Gang nichts an Peinlichkeit.
»Bier Bar«, auf dem Nachhauseweg noch eine Flasche Fusel (ein eindeutiger Fehlgriff) an der Tankstelle gekauft. Um 4.11 Uhr knipse ich die Stehlampe aus, um 7.09 Uhr erwache ich bereits wieder, etwas ausgenüchtert, aber immer noch betrunken, jedoch bereits wieder gierig. Ein mokantes Schmunzeln: Welch eine wonnevolle Fügung, als Alkoholiker in einer Stadt zu leben, in der so viele Kneipen durchgehend geöffnet haben!
Um 15 Uhr mit S. verabredet; es bleiben mir noch einige Stunden, um wieder fit zu werden, aber zunächst...
Frühstückstrinken mit geselligem Kontrollverlust im »Zapfhahn« in der Halle des Hauptbahnhofs, danach unauffälliges Weitersüchteln im »Blauen Peter«, schließlich, kaum über die Schwelle des Vollrausches getorkelt, schließlich das lohende Gottesacker-Finale in der »Bier Bar«. Ein Blick zur Uhr, gekonnt zwischen zwei Korn geschoben: 17.11 Uhr, und ich spüre nicht das geringste Rumoren in meinem Gewissen.

21 Uhr: Bruno aus Zürich spendiert eine Flasche Apfelkorn.
0.10 Uhr: Die zweite Flasche, nur für uns beide.
2.15 Uhr: Beim neununddreißigsten Apfelkorn gebe ich das Zählen auf.
Zwei Polizisten rütteln mich wach, ich schlafe im Sitzen, klamm und schlotterig gefroren. Ich befinde mich in der Telefonzelle hinter dem Hafenkrankenhaus. Da nichts gegen mich vorliegt, darf ich ohne weitere Fragen nach Hause gehen; 5.50 Uhr.
Mir fällt ein Zitat von Antoine de Saint-Exupéry ein, es stammt aus seinem Roman »Die Stadt in der Wüste«:
»Erscheine mir, Herr, denn alles ist schwer, wenn der Geschmack an Gott verlorengeht!«
Eigenartig: Immer wenn es mir miserabel geht, denke ich in Zitaten.

18. November 1990:
Auf dem Küchentisch finde ich einen Zettel von S.: *Muß unsere Verabredung leider absagen, konnte Dich tel. nicht erreichen. Meine Mutter ist aus Frankfurt angereist und beehrt mich für drei Tage! 17. 11. 90, 13 Uhr. S.*
Unverständliche, hartnäckige Schlaflosigkeit mit unglaublichen Schweißausbrüchen und verheerender Unruhe: Nach einer Stunde verlasse ich die Wohnung wieder und flattere zur Reeperbahn zurück.
Unterwegs ein paradoxes Erlebnis: In einem Tabakladen kippe ich ein Bier und bin sofort subjektiv nüchtern; ich begreife es nicht. Ich kaufe mir »DIE ZEIT« – pure Imagepflege; das schindet einfach Eindruck, besonders in der »Bier Bar«.
Ich trinke noch ein Bier und erstarre: ein alltägliches, banales Geschehen ...
Eine Frau mittleren Alters, gekleidet mit einem dunkelblauen Mantel und schwarzen Schnallenschuhen kauft eine Zeitung, bezahlt mit einem Zehnmarkschein, steckt die pedantisch gefaltete Zeitung in eine rote Kunstledertasche, deren Reißverschluß ausgerissen ist ... und ich bin mir plötzlich sicher, genau diese Szene im kleinsten Detail bereits einmal erlebt und gesehen zu haben, ja, sogar der

Schmutzfleck auf der Banknote befindet sich an der richtigen Stelle, auf dem obersten Segel der Gorch Fock! Ich ziehe mich zitternd in eine Ecke des winzigen Geschäftes zurück und spüre die Gänsehaut auf meinem Kopf... Bitte, nicht wahnsinnig oder psychotisch werden, bitte nicht! Was läuft in mir ab? Ein Déjà-vu-Erlebnis der ganz gewöhnlichen Sorte – wer kennt das nicht? – oder der Einstieg in eine Alkoholhalluzinose?
Ich werde darüber schweigen, denn es klingt so unglaublich! Und die Psychiatrie kann schließlich noch ein wenig warten auf mich...

19. November 1990:
Ich bin perplex, wie wenig Schlaf mein Körper beansprucht. Die Nächte ziehen spurlos an mir vorbei, und nach vier Stunden stehe ich wieder am Tresen...
Die wabernde Unruhe verschwindet nach dem dritten oder vierten Bier; ich hörte Stimmen, deutlich, aber ich mache mir keine Gedanken darüber, es war ein einmaliges Zwischenspiel.

21. November 1990:
S. erscheint nach dem Spätdienst; ich bin so duhn und randvoll, daß ich mich, als der Wagen vorfährt, zu Bett lege und schlafend stelle. Es funktioniert: S. läßt sich bluffen.
Ich fühle mich schuldig, ich bin ein immenser Versager.
Sexualität interessiert mich längst nicht mehr, denn die Sucht überpfropft jedes nebenbuhlerische Verlangen.
Ich erwache kurz nach 3 Uhr, schleiche mich geräuschlos in die Küche, süchtige bis circa 6 Uhr und fühle mich plötzlich so gladiatorenhaft männlich!

24. November 1990:
Ich mime erneut den Schlafenden: Es geht abermals gut, doch S. beugt sich über mich und riecht meine Fahne!

28. November 1990:
Kleinlaut berichte ich S. von meinen Pfandhausaffären; ich bin wirklich anstößig tief gesunken; die Scham läßt mich rot werden. (Ich bin ein wenig betrunken.)

Eine Stichelei, ein vertrauensseliges Gespräch: »Weshalb liebst du mich immer noch? Wie findest du dich in meiner verschachtelten Seele zurecht, wo doch mir dies mißlingt? Was wird sein, wenn dir ein Mann begegnet, der dir mehr bieten kann als ich, der mich in den Schatten stellt? Was macht mich denn noch liebens- und begehrenswert?«
»Du warst sehr zärtlich...«
Ich weiß nicht, weshalb ich ins Badezimmer flüchte.
»Du *warst* sehr zärtlich...«, das also ist es! Eine Freudsche Fehlleistung, ein Wink, eine Drohung oder ganz einfach eine Kränkung, gegen die ich wehrlos bin?
Im Spiegel sehe ich mich weinen, aber ich spüre die Tränen nicht auf der Haut.
Die Spannung droht mich zu zerreißen, ich muß trinken, es führt kein Weg daran vorbei! Nur einen Schluck, dann werde ich wieder artig sein und nichts mehr trinken, bitte. Ich öffne das Spiegelschränkchen und fixiere die kleine braune Flasche mit dem Alkohol. Absurd, wirklich verwerflich und schändlich!
Isopropylalkohol; ich säubere damit gelegentlich mein Brillengestell. Nein, so tief kann ich einfach nicht absakken...
Beim Duschen schaue ich an mir herab: Noch bin ich ein ansehnlicher Mann, einsachtzig groß, zweiundsiebzig Kilo, kein Bierbauch. Wenn ich dagegen andere Männer in meinem Alter betrachte... Gewiß, in meinem Bart zeigen sich die ersten grauen Haare (Ausschneiden hilft nicht mehr), und ich stehe längst jenseits des pubertären Schmelzes...
...Isopropylalkohol... Ich öffne das Schränkchen erneut, nehme das Fläschchen in die Hand. Unvermutet lugt mein erprobter Zynismus aus seiner Gruft...
...Methyalkohol – davon kann sich die Netzhaut ablösen, aber was hat es mit diesem Alkohol auf sich?
Ich schraube die rote Kappe ab, schnuppere, zögere, schütte mir dann blitzartig die Flüssigkeit in den Schlund. Egal, schnurzpiepegal – und wenn sich die Netzhaut ablöst, dann beantrage ich eben einen Blindenhund auf Kassenrezept!

30. November 1990:
S. löst meinen goldenen Füllhalter aus.
»Ich werde ihn dir zum Geburtstag schenken, vielleicht noch etwas Kleinkram dazu; freust du dich?«
»Sehr! Es war ausgesprochen dumm von mir, meine liebgewonnenen Kleinode zu versetzen, aber...«
»Sprich jetzt nicht darüber – dadurch ändert sich nichts.«
»Ich danke dir für den Füller, es ist ein erlesenes Stück. Ich hänge sehr daran – ich kaufte ihn an dem Tag, an dem wir uns kennenlernten.«
»Ich werde ihn einige Tage vor deinem Geburtstag mitnehmen, damit ich ihn schön verpacken kann...«
S. verläßt das Haus; ich bin allein und seit vierzehn Stunden trocken – ich halte es keine Minute länger aus!
Mich plagen Skrupel, ich fühle mich wie ein mieser kleiner Taschendieb, aber die Sucht...
...Es wäre wirklich kein Problem, ich müßte nur anrufen und mich auf den Weg machen: Blaues Kreuz, AA, Beratungsstelle, täglich treffen sich Dutzende Gruppen in dieser Millionenstadt. Einfach aufhören und trocken bleiben, dafür kämpfen, einen neuen Sinn finden, wieder das Selbst mobilisieren, vom Säufer zum Menschen finden...
...es wird bestimmt nicht mehr lange dauern, und dann versuche ich es ernsthaft, ich verspreche es mir jetzt feierlich; aber heute, nein, ich kann heute nicht mit dem Trinken aufhören...
...ich trage den Füllhalter zurück, empfange das Geld, fühle mich erbärmlich, trinke mich zum nachtschwarzen Phlegma.

3. Dezember 1990:
Die Welt ist in Ordnung: Wir backen gemeinsam Weihnachtsplätzchen und planen einen Kurzurlaub in München.
»Ich nehme den Füller mit und verpacke ihn schön...«
Ich schiebe die Zimtsterne in den Ofen und sage überzeugend: »Ich habe ihn in ein Spezialgeschäft gegeben. Die Feder wird nachgeschliffen, am Freitag bekomme ich ihn zurück...«

4. Dezember 1990:
Die Brötchen sind noch warm, S. wird sich freuen.
Auf dem Dachboden trinke ich mich auf die Schnelle etwas dickfelliger, husche die Treppen hinab, öffne die Wohnungstür und weiß: Es ist zu Ende!
Und dann bricht es über mich herein: Während ich die Brötchen holte und heimlich trank, stöberte S. in meinem Schreibtisch, fand den Pfandschein und löste den Füller aus...
S. wirft mir den Füller vor die Füße und beginnt zu schluchzen. Ich bin entsetzt, sprachlos und voll Angst. Es war eine Lüge zuviel, es war dieser Tropfen, der schließlich und endlich das Faß zum Überlaufen brachte...
...und meine nächtlichen Komödien werden entlarvt, natürlich bemerkte S., daß ich mich schlafend stellte, natürlich blieb keine meiner armseligen Heimlichkeiten unbemerkt...
Ich begreife, daß dies das unwiderrufliche Ende ist, dennoch wittere ich eine letzte Chance: »Wenn du mich jetzt verläßt, wenn du jetzt gehst, wird es kein Zurück mehr geben!«
Vergeblich, umsonst.
Um 11.45 Uhr werde ich verlassen.

17. Dezember 1990:
Mein 38. Geburtstag.
Kein Lebenszeichen von S.
Gemeinsames Essen mit Michael und Franz; ich trinke heute nichts. Ein wohltuender Abend, wenngleich mich meine Sehnsucht zerfrißt.
Um 1 Uhr werde ich schwach und gehe zur Tankstelle; bereits auf dem Rückweg trinke ich fast pausenlos, nur zum Atmen nehme ich die Flasche vom Mund.

18./19. Dezember 1990:
Tausend Mark vom Arbeitsamt erhalten.
»Bier Bar«. Rudi schüttelt mich wach; ich bin in der Toilette umgekippt.

20. Dezember 1990:
Ich leide und weine, ununterbrochen, rund um die Uhr, rund um meine Flaschen. In der »Bier Bar« triefen meine Tränen ins Bier, und ich lamentiere über meine Einsamkeit, über das schändliche Verlassen, über diesen tiefen unerhörten Schmerz, den ich nicht mehr ertragen kann und möchte: Ich scheide aus dem Leben!
Rudi baut sich vor mir auf, schlägt mir eine Hand auf die Schulter und frotzelt: »Nun hör endlich auf zu jammern, alte Blödbacke! Würg dein Bier ab und schau nicht zurück... Jeder von uns hier trägt seinen Strick um den Hals...«
Krisenintervention auf der Reeperbahn: ein derbes Frotzeln, ein hemdsärmeliger Knuff, und danach dient der Zapfhahn als Notrufsäule... Ich bin Alkoholiker; ich bin der Prototyp des Alkoholikers, und ich nehme nun keine Rücksicht mehr. Ja, da kriecht er aus seinem Versteck, dieser Jetzt-erst-recht-Effekt, diese verschlagene Besessenheit, diese unbestechliche Manie, die das Ende oder den Anfang in sich birgt... Rot oder Schwarz, Kopf oder Zahl, Tod oder Leben.

21. Dezember 1990:
Ich bringe den CD-Player ins Pfandhaus, stoisch und reuelos. Jetzt bleibt nur noch die Modelleisenbahn übrig, eine limitierte Ausgabe des legendären Rheingold; die Lokomotive kostete mich eintausend Mark.
Ich erwache vor meiner Wohnungstür, krieche in die Wohnung, greife zum Telefon und krächze:
»Helmut, du hast mir schon einmal geholfen, damals vor zehn Jahren... bitte hilf mir nochmals – ich kann nicht mehr! Es muß etwas geschehen, sonst sterbe ich. Ich möchte nochmals in den Ringgenhof, ich glaube, es gibt keine andere Möglichkeit mehr...!«

24./25./26. Dezember 1990:
Ich muß es einfach versuchen: Ich nehme den besten Anzug aus dem Schrank, binde mir die teuerste Krawatte um und bürste den Kaschmirmantel tadellos sauber...
Kurz vor Kassenschluß schwatze ich der Bank viertausend Mark ab, besorge mir im Hauptbahnhof noch zwei Flaschen

Champagner und drei Kisten Sekt, trinke mich in der Küche zur Dunkelheit und fahre in gelöster Erschöpfung zu Franz. Ich versuche meinen Zustand (eine Flasche Champagner) zu verbergen: sinnlos. Nach dem Essen schleiche ich durch die leeren Straßen und läute bei K., niemand öffnet.
Am Tresen der »Bier Bar« drängeln sich die freudlosen Schicksale wie halberfrorene Hunde um ein wärmendes Feuer. Einige versuchen sich im Lachen, aber dennoch ziehen bei manchen Hartgesottenen die tristen Tränenstraßen wie ausweglose Sackgassen durchs Gesicht.
Heiligabend 1990: Der Tresen als Seziertisch der erloschenen Träume.

27. Dezember 1990:
In der Küche sitze ich im Schneidersitz vor achtzehn aufgereihten Sektflaschen. Ich giere nach den Resten, doch die Flaschen geben keinen Tropfen mehr her: Ich Tölpel hatte sie zu dicht an die Heizung gestellt, und mein Todeselixier verdunstete ...!
Ich schlafe nur noch stundenweise, wälze mich wirr im Bett, ertrage den Aufruhr in mir nicht länger ...
Ich bitte Dr. P. um Beruhigungs- und Schlaftabletten. Ich werde sie nur vorübergehend einnehmen. In wenigen Tagen wird die Krise zu Ende sein, ich kann nicht ewig um S. trauern... Dr. P. winkt ab.
Ich bitte Dr. G. um ein Rezept: Nein!
Ich stürme in die Praxis von Dr. M., dränge mich wortgewandt vor und flehe um Lexotanil und Rohypnol. Ich bin nicht medikamentenabhängig, und ich möchte es auch nicht werden, aber ich überlebe meine Krise ohne diese Medikamente nicht!
Dr. M. schaut aus dem Fenster.
»Wie kann ich Sie überzeugen?« Meine Stimme hüpft davon.
»Überhaupt nicht.« Dr. M. blickt noch immer auf die Reeperbahn. »Wie soll man das der Kasse erklären: Tranquilizer und Flunitrazepam bei Ihren verweslichen Leberwerten ...?«
»Ich gehe in absehbarer Zeit zugrunde; ich stehe das nicht

länger durch; mein perverser Suff bricht mir irgendwann das Genick!«
»Was erwarten Sie von einer Sucht? Welchen Abgang stellen Sie sich vor? Mit Damenblaskapelle, rotem Teppich und Bierzelt?«
Ich schiebe einen Schein über den Tisch: »Ein Privatrezept gegen Privatliquidation ...?«
Der Apotheker schenkt mir einen Taschenkalender für 1991; ich bedanke mich höflich, aber bis dahin werde ich längst tot sein.

28./29. Dezember 1990:
Nach einer halben Tablette Lexotanil balanciere ich endlich zu jener flapsigen Unempfindlichkeit und emotionalen Teilnahmslosigkeit, nach der ich mich immer so unsagbar sehnte. Jetzt erlebe ich also doch noch diese seelentiefen, übervollen Gefühle der Stärke, Strenge und Überlegenheit! Und mir ist, als hätte ich mit dieser Tablette eine neue Identität geschluckt oder meinem Selbst zu seinem lange erhofften Ausbruch verholfen – ich bin wieder wer!
Das lästige Zittern verschwindet, die körperliche Schwäche wandelt sich zu nie gekannter Stärke, und mein Selbstvertrauen hievt sich kurzerhand und widerspruchslos in stolze Höhen. Angst ist mir fremd, ja, ich kann sagen: Ich kannte nie welche. Ich fürchte mich nicht, und ich wußte es: Ich bin der Größte!
Der Alkohol wirkt nun wie eine Bombe, wuchtig, aufwühlend, zermalmend. Der Rausch trifft mich dumpf und schlagartig; alle Hemmschwellen werden hinweggefegt...
In einer Seitenstraße der Reeperbahn: eine In-Kneipe der autonomen Szene, frequentiert von der Hafenstraße, von Musikern, Punks, sozial Gebeutelten und Gestrauchelten. Ich erinnere mich nur schemenhaft: Ich dränge mich zwischen zwei Frauen zum Tresen, erhalte ein Bier, setze die Flasche an, verliere beim Trinken das Gleichgewicht und stoße eine der Frauen vom Barhocker. Ich entschuldige mich exaltiert und gestenreich, bestelle ein neues Bier und – werde aus dem Lokal gewiesen! Ich bin empört, verlange, fordere schließlich ein Bier und werde von drei Männern

ultimativ zur Tür gedrängt. Ich kann mir das einfach nicht bieten lassen! Wütend laufe ich in meine Wohnung, stürme zum Kleiderschrank, krame meine Pistole hervor, setze das Magazin ein, lade und entsichere die Waffe... Ich werde mir mein Bier eben mit vorgehaltener Pistole erkaufen!
Ich bin nun unberechenbar und kenne nur ein Ziel: zurück in das Lokal, um dort notfalls mit einigen Schüssen ein Bier zu erhalten... Ich bin zu allem bereit und fähig!
Ich will den Weg abkürzen und stolpere durch den Alten Elbpark, ziehe die Pistole, gebe einen Schuß ab und stecke die Waffe in den Hosenbund zurück. Als ich wieder danach greife, ist sie verschwunden; ich habe sie verloren! Ich haste einige Schritte zurück, gehe in die Knie und taste im nassen Gras nach der Pistole, doch ich finde sie nicht mehr. Ich suche lange und verzweifelt nach ihr, doch sie bleibt unauffindbar.
Kleinmütig trotte ich zur »Bier Bar«.

30./31. Dezember 1990:
Ich nehme eine Lexotanil und eine halbe Rohypnol, aber ich bleibe hellwach, außergewöhnlich redselig und aufgekratzt. Ich verspüre Lust, die letzten achtundvierzig Stunden des alten Jahres mit einem gleißenden Exzeß zu verabschieden: Ich verabrede mich mit Serge, einem schriftstellernden Franzosen, und die beiden letzten »großen Nächte« beginnen mit einem kleinen, aber erlesenen Dinner im »Atlantic«.
Wir erscheinen im Smoking in der »Bier Bar«, ich gebe eine Lokalrunde und ernenne alle großmütig zu meinen Freunden, und plötzlich sind sie alle meine Freunde, und ich bin nicht mehr allein!
(Ich weiß, daß ich nach diesen beiden Nächten entweder tot oder nüchtern sein werde.)
An der Tankstelle kaufen wir eine Flasche Champagner und gesellen uns zu einem Pulk von Pennern und Punks, die uns sogleich unsicher taxieren. Zwei Penner betteln uns um eine Mark an, ich gestatte mir einen Schluck Champagner und johle gönnerhaft: »Jungs, ihr kennt doch alle die gute alte Pfadfinderregel ›Jeden Tag eine gute Tat‹? Und deshalb trinken wir jetzt gemeinsam eine Flasche Korn!«

Es ist alles, wie es einmal so pompös und prächtig war: Ich bin eben doch der Größte!
Einer der Tippelbrüder greift heimlich in meine Manteltasche, aber die großen Geldscheine stopfte ich mir schon vor Stunden in die Socken und schob sie nach vorne, weit nach vorne, bis zu den Zehen...
In dieser Nacht bin ich kein graues Säufermäuslein mehr, o nein: Heute nacht bin ich ein Nerz unter den Nagern!
Ich habe Lust, etwas völlig Verrücktes und Ausgefallenes zu tun; ich fühle mich so abartig gut, wie schon lange nicht mehr!
»Laß uns ins ›A.‹ gehen«, meint Serge und zupft mich am Ärmel.
Ich bleibe stehen und schaue ihn ungläubig an. Ich meide das »A.«, denn dort sind bekannterweise Nepp, Raub und Schlägereien im Preis inbegriffen.
»Du mußt verrückt sein! Dort hängen zweihundert Jahre Knast und Irrenhaus am Tresen...!«
»Aber es gibt dort den besten Koks auf der ganzen Meile...«
Im »A.« wechselt Serge einen Blick mit dem Kellner, nimmt mich am Arm und führt mich in eine kleine, schäbige Küche. Er greift hinter einen Eisschrank, zieht ein Papierbriefchen vor, öffnet es, schüttet das Kokain auf eine blanke Tischplatte und zieht mit einer Rasierklinge vier dünne Straßen.
Serge blättert zweihundert Mark auf den Tisch, dann rolle ich einen Fünfhunderter zusammen und sniefe zum erstenmal Kokain.
Schlagartig bin ich wach und fühle meine lästige Seele nicht mehr! Plötzlich funktioniere ich mechanisch, glücklich und ohne jede Hemmung, die Geräuschkulisse gewinnt ungeahnte Tiefen, ich höre mit vier Ohren, fühle die Musik in meinen Körper fließen, bin weit entrückt von Angst und Ich... Nur noch Glück, Freude, Glück und Jetzt...
Ich trinke, aber ich werde nicht mehr betrunken; ich rede ununterbrochen, aber ich weiß nicht worüber, ich bin nur noch Glück, übermenschliches, unbeschreibliches, auflodderndes, maßloses, ja exemplarisches Glück!
Und ich möchte dieses Glück nie mehr missen, nie mehr

davon loslassen. Wir gehen erneut in die Küche und legen zwei Scheine auf den Tisch.
Ich griene, kichere und gluckse, so als wäre ich heute geboren. Zeit und Raum verflüchtigen sich zur fließenden Ekstase.
Mutti fällt uns in die Arme und redet sich wieder einmal ihr Leben aus der Seele...
»Seit neunzehn Jahren stehe ich hier, sechs Nächte die Woche von abends halb sieben bis morgens um vier.
Seit neunzehn Jahren öffnet sich jeden Abend der Vorhang für dasselbe Stück: Zuerst erscheinen die Psychopathen, dann die Verklemmten, die stundenlang um die Bordelle schleichen; dann, in den Pausen, die kaputten Mädchen von der Straße, irgendwann die Alkoholiker, die immer wieder dieselbe hoffnungslose Geschichte beweinen, schließlich der Abschaum, die Gestrandeten und die Hoffnungslosen und nicht zuletzt die sogenannten Normalen, die verrückter sind als wir alle.
Ich bin auf Sankt Pauli geboren, und: Ich war immer eine anständige Frau; auch auf Sankt Pauli gibt es anständige Menschen.
Mein Mann starb vor neunzehn Jahren bei einem Unfall auf Dock elf, seitdem arbeite ich hier, denn die Rente reicht nur für meinen Hund; er ist alles, was ich noch habe und woran ich noch glaube.
Meine Tochter saß lange im Knast; sie war heroinabhängig, und jetzt ist ihre Leber kaputt. Sie wohnt in einem kleinen Zimmer im Schanzenviertel, und ich kümmere mich um sie, so gut ich eben kann.
Rex, mein Schäferhund, wird jetzt elf Jahre alt. Er ist fast blind und ständig krank; die Tierarztrechnungen fressen mich auf. Ich bringe es einfach nicht über mein krankes Herz, ihn einschläfern zu lassen, und ich hoffe, daß er vor mir stirbt. Wir haben uns aneinander gewöhnt und sind uns so ähnlich geworden...«
Und plötzlich speit ihr zahnloser Mund ein herzsattes Lachen aus: »Ja, wir sind uns wirklich verdammt ähnlich geworden – wir nehmen sogar dasselbe Herzmedikament...!«

Neujahr, gegen 10 Uhr, Hotel »Vier Jahreszeiten«.
Ich lebe noch!
Langsam kehre ich zu mir zurück. Serge sitzt mir wahrhaftig gegenüber, die letzten Tage waren also kein Traum.
Ich habe nichts mehr zu verlieren. Und ich möchte sterben, so sterben, wie ich lebte: zynisch und ausgefallen.
Ein distinguierter Ober kommt an den Tisch und mustert uns mit hochgezogenen Augenbrauen; ich versuche vornehm-witzig zu sein: »Zweimal Frühstück bitte«, nuschele ich unterkühlt.
»Und woran dachten Sie?«
»Zwei doppelte Cognacs mit Zitrone, eine Packung Gauloises, eine Flasche Deutz und Geldermann und danach eventuell einen Rettungswagen...«
Serge prustet, doch der Ober entpuppt sich als ungeschlagener Profi: »Kein Problem. Aber gestatten Sie noch eine Frage: Welchen Deutz und Geldermann wünschen Sie: Carte blanche, Carte noire oder brut...?«

Neujahr, gegen 21 Uhr: Die Euphorie ist gnadenlos verpufft, zurück bleibt ein sterbendes Nichts. Ich bin seit siebenundfünfzig Stunden ohne Schlaf und bitte um den Tod.
Auf dem Weg zur »Bier Bar« entdecke ich am Gemeindehaus der Michaeliskirche ein weißes Schild an der Tür: AA-MEETING. Ich bleibe stehen, starre minutenlang auf das Schild, gehe zu einem hell erleuchteten Fenster und spähe vorsichtig hindurch. Vierzehn Männer und Frauen sitzen an einem großen Tisch und blicken zu einer jungen Frau, die weinend vermutlich einen Rückfall offenbart. Die Gesichter der Anwesenden drücken Mitgefühl und Erfahrung aus. Niemand spricht einen Vorwurf aus, niemand erhebt seine Stimme zum Tadel, die Atmosphäre lebt von Geborgenheit und Verständnis.
Ich lehne an der Hauswand und weine. Wie sehr wünsche ich mir doch die Offenheit dieser Frau und das innige, fast zärtliche Verständnis einer Gruppe... Doch es ist zu spät, ich habe zuviel gelebt, jetzt wird dem Leiden ein Ende bereitet...
Nach zwei Flaschen Sekt lehne ich mich aus dem Fenster, fest entschlossen, der Sucht einen endgültigen Punkt zu set-

zen. Ich schaue auf die Straße, vier Stockwerke tief, genau auf einen weißen Golf: Auf ihn werde ich fallen, und danach wird er blutverschmiert sein. Ich setze mich auf die Fensterbank, schiebe ein Bein aus dem Fenster und beginne wieder zu schluchzen.
Ich schaffe es nicht, ich kann es einfach nicht, vielleicht warte ich, bis ich klarer denken kann; unmittelbar nach dem Erwachen wird es ein leichtes sein, ans Fenster zu gehen, eine Zigarette zu rauchen und zu springen.
Ich setze mich an den Küchentisch, trinke und weine. Ich bin am Ende, die Sucht hat gesiegt.
Voll zorniger Verzweiflung blicke ich zum Holzkreuz über mir: »Was verlangst Du denn noch von mir? Ist es denn noch nicht genug? Was willst Du denn noch? Siehst Du denn nicht, daß ich nicht mehr kann, daß nichts mehr in mir ist, was noch lebenswert wäre? Ich habe keine Kraft mehr, ich habe keinen Willen mehr, ja, ich bin gebrochen und zerbrochen!«
Ich falle auf die Knie und strecke die gefalteten Hände zum Kreuz: »Jesus Christus, Du bist doch auch für mich gestorben, Du wurdest doch auch für mich gekreuzigt – warum hilfst Du mir nicht? Es gibt nichts mehr, wofür es sich zu leben lohnen würde! Ich sehe nichts, wofür es lohnen würde, jetzt mit dem Trinken aufzuhören!
Warum hilfst Du mir nicht?
Ich habe nur eine einzige Bitte an Dich, eine Bitte, die mir kein Mensch erfüllen kann: *Ich bitte Dich, nicht mehr trinken zu müssen*!«

2. Januar 1991:
Ich schlucke zwei oder drei Tabletten.
Nein, *er* hilft mir wirklich nicht, denn ich muß erneut zur Flasche greifen.
Vielleicht schaffe ich es doch, vielleicht kehrt S. zu mir zurück, und wir versuchen *es* gemeinsam?!
Es: nicht mehr trinken zu müssen.
Trinken müssen – dieses Eingeständnis kann nicht mehr steigerungsfähig sein!
Ich schreibe einen langen, ehrlichen Brief, den ich S. am Abend überreichen möchte. Ich bekenne, daß ich Alkoholi-

ker bin, und ich versichere, daß ich zum nächstmöglichen Termin eine Therapie antreten werde. Ich bitte S. inständig, mich auf diesem Weg zu begleiten.

... Bitte laß mich jetzt, in diesem ehrlichen Neubeginn, nicht alleine. Bitte verzeih all meine alkoholischen Lügen, vergib mir meine überzogenen Unwahrheiten, die Kränkungen, die ich Dir zufügte, die Demütigungen, die ich Dir zumutete.
... Ich weiß, daß ich einen Weg gehen muß, den ich allein nicht bewältigen werde. Ich bin leer und ausgebrannt, fernab aller Perspektiven und Hoffnungen.
Glaube mir bitte, daß ich Dir nie untreu war. Glaube mir bitte, daß es mir ernst mit uns ist, und glaube mir bitte, daß ich Deine Nähe, Deine Wärme, Deine Zärtlichkeit und Deine Ehrlichkeit vermisse...

Ich bereite unsere Begegnung gewissenhaft vor, so als hinge mein Leben davon ab. Ich benutze das beste Briefpapier und kaufe eine gute Flasche Champagner für uns beide, danach werde ich nüchtern.
Korrektur: Ich kaufe zwei Flaschen Champagner, eine davon trinke ich still in der Küche. Dann bin ich weich, liebevoll, charmant und kann auf Kommando weinen. Es wird schon gutgehen, ich kenne mich doch; ich mache das schon!
Das Taxi fährt vor. Draußen regnet es Wasserfälle; mein Gott, ich habe noch nie solch einen erbarmungslosen Regen erlebt!
»Fahren Sie mich nach B.«, sage ich kurz.
»Das wird Sie achtzig Mark kosten«, gibt er zurück.
»Ich gebe Ihnen hundert, aber fahren Sie endlich los!«
Ich bitte S., den Brief sofort zu lesen.
S. liest den Brief und antwortet mit einem eiskalten Nein.
Ich weine, gehe in die Knie, flehe, drohe, jammere, verspreche und schluchze...
Nein!
Ich schleiche mich davon.
Unterwegs noch ein Anruf als letzte Hoffnung, doch S. legt kaltschnäuzig den Hörer auf.
»Fahren Sie mich zur Reeperbahn, direkt vor die ›Bier Bar‹!«
»Geht in Ordnung; den Schuppen kenn' ich...«

3./4. Januar 1991:
Der Abstieg, die Erniedrigung in purster Form: In der Tankstelle schlage ich mich beinahe mit einem Penner um die letzte Flasche Wein...

5. Januar 1991:
Beim Erwachen spuckt mich die Sucht sofort in den Wahnsinn!
Die Gedanken fliehen im Kreis vor den Blindschleichen, der Körper wimmert in dröhnenden Krämpfen. Aus den Wänden huschen Schatten, schlingern an meinem Kopf vorbei, verschwinden vielleicht. Dünne Stimmen flüstern bedrohlich meinen Namen, unentwegt. Ein Vogel schwirrt pfeilschnell durch den Raum, direkt in den Rachen der Tür. Das Zittern drängt frenetisch aus dem Becken, überschlägt sich im Bauch, prescht durch die Luftröhre, schießt aus Mund und Augen, taucht grölend in die Ohren, hechelt pfeifend aus der Nase und verzieht sich gurgelnd in die Gedärme.
Die Hände schlagen einen kuriosen Takt, die Kniescheiben tanzen wie wahnwitzige Derwische.
Entzug! Entzug! flammt es in grellem Neon durchs Gehirn. Entzug! Entzug! Du mußt jetzt sofort etwas trinken!
Auf den Armen richten sich plötzlich die Haare als stählerne Lanzen gegen mich auf und zielen genau in mein Herz.
Pliep. Ein haarfeines Geräusch; pliep.
Eine Kellerassel fällt von der Decke.
Pliep! Pliep! Ich muß sie verscheuchen, wegschnippen, zertreten!
Pliep! Pliep! Wartet nur, ihr kleinen Bestien: Meine Finger nesteln bereits euer Grab zurecht!
Aufstehen; ganz vorsichtig aufstehen, wie damals nach der Blinddarmoperation.
Natürlich ruft eine Stimme nach mir!
Eigentlich lächerlich: Der Fußboden hängt schief vor meinem Gesicht... Jetzt langsam hochziehen, dabei an der Türklinke festhalten, ins Badezimmer gehen. Nicht in den Spiegel schauen! Oder vielleicht doch? Meine Augen sind sicher schon gebrochen! Im Sitzen duschen; das muß jetzt einfach sein, nach dem Kampf mit den nichtsnutzigen Kerbtieren.

Abfrottieren; aber zuerst das Badetuch inspizieren, denn dort verstecken sich die dicken Spinnen mit Vorliebe.
Aufrichten und ankleiden, genau in dieser Reihenfolge, und dabei nicht auf das Bett schauen – vielleicht sind noch Tiere da. Ich kümmere mich später darum.
Entzug! Das ist schlimm! Und jeder wird es doch verstehen, wenn ich jetzt etwas trinke! Ich ertrage doch keine Schmerzen. Ich bin doch so wehleidig und zart. Ich kann mich einfach nicht leiden sehen. Oder fühlen.
Die Wohnungstür aufschließen, zuziehen und zweimal abschließen, denn es ist ein zweibündiges Schloß. Hans, du mußt immer zweimal abschließen, sonst verweigert die Versicherung bei einem Einbruch die Zahlung!
Die Treppe windet sich wie ein heißhungriger Bandwurm mit schleimigen Saugnäpfen über den Augen.
Die Sonne läßt mich auf der Stelle erblinden!
Im Trippelschritt um die Ecke zum Feinkostgeschäft. Gott sei Dank muß ich heute die achtspurige Straße nicht überqueren. Erstaunte, ja abweisende und sogar verlegene Gesichter: Entschuldigung, es tut mir so leid. Ich bahne mir eine Gasse. Entschuldigung, aber es muß heute so sein. Dann dieser tausendfach geübte Griff ins Kühlregal zu den grienenden Flaschenhälsen, und das ausgerechnet heute, wo ich doch an diesem Sonnabend ein für allemal mit dem Trinken brechen wollte! Champagner und nur noch Champagner, denn heute ist so etwas wie Abschied! Zur Kasse drängeln; zwei Käse und ein Päckchen Kaugummi poltern zu Boden, es tut mir so leid. Ich lege den Fünfzigmarkschein mit dem Holstentor nach oben auf die Kasse, damit auch wirklich jeder sehen kann, daß es sich um einen Fünfziger handelt – ich traue diesen Verkäuferinnen einfach nicht...
Es darf jetzt nichts schiefgehen, und die Flasche darf keinesfalls umkippen oder gar zerschellen! Nur rasch einige Schlucke, damit die Tiere verschwinden.
Mein Keuchen klingt plötzlich so widernatürlich und vor dem Fenster spielen zwei junge Leute Tennis: Plop, plop!
Ich stütze mich auf den Küchentisch, die Augen gravieren ein Hahnentrittmuster in die Tapeten, aus meinem Bart tröpfelt Champagner und sammelt sich auf dem kanariengelben Wachstuch in lustigen Pfützen. Mein rechter Arm

beginnt zu zucken, zuerst langsam, doch dann in einem groben, morbiden Rhythmus. Es wird mir gleich besser gehen, denn mit Alkohol bekommt man doch jeden Entzug sofort in den Griff!

Ein Schrei!

Ich springe auf, stürze zur Spüle, kralle mich fest. Da, genau hinter mir an der Wand: eine große, fette, bucklige Maus! Ihre Knopfaugen lauern; an der Schnauze vibrieren ganz feine, silberne Haare. Ich muß raus, raus! Ich strauchle, werfe den Stuhl um, falle zu Boden, stöhne, rolle mich unter den Tisch und schreie, schreie!

Plop, plop.

Ich schreie, denn auf der linken Hand tummeln sich massenhaft Kakerlaken! Diese abscheulichen Allesfresser! Nein, nein – ich bin keinesfalls verrückt: Ich weiß genau, wo ich mich befinde, und ich erkenne ohne weiteres die Uhr: 10.42. Aber es sind *wirklich* Kakerlaken auf meiner Hand, und jetzt nisten sie sich sogar unter meiner Armbanduhr ein! Ich muß sie abschütteln und krieche dabei unter dem Tisch hervor, ziehe mich an der Waschmaschine hoch, nur mit einem Arm allerdings, denn von dem anderen muß ich doch die Tiere abschütteln! Es krabbeln *wirklich* Kakerlaken auf meiner Haut! Einige kann ich zertreten, und es knackt *wirklich*, wenn ihre Flügel zerbrechen, und ihre Eingeweide spritzen *tatsächlich* über die Fliesen!

Ich krieche wieder unter den Tisch.

Der Alkohol muß doch endlich wirken!

Plop, plop. Hört doch endlich mit diesem doofen Tennis auf!

Vielleicht ist die Maus noch da? Mutter hockt grinsend unter dem Tisch; mein rechter Arm schlägt unentwegt an ein Tischbein. Mutter, du sollst nicht grinsen!

Mein Arm wird das Tischbein zerbrechen. Mutter, du bist doch gestorben, damals, 1975, oder etwa nicht? Oh, ich weiß: Du hast mich hinters Licht geführt – das ist einfach nicht fair!

Die Maus verharrt regungslos an der Wand.

Ans Telefon robben; geduckt, wie im Krieg.

Jetzt das Telefon an der Schnur von der Kommode ziehen und zum Sofa kriechen.

Der Champagner wirkt nicht! Mein Gott, dieses alberne Nobelgesöff half mir doch sonst immer!
Jetzt Michael und Franz anrufen – vielleicht kommt nun doch der Entzug, und ich rutsche hilflos in das hirnkotzende Delirium!
Zwei Sanitäter bringen mich zum Rettungswagen. Angst, Todesangst! (Obgleich es mir schon besser geht, jetzt, da die Tiere in der Wohnung eingeschlossen sind!)
Mein rechter Arm ist nicht zu beruhigen, der linke hingegen völlig gelähmt; die Kakerlaken haben das angerichtet...
Eine beruhigende Stimme: »Sie müssen sich nicht schämen. Wir fuhren vor einigen Tagen einen unserer Kollegen in die Klinik; er war sieben Jahre trocken.«
Hafenkrankenhaus, Station E: »Legen Sie ihn zu den anderen vier ins Tresenzimmer!« knurrt die Oberschwester.
Ein Arzt.
Eine Injektion.
Ein todesgnädiger Schlaf.

Januar 1978: In den ersten Ahnungen um meine Krankheit suchte ich Hilfe in einer Diakonischen Beratungsstelle. Zum ersten Gespräch erschien ich reichlich betrunken; ich kam direkt aus der Bahnhofsgaststätte.
»Herr Baumann, entschuldigen Sie meinen Zustand, aber ich glaube, ich bin auf dem besten Weg, Alkoholiker zu werden!«
Er lächelte vielsagend, aber nicht spöttisch: »Ich glaube, Sie sind es bereits.«
Hafenkrankenhaus, Januar 1991: Ich will mich entscheiden, denn ich kann nicht mehr so leben wie bisher. Ich muß Abschied nehmen, Abschied von der größenwahnsinnigen Illusion, der Droge gewachsen zu sein. Ich möchte leben, wieder leben, weiterleben und wieder Herr meiner Sinne sein. Ich möchte mich nicht mehr für mich schämen müssen.

Die Perspektiven:

Psychiatrie und Tod

oder

Kapitulation und Abstinenz.

Ich besitze die zweifelhafte Freiheit, sofort wieder zu trinken, denn es wird mir niemand verbieten können.
Wenn ich aber weitertrinke wie bisher – und warum sollte sich an meinem Trinkverhalten irgendwann etwas ändern? –, dann trinke ich mich in absehbarer Zeit ins Leichenschauhaus.
Angst vor der Abstinenz: Erneut treibt mich dieses zukunftslose Entsetzen in die Zweifel.
Gut, ich höre auf zu trinken, aber was kommt danach?
Wenn ich weitertrinke, weiß ich wenigstens, was mich erwartet!
Und vielleicht schaffe ich es doch noch, stärker als der Alkohol zu werden?
Vielleicht gibt es noch Hoffnung, vielleicht wandelt sich die vergötterte und alles überragende Illusion meines Lebens doch noch zur charakterfesten Gewißheit?
Gut, ich trinke nicht mehr, aber zunächst muß ich kapitulieren, und das ist das Schlimmste, das ist weitaus schlimmer als Trinken, denn danach bin ich machtlos!
Aber indem ich kapituliere, beende ich auch den aussichtslosen Kampf gegen die Realität, und eben diese Realität zeigte doch, daß ich bisher immer der Sucht unterlag.
Die unerfüllbaren Sehnsüchte nach einem mäßigen, vernünftigen und sozial anerkannten Trinken und die chancenlosen, fanatischen Kämpfe um einen bombastischen, endgültigen Sieg über den Alkohol: Das sind die aufgeblähten Illusionen meines verheerenden Lebenskampfes, die mich auch jetzt noch am Sinn eines Drogenverzichts zweifeln lassen.
Draußen, vor den Fenstern, findet das Leben wie selbstverständlich seinen Weg. Weshalb schließt mich mein Schicksal davon aus?

Ich bete um den Mut, Dinge zu ändern, die ich ändern kann.
Draußen, im Park, wringt die Sonne den letzten Nachtfrost aus den Bäumen.

Ich kapituliere.
Bedingungslos.

Durchbruch und Demut

2. April 1991 – 31. Juli 1991:
Im Schlafwagen taucht plötzlich die Erinnerung an eine Szene während meiner Therapie im Jahr 1981 auf:
Im Frühsommer fuhr meine Gruppe für sechs Tage auf eine einsam gelegene Berghütte in Österreich. Wir befanden uns in einer wichtigen Phase des Umbruchs, in der langsam das bloße Kennenlernen zum gegenseitigen Vertrauen wechselte. Wir wanderten, kochten und sangen gemeinsam, und mit jedem Tag verlor sich fast unbemerkt ein weiteres Stück unserer Suchtgeschichten. In teilweise recht harten, stundenlangen Gruppensitzungen verlor meine süchtig-aufgesetzte Wesensart wie von selbst an Bedeutung. Die Offenherzigkeit, die sich in der Gruppe entfaltete, und der intensive Prozeß des Angenommenwerdens schufen eine Atmosphäre, in der fassadenhafte Schaustücke recht bald erkannt und mißbilligt wurden. Ich spürte, daß ich mich auf einem Weg zu einer neuen, bislang unbekannten Wesensart befand, auf dem jede Lüge und jede possenhafte Inszenierung nur einen Schritt zurück in das alte, suchtbetonte Verhalten bedeuten konnten.
Ich durfte die Erfahrung verinnerlichen, daß ich trotz mancher Schwächen, Fehler und Probleme als Persönlichkeit geachtet und akzeptiert wurde. Und ich lernte auch, berechtigte Kritik zu ertragen, ohne mich zugleich ausgeschlossen und verstoßen zu fühlen. Dies waren sicher tiefe und entscheidende Erlebnisse für mich, aber ich erinnere mich auch an die Unsicherheit und Verlorenheit in jener Umbruchphase, die mich oftmals mit meinen psychischen Grenzen konfrontierten.
Auf der Berghütte fand ich mein Lachen, ja, meine ausgelassene Fröhlichkeit wieder – und ich erschrak auch im selben Augenblick: Zum erstenmal seit sieben nassen Jahren hatte ich herzhaft gelacht, war lustig und unbekümmert, und das alles ohne Alkohol! In mir löste sich plötzlich eine undefinierbare Traurigkeit, und eine verdrossene Melancholie wich langsam der ersehnten Heiterkeit. Es ging also doch!
Ich konnte fröhlich sein, ich konnte lachen, und ich war

doch noch fähig, Freude zu empfinden – und all dies ohne Drogen!
Zwei Tage später baute sich Gerd, ein hochgewachsener Pädagoge aus München, vor mir auf und raunzte mich an: »Dein aufdringliches Lachen geht mir auf die Nerven! Wir machen hier keine Lachkur, sondern eine Entziehungskur. Wie kannst du mit deiner Suchtgeschichte im Rücken, die dich beinahe das Leben gekostet hätte, plötzlich nur so albern sein!«
Wir sprachen in der Gruppe darüber, und nach einiger Zeit wurde deutlich, daß ihn im Grunde nicht mein Lachen störte; es löste vielmehr bei ihm Ängste und Ärger über sein Unvermögen aus, sich von seinem mürrischen und mißtrauischen Verhalten zu lösen.
Ich weiß nicht, was aus ihm wurde. Wir wechselten einige Briefe und nach zwei Jahren kam ein Brief an ihn als unzustellbar zurück.
Wie wird es Paul ergangen sein, dem gutmütigen Postboten aus S., der es immer allen recht machen wollte, oder Heinrich, dem ständig nörgelnden Tischler, der erst nach fünf Monaten seine Abhängigkeit akzeptieren konnte? Oder Jürgen, der, aus der DDR freigekauft, im Westen keinen Halt fand und aus dem Gefängnis direkt zur Therapie kam? Lebt Horst noch abstinent? Seine Frau reichte während der Therapie die Scheidung ein, und es kostete wortreiche Stunden, ihm einen Abbruch auszureden. War Rüdiger, der impulsive Maurer, seinem Vorsatz treu geblieben, künftig bei jedem Richtfest nur Mineralwasser zu trinken? Und zuletzt Dieter, sensibel und verschlossen, im Studium und Beruf gescheitert, alkohol- und medikamentenabhängig, Scheidung, Gefängnis und Psychiatrie, schließlich Therapie...
Als Kellner in einem Psychodrama überredete ich ihn um Haaresbreite zu einem Cognac, und sein verzweifelt gestammeltes »Ich darf nicht trinken, ich darf nicht trinken!« bewegte mich tief.
Später, während einer Radtour, meinte er zu mir: »Ich fühlte mich bei unserem Rollenspiel wie eine Maus in der Falle. So erging es mir ein Leben lang: Ich sagte immer, ich darf nichts trinken, weil ich noch fahren muß; ich darf nichts trinken, weil es sonst zu Hause Ärger gibt, ich darf nicht, ich

darf nicht! Und dann trank ich doch – und wie! Aber ich glaube, jetzt bin ich soweit, daß ich sagen kann: Ich *will* nichts trinken! Das war bisher der größte Schritt für mich...«
Ich denke auch an Andreas; wir teilten zwei Monate das Zimmer. Er wurde rückfällig und starb am Ende eines tragischen Leidensweges 1984 im Leberkoma.
Damals, in den ersten Therapiewochen beschäftigten mich unablässig zwei pochende Fragen: Kann ich in sechs Monaten mein Leben in Ordnung und meine Sucht in den Griff bekommen, und wie soll ich danach die Stunden und Nächte füllen, die ich bislang am Tresen verbrachte?
Die Antworten lagen im Wandel.

FACHKRANKENHAUS RINGGENHOF; noch immer weist dieses unscheinbare Schild an der Straße die Wege zu Neubeginn und Nüchternheit. Ich betrete das Aufnahmegebäude und fühle mich geborgen – ich finde kein anderes Wort. Und diese Geborgenheit, die mich plötzlich so sicher werden läßt, verhilft mir sofort zum Vorsatz, diese erneute Therapie als eine bedeutende Chance für einen aufrichtigen Neubeginn zu begreifen – aber es wird noch einige widerspenstige Wochen dauern, ehe sich dieses Streben erfüllt.
Ich werde als Rückfall eingestuft, das bedeutet, daß ich mein Bargeld abliefern und die Post im Beisein eines Mitarbeiters öffnen muß, außerdem darf ich vorerst keine Telefonate führen und habe mich innerhalb des Klinikgeländes aufzuhalten.
Ich sehe in diesen Eingriffen keine Entmündigung oder Bestrafung, sondern begreife sie – dennoch mit einem leichten Stich im Herzen – als Schutzmaßnahmen vor einem neuerlichen Rückfall.
Bei dieser Tagebucheintragung fällt mir auf, wie leicht ich mich doch wieder in das Räderwerk der Therapie integriere. Sicherlich steht eine ganze Welle von Empfindungen, Auflehnungen, Widerständen und Gefühlen hinter diesem lapidaren Satz »Ich sehe in diesen Eingriffen keine Entmündigung, (...) sondern begreife sie als Schutzmaßnahmen...«; dennoch spiegelt diese Aussage mein tatsächliches Empfinden wider.
Der Ringgenhof vergrößerte sich: Hinter der Gärtnerei wur-

den mehrere Ställe und Scheunen errichtet und neben einem schmucken Gästehaus zwei stattliche Gebäude im Landhausstil für BTM-Patienten.
Die Hausordnung wurde nicht verändert, ebenso der Tagesablauf. Nach wie vor beginnt der Tag mit einem zehnminütigen Frühsport, und wie vor zehn Jahren beginnt die Nachtruhe um 22 Uhr.
Wie bei meiner ersten Therapie verpflichtete ich mich vor der Anreise schriftlich, während meines Klinikaufenthaltes auf Drogen aller Art, nicht verordnete Medikamente, Zigaretten, Cola und Kaffee zu verzichten. Allein die Beschaffung oder der Besitz eines dieser Mittel zieht einen Therapieabbruch nach sich.
Radiohören ist nur mit Kopfhörern gestattet, Walkmen dürfen nur im Zimmer oder außerhalb des Klinikgeländes benutzt werden. Einleuchtend: Es kann nicht Sinn einer Therapie (u. a. auch von Kontaktstörungen, wie sie fast jeder Süchtige aufweist) sein, zwischenmenschliche Beziehungen mit zwei Stöpseln in den Ohren zu verhindern.
Die Säulen der Therapie bilden die Gruppensitzungen sowie die Einzelgespräche mit dem Therapeuten. Weiterhin ist es Pflicht, zweimal wöchentlich am Unterricht teilzunehmen, dort werden die medizinischen und psychologischen Hintergründe der Sucht vermittelt. Neben der Arbeitstherapie sind die Musik-, Ton-, Mal- und Sporttherapie obligatorische Bestandteile der Therapieordnung. Dieses Reglement stellt für jeden Patienten so etwas wie die biblischen »Zehn Gebote« dar und steuert den Aufenthalt in der Klinik bis ins Detail, vom Aufstehen beim ersten Gong über die Kleiderordnung bei den Mahlzeiten bis hin zum abendlichen Lichtlöschen.
Die Woche schließt mit dem freitäglichen Forum und einer VG-Sitzung. Die Ansätze der VG (*V*erantwortlichen-*G*emeinschaft) liegen in jenen Tiefen, die jeder Süchtige kennt: Die Sucht buhlt raffiniert mit allen Tricks, Co-Abhängigkeiten zu schaffen, um schließlich die Verantwortung für sich und sein Tun auf andere abzuwälzen und somit seinem Partner, Arzt, Suchtberater, Seelsorger oder Therapeuten eine zumindest stillschweigende Duldung des Suchtverhaltens abzunötigen.

Unter dem Mantel der diskreten Inkonsequenz gedeiht die Sucht vorzüglich. Die eingefahrenen Suchtmechanismen verlangen nach Verheimlichung und Vorwurfslosigkeit, nach einer diffus schuldgeschwängerten Atmosphäre, in der emotional symmetrische Konsequenzen tunlichst ausgespart werden. Geschickt versteht es der Suchtkranke, die Abgrenzungsversuche seiner Umwelt zu unterlaufen und immer aufs neue künstliche Rücksichtnahme, Mitleid und persönliche Abhängigkeiten zu erzeugen, denn nur auf dieser trickreichen Ebene der psychischen Manipulation vermögen Sucht und Co-Abhängigkeit schließlich »tadellos negativ« zu funktionieren.
Die VG soll dieses typische Suchtverhalten bereits im Keim verdeutlichen und verhindern: Wie verhalte ich mich, wenn ich einen Mitpatienten beim Rauchen ertappe oder Zeuge anderer Verstöße gegen die Therapieordnung werde usw.

Originaltexte meines Therapie-Tagebuches:

(Die Eintragungen wurden nur an den Stellen verändert, an denen sich ein schützenswertes Interesse meiner Intimsphäre ergab. Im übrigen wurden alle Namen und Biographien so verschlüsselt, daß eine Identifizierung der Betroffenen ausgeschlossen ist.)

Ich bin erleichtert darüber, endlich aus dem Sog der Sucht zu driften, und arrangiere mich ohne Widerstände mit den Therapievorschriften. Ich bin froh, noch am Leben zu sein, und verdränge gewandt die Schrecken der zurückliegenden Monate; im Moment bin ich einfach nur dankbar, vielleicht einen Knick in meine Suchtkarriere brechen zu dürfen.
Der Abstand zu Hamburg läßt mich aufatmen und gibt mir die Möglichkeit zur Besinnung. Ich fühle mich als Gleicher unter Gleichen, aufgenommen in eine Gemeinschaft, in der mir niemand mehr mit Mißtrauen und Vorwürfen begegnet. Mir wird keine Rechtfertigung meines Suchtverhaltens ab-

verlangt, und ich muß meine Geschichte nicht mehr schamvoll verschweigen, denn fast jeder hier kann eine ähnliche vorweisen.
Die Therapeuten, die mich noch von 1981 kennen, reichen mir die Hand und heißen mich willkommen – ohne spöttelnde Zwischentöne und in aufrichtiger Herzlichkeit. Ich brauche mich plötzlich nicht mehr hinter Fassaden, Masken und Kulissen zu verstecken, denn ich werde als süchtiger Mensch verstanden und nicht als willensschwacher, verlogener oder gar geistesgestörter Süchtiger, der darüber hinaus keine weiteren Wesenszüge mehr aufzuweisen hat.
Ich fühle mich erleichtert, so als wäre mir stillschweigend Vergebung widerfahren. Allein dies, das Ende der Heimlichkeit, des peinlichen Schweigens und die Akzeptanz meines Vorsatzes, künftig wieder nüchtern leben zu wollen, geben mir einen Teil meiner niedergesüchtelten Persönlichkeit zurück.
Wie lange mag es wohl her sein, seit man mich wirklich ernst nahm und mir nicht bei jeder Lippenbewegung sofort eine süchtige Lüge unterstellte?
Und nun erfahre ich auch wieder, wie empfänglich ich doch für Herzlichkeit, Natürlichkeit und Offenheit bin und was diese Empfindungen in mir bewegen können.

Während der Kapitulation war ich nackt, doch die Abstinenz reichte mir schon bald neue Kleider.
Dennoch: Ich schäme mich und fühle mich zuweilen noch als Nackter unter Bekleideten, denn ich kehre als Versager zurück.
Aber ich muß auch aufpassen, daß ich nicht unterwürfig werde!
(Hätte mich dieser idiotische Rückfall nicht überrollt, stünde ich kurz vor meinem elften »kleinen Geburtstag«!)
Beim ersten Gespräch mit meinem Therapeuten bin ich aufgedreht und rede wie ein Wasserfall. Ich möchte so vieles über mich erfahren und so vieles in mir verändern, daß ich Tag und Nacht an mir arbeiten werde, um ans Ziel zu gelangen. Und ich spüre, wie mir bereits am ersten Tag die Zeit davonläuft...
Wir verbinden unser Kennenlernen mit einem Spaziergang

ins Ried. Herr J. hört konzentriert und anteilnehmend zu, sagt selbst wenig, stellt nur hin und wieder eine Frage.
So absurd es auch klingen mag: Ich kann meinen Rückfall nicht erklären! Es ist mir nicht möglich, das Ereignis, das mich niederwarf, in logischen Zusammenhängen wiederzugeben, denn ich finde den Auslöser nicht. Ich möchte über S. und die Blessuren lamentieren, mit der ich aus dieser Beziehung schlitterte, doch J. winkt ab: Wir wollen zu den Anfängen finden, zu jenen Ereignissen, die weit vor dem Ausbruch der Sucht ihre Spuren gruben.
J. ist zehn Jahre jünger als ich, dies verunsichert mich zunächst ein wenig. Ich hätte mir einen älteren, väterlichen Therapeuten gewünscht. Ich weiß nicht, ob J. meinem Leben, meiner Sucht und meinen Erlebnissen gewachsen ist; vielleicht wird ihn manches erstaunen oder gar abstoßen von dem, was sich während der Rückfallnächte ereignete? Vielleicht wäre hier eine lange therapeutische Erfahrung wichtig? Aber vielleicht kann diese – unterstellte – Unerfahrenheit auch ihre Vorteile in sich tragen: Ich werde erklären müssen, mit Widerständen konfrontiert werden und mir eine präzise Berichterstattung zueigen machen müssen. Dennoch verabschiede ich mich nach dem Einführungsgespräch mit ersten positiven Eindrücken: Ich erlebte ihn als wachsamen, aktiven, ehrlichen und klugen Zuhörer.
Rückfallbehandlungen dauern in der Regel sechs bis zehn Wochen; ich erhielt eine Kostenzusage für vier Monate und werde nach sechs Wochen gemeinsam mit J. den Zeitpunkt meiner Entlassung festlegen.

Bereits wenige Stunden nach meiner Ankunft findet die erste Gruppensitzung statt. Die relativ kleine Besetzung – sieben Patienten – läßt rasch eine vertraute und intime Atmosphäre entstehen; das ist sehr wichtig, denn nur in der Sicherheit einer ausgesprochenen, gewachsenen Vertraulichkeit wird es mir schließlich möglich sein, mich schrittweise zu öffnen. Aber auch dahin muß zuerst noch ein Weg gebahnt werden.
Doch zunächst folgt der Einstieg, die persönliche Vorstellung, in der jeder, und wenn auch verschlüsselt, einen Teil seines Lebens preisgibt:

Werner, 27, ledig, EDV-Kaufmann:
»Ich bin alkohol-, nikotin- und medikamentenabhängig. Ich habe vor drei Jahren eine viermonatige Therapie absolviert und bin seitdem trocken.
Ich bin hier, weil mein Zigarettenkonsum seit einiger Zeit ins Maßlose wächst. Zuletzt rauchte ich etwa achtzig bis einhundert am Tag, dazu trank ich übermäßig Kaffee. Hätte man mich hier nicht aufgenommen, wäre ich wohl in absehbarer Zeit rückfällig geworden.
Ich habe durch meine Krankheit zu Gott gefunden und bin Christ geworden. Mein Glaube bewahrte mich bislang vor einem Rückfall.«

Peter, 39, verheiratet, Versicherungsagent:
»Ich bin Alkoholiker, genau: Gamma-Alkoholiker in der chronischen Phase. Ich habe ebenfalls eine Therapie hinter mich gebracht, sechs Monate, und war fast vier Jahre trokken. 1989 machte ich mich selbständig und arbeitete von nun an etwa zehn bis vierzehn Stunden täglich. Im Januar 1990 wurde ich rückfällig und bin froh, daß nun alles vorüber ist. Ich bin Feinmechaniker, arbeite aber nicht mehr in meinem Beruf, sondern bin jetzt – wie gesagt – für einige große Versicherungskonzerne tätig.«

Martin, 49, ledig, Maschinenschlosser:
»Ich bin Alkoholiker und süchtiger Raucher.
Ich habe eine sechsmonatige Therapie gemacht und bin seit vier Jahren trocken.
Vor fünf Jahren wurde mir nach einem Verkehrsunfall das linke Bein amputiert, und ich lag über zehn Monate im Krankenhaus. Ich verschuldete den Unfall, denn ich lief total betrunken über eine stark befahrene Straße, ohne dabei nach links oder rechts zu schauen. Danach folgte eine Reha-Maßnahme, nach der ich wieder arbeitsfähig war, allerdings nur noch für eine sitzende Tätigkeit.
Vor zwei Jahren verspürte ich zum erstenmal Schmerzen in meinem rechten Bein. Sie steigerten sich im Laufe der Monate, der Fuß wurde zeitweise eiskalt und gefühllos, so daß ich kaum noch das Haus verlassen konnte. Schließlich stellten die Ärzte einen arteriellen Verschluß fest und teilten mir

mit, daß es sich bei meiner Krankheit um ein Raucherbein handelte.
Ich rauche seit meinem fünfzehnten Lebensjahr. Auch während der Therapie durfte ich – im Gegensatz zu dieser Klinik – rauchen. Und gerade in dieser Zeit kletterte mein Zigarettenkonsum schwindelerregend in die Höhe. Zuletzt rauchte ich etwa neunzig Zigaretten pro Tag, mal einige mehr oder vielleicht auch weniger.
Ich mußte mich einer Bypassoperation unterziehen. Der Chirurg riet mir energisch, sofort das Rauchen aufzugeben, denn sonst wäre in ein, zwei Jahren auch eine Amputation meines verbliebenen Beines fällig.
Ich bin hier, weil ich nicht mehr rauchen möchte.«

Markus, 36, verheiratet, Rechtsanwalt:
»Ich bin Alkoholiker und nikotinabhängig.
Ich war vor drei Jahren hier auf dem Ringgenhof zur Kur und blieb sieben Monate. Schon damals war klar, daß ich 1991 eine Festigungskur antreten werde. Ich hoffe, daß ich mit acht Wochen auskommen werde. Ich bin nicht rückfällig geworden, dafür sorgte nicht zuletzt meine Frau. Aber ich glaube, ich stehe kurz vor einem Rückfall, und ich bin sehr dankbar, daß ich hier so kurzfristig einen Platz fand, denn meine Festigungskur war ursprünglich für den Sommer geplant.
Ich rauchte im Zug die letzte Zigarette und fühle jetzt eine starke Unruhe in mir.«

Georg, 33, verheiratet, Arbeiter:
»Ich bin alkoholabhängig und bin seit vier Jahren trocken.«
(Längere Pause, Georg schaut regungslos zu Boden.)
»Es fällt mir sehr schwer, in einer Gruppe zu reden. Ich bin sehr gehemmt. Immer habe ich das Gefühl, etwas falsch zu machen. Ich glaube, ich rede immer nur dummes Zeug. Die anderen können wesentlich besser reden als ich.
Ich habe eine sechsmonatige Kur hinter mir und trinke seitdem nichts mehr. Ich bin hier, weil ich seit einiger Zeit mit dem Rauchen Probleme habe.
Auch ich rauchte heute vormittag die letzte Zigarette und bin jetzt sehr nervös.«

Thomas, 51, geschieden, Betriebswirt und Dipl. Ing.:
»Ich bin im Management eines internationalen Konzerns tätig und hielt mich im letzten Jahr mehr in den Staaten als in Deutschland auf. Ich bin Alkoholiker, genauer: Spiegeltrinker, und bin seit fünf Jahren trocken. Meine Therapie, sechs Monate, fand hier auf dem Ringgenhof statt. Ich bin hier, um wieder etwas in mich hineinzuhören und einige – ich möchte sagen – liegengebliebene Probleme aus meiner Therapie aufzuarbeiten.
Ich gab vor fünf Jahren das Rauchen auf, habe also keine Schwierigkeiten, mich hier sofort zu akklimatisieren. Soviel fürs erste.«

Ich, 38, ledig, Krankenpfleger, Pizzakellner, Schriftsteller:
»Ich bin Gamma-Alkoholiker in der chronischen Phase.
Ich bin nach mehr als achtjähriger Abstinenz rückfällig geworden. Ich suche noch immer nach einer Erklärung dafür, aber ich fand noch keine. Ich weiß nicht, ob meine Abstinenz das darstellte, was man gemeinhin als zufriedene Abstinenz bezeichnet. Jedenfalls führte ich ohne Alkohol ein sinnvolles und zufriedenes Leben.
Der Rückfall brach wie eine Katastrophe über mich herein, und das erste Glas warf mich wieder zum letzten Glas meiner zurückliegenden nassen Zeit zurück.
Ich bin hier, weil ich Hilfe benötige. Allein schaffe ich es nicht, wieder nüchtern zu leben.«

In den folgenden Gruppensitzungen gebe ich mich unvermutet schwatzhaft; schwatzhaft, aber nicht mitteilsam, denn meine gekünstelten Aussagen über meinen Rückfall lassen noch jeglichen Tiefgang vermissen.
Ich stelle mich dar und genieße auch unterschwellig die Bewunderung, die mir aufgrund meiner langjährigen Nüchternheit zuteil wird, und mittels ironischer Wortspielereien gelingt es mir zunächst, mich vor einer persönlichen Offenbarung und Betroffenheit zu drücken.
Ich vertröste mich auf einen späteren Zeitpunkt; denn ehe ich mich öffne, muß zuerst mein Vertrauen zur Gruppe

wachsen. Aber ich spiele bereits wieder eine Rolle, und ich koste es aus, daß ich für die anderen nicht zu durchschauen bin.
Ich frage mich: Kann ich mich mit dieser stereotypen Maskerade von meinem eingefahrenen, lebensgefährlichen Suchtverhalten trennen? Wohl kaum.
Ich erinnere mich an meine Gruppenangst vor zehn Jahren: In den ersten sechs Wochen war ich so sprachgehemmt, daß ich Herzklopfen und Schweißausbrüche bekam, wenn ich über mich reden mußte, und regelmäßig vor jeder Gruppensitzung plagten mich heftige Magenschmerzen, die erst am späten Abend abklangen.
Meine lange Nüchternheit löst bei den meisten Patienten Erstaunen aus, und viele können zunächst nicht begreifen, daß ich nach solch einer langen Abstinenz dennoch rückfällig wurde. Für die meisten, die gerade eine Langzeittherapie absolvieren, stellt eine achtjährige Abstinenz ein beinahe unerreichbares Traumziel dar. Diese Reaktionen berühren mich sehr; ich ziehe mich sofort zurück und vermeide Gespräche über meine jüngste Vergangenheit. Natürlich löchern mich einige unverdrossene Leidensgenossen unentwegt mit unmißverständlichen Fragen über St. Pauli und die Reeperbahn. Zwar berichte ich dann doch freimütig aus dem Innern der Sünde; aber meine persönlichen schlüpfrigen Episoden spare ich dabei aus.

Das gegenseitige Kennenlernen gestaltet sich müheloser, als ich dachte und fürchtete. In den ersten Tagen kreisen die Gespräche nur um Alkohol, Rückfall und den strapaziösen Nikotinentzug. Jeder gibt einige herausragende Erlebnisse aus seiner nassen Zeit zum besten, und die anfängliche Zurückhaltung weicht recht bald einer kumpelhaften Verbundenheit, basierend auf der Krankheit, die uns hier zusammenwürfelte.
Wir sind uns nicht mehr fremd, aber wir vertrauen uns noch nicht.
Ich erlebe mich als ein Schicksal unter vielen, wenngleich ich meine, daß ich während meines ca. dreijährigen Rückfalls doch unverhältnismäßig viel erleiden mußte...
Ich passe mich an, ohne aufzufallen und ohne mich aufzuge-

ben: ein diffiziler Eiertanz, auf den ich vielleicht einmal verzichten kann, aber ich kenne ja meine Probleme mit Distanz und Nähe – weshalb sollten ausgerechnet in diesem Bereich in den ersten Tagen schon Wunder geschehen?
Ich fülle die Anfänge der Therapie mit einer persönlichen, intimen Spurensicherung, denn ich möchte das auslösende Moment meines Rückfalles zu fassen bekommen.
Die Einzelgespräche mit J. decken sich mit dem Muster meiner Beziehungen in den zurückliegenden drei Jahren:
Ich gebe mich korrekt und willig, spiele dazwischen ein wenig mit Arroganz und Trotz, buhle geschickt um Aufmerksamkeit und Zuwendung, taktiere mit Ironie und gespielter Renitenz und versuche immer wieder, die Enttäuschung und tiefe Demütigung, die mir durch S. widerfuhr, in den Mittelpunkt zu rücken.
Ja, ich bin der festen Überzeugung, durch E. und insbesondere S. ungerchtfertigt, inadäquat und zutiefst inhuman gedemütigt worden zu sein. Ich fühlte mich noch nie so einsam und erniedrigt wie am Ende dieser Beziehungen.
Ja – es bereitet mir Schmerzen, auch wenn ich im Moment ganz locker darüber spreche, aber meine Lässigkeit täuscht – ich schütze mich eben.
Ich schütze mich, weil meine Gefühle schon des öfteren mißbraucht wurden. Es gab Situationen in meinem Leben, in denen ich mich völlig öffnete – und schließlich bestürzt feststellen mußte, daß mein Vertrauen schamlos ausgenutzt und mißbraucht wurde. Ich vergesse diese Schmerzen der Niederlage und Fassungslosigkeit wohl nie. Ich litt auch sehr darunter und errichtete wohl schon früh in meinem Leben massive Barrieren und Sperren, um gegen weitere Debakel gewappnet zu sein.
Schon als Kind hatte ich das Gefühl – immer zwischen den elterlichen Fronten lavierend –, nie ich selbst sein zu dürfen. Inmitten der ehelichen Scharmützel suchte ich die Wege des geringsten Widerstandes, verzweifelt bemüht, es beiden Kriegsparteien recht zu machen, um mir so wenigstens ein Minimum an Zuwendung zu sichern. Ich sagte Vater nie, daß ich ihn ablehnte und lange Zeit haßte; ich sagte es Mutter, und sie stimmte mir in der Regel zu.
Oder Mutter weinte mir vor, wie verachtenswert und nichts-

nutzig Vater doch sei. Vielleicht hinderte sie mich daran – aus welchen Gründen auch immer – in eine unvoreingenommene und unbelastete Beziehung mit Vater zu treten. Ich schloß nach Vaters Tod Frieden mit jener unvollständigen und von kühler Distanz gekennzeichneten Figur, die sich mir eingeprägt hatte, aber ich hatte immer das Gefühl, ein Kapitel meiner Kindheitsgeschichte abzuschließen, von dem ich nur wenige Zeilen wirklich kannte. Nach Vaters Tod spürte ich ein heftiges Verlangen nach seiner Nähe, ich klammerte die Trauer aus meinen Gefühlen aus und sehnte mich nach einer ehrlichen, liebevollen und auch belastbaren Bevaterung.

Ja, ich wünschte mir Vater zurück, und ich nahm mir vor, unsere neue und eigentlich erste leibhaftige Beziehung in aufrichtiger Zuneigung und tiefem Verständnis für *seine* Lebensgeschichte zu beginnen.

Ich erinnere mich, daß ich in der Schule neidisch war auf die Väter mancher Klassenkameraden; so wünschte ich mir einen Vater: ein verständnisvoller, interessierter Zuhörer, loyal, ratgebend, richtungsweisend, vor-bildlich und integer. Noch heute trauere ich manchmal diesem klassischen Vaterbild nach.

Ich glaube sogar, daß mein Vater einige jener Eigenschaften besaß, nach denen meine Vaterwünsche eiferten; dennoch überwogen in meiner Wahrnehmung die negativen Zerrbilder und eine wehmütig-schwankende Distanz.

Indem ich dies schreibe, wird mir bewußt, daß ich erneut Wasser auf meine Rechtfertigungs- und Verhaltensmühlen schütte. Das ist der irrationale und bequeme Weg, der mich bis zum Grab von jeder persönlichen Verantwortung für mein Handeln befreien würde. Und dieser Weg erwiese sich dann früher oder später als eine enge, stickige Sackgasse, die kaum eine Möglichkeit zur Umkehr böte.

Sicher befinde ich mich momentan in einer Phase, in der ich – durch Fügung oder Schicksal der Sucht entronnen – verunsichert und ratlos nach Erklärungen suche, dennoch: Ich kann und darf nicht über die Breite meines Lebens hinweg die Mißgeschicke meiner Kindheit, mein unerfülltes oder defizitäres Vaterideal und vermeintliche Härten des Schicksals für mein Verhalten verantwortlich machen, denn damit würde ich mich zu einem beträchtlichen Teil entmündigen. Ereiferte ich mich nicht des öfteren über die Unfähigkeit jener der Jugend biologisch längst Entwachsenen, Abschied von der ewig präsenten und dominierenden Kindheit zu nehmen, mündige Entscheidungen zu treffen, endlich flügge zu werden und überflüssigen Ballast aus dem Lebensrucksack zu werfen?

Nein, aus meiner Kapitulation vor der Droge Alkohol und aus der Arbeit an meinem süchtigen Selbst kann ich nicht die Erlaubnis ableiten, immer wieder naiv in die Vergangenheit zurückzufallen und andere für mein Versagen, meine Krankheit und mein schreiendes Elend verantwortlich zu machen. Und dabei ist mir auch bewußt, daß es bis heute keine definitive Antwort auf die Frage nach den Ursachen der Alkoholabhängigkeit gibt. Wenn ich also eine persönliche Spurensicherung in meiner Vergangenheit betreibe, dann deshalb, um auch diese Teile meiner Lebensgeschichte in meine Verantwortung zu übernehmen und hier neue Ansätze für meine Gegenwart zu finden, durch die ich mein Verhalten verändern kann.

Ich gestehe ein, es bereitet mir Angst und Unbehagen, daß die Ursachen der Alkoholabhängigkeit unbekannt sind, denn das bedeutet, daß es nicht genügt, abstinent zu leben, sondern daß ich auch mein Leben von Grund auf neu orientieren und gestalten muß.

Und mir wird jetzt auch klar: Mein Leben weist Probleme und Fragen auf, die ich beantworten und lösen muß, um künftig abstinent leben zu können. Diese Fragen und Probleme existierten bereits lange vor dem Ausbruch meiner Krankheit 1970 und auch vor meinem Rückfall 1987. Bereits bevor ich zum ersten Glas griff, war ich nicht mehr in der Lage, mein Leben zu bewältigen!

Nachtrag: Mit gemischten Gefühlen (Unsicherheit, fast so etwas wie Entwurzelung und Angst vor der Zukunft) stelle ich fest, daß ich nun wieder mein Verhalten überdenke und reflektiere. Trotz dieser positiven Entwicklung überwiegt im Augenblick die Furcht vor weiteren bahnbrechenden Erkenntnissen, Konsequenzen und eventuell unbequemen, schmerzhaften Veränderungen.

Ich bete wieder, ich spreche wieder zu Gott. Zwar verhalten, fast unbeholfen und kleinlaut, aber ich mache es mir zur Gewohnheit, am Ende eines Tages zu danken und zu bitten, und sei es auch nur in meiner bruchstückhaften Form mit fahrigen Gedanken, tiefen Seufzern und ehrlichen Tränen.

Markus traf ins Schwarze, als er bei einem Spaziergang sagte: »Während meiner Kur durfte ich die außergewöhnliche Erfahrung machen, daß die eigentlichen, die wichtigsten und persönlichsten Veränderungen außerhalb von Gruppe und Einzeltherapie stattfinden, nämlich bei langen und einsamen Waldspaziergängen. Hier, abseits der großen, ja, allmächtigen Therapie, werden die wahren Dramen aufgeführt; hier wird die Therapie verdaut und zerpflückt, hier werden die zukunftsweisenden Entscheidungen getroffen, hier reift der Entschluß zur Abstinenz. Hier wird die Seele gelüftet und die Sucht diszipliniert.«

Jede Gruppensitzung hinterläßt eine Spur und bewirkt eine Veränderung, die mir oftmals erst Tage danach bei einem Waldspaziergang deutlich wird.

Ich lasse mich nicht mehr antreiben und nehme mir vor, mir für meine Entwicklung die Zeit zu nehmen, die ich benötige, selbst wenn ich länger als vier Monate hier verbringen muß.

Ich möchte Gelassenheit erlernen. Dabei meine ich keinesfalls, daß ich mir ein dickes Fell zulegen möchte, denn dann wäre ich stumpf und dickhäutig. Ich möchte auch nicht über den Dingen stehen – diese Scheingelassenheit ist nichts anderes als eine Betäubung. Ich glaube, Gelassenheit hängt eng mit loslassen zusammen. Ich werde versuchen, alles, woran ich mich klammerte, loszulassen. Natürlich begebe ich mich damit in ein unbekanntes Neuland, und ich weiß nicht, was mich dort erwartet – aber ich will es einfach wagen.

Ich versuche weiter, meine überzogenen Ansprüche an mich (übermäßige Korrektur, punktgenauer Sprachgebrauch, keine Schwächen, sprich Gefühle zeigen etc.) drastisch auf ein reales, umsetzbares Maß zu reduzieren. Die Rückmeldungen der Gruppe bestätigen meinen verstohlenen Wunsch,

eine einfache, verständliche und ehrliche Sprache zu sprechen, nicht immer und zu jeder Zeit männliche Dominanz und Unverwundbarkeit demonstrieren zu müssen, sondern auch ruhig einmal Fehler zu begehen und dafür einzustehen und auch Schmerzen zuzulassen.
Während der achten Gruppensitzung meint Werner plötzlich: »Hans, du mußt endlich einmal aufweichen, Gefühle zeigen, auch wenn es vielleicht weh tut oder danebengeht, aber du kannst dich nicht immer und ewig verschanzen...«
Und Rainer fügt hinzu: »Ich erlebe dich als freundlichen, gebildeten und zurückhaltenden Zuhörer. Wenn ich dir etwas von mir erzähle, dann fühle ich mich verstanden. Du hast ein ausgeprägtes Gespür für schwierige Situationen; du bist sehr einfühlsam und verstehst es, ein Gespräch mit dir zu einem eindrucksvollen Erlebnis werden zu lassen. Du bist ein freundlicher Mensch, und ich frage mich, wie du mit deinen Ängsten, deinem Ärger und deinem Frust zurechtkommst?«
Noch ehe ich mich äußern kann – und ich möchte so gerne eine geschliffene Antwort geben! –, meldet sich J. zu Wort: »Auch auf mich wirken Sie beständig freundlich, vielleicht sogar überfreundlich. Ich habe den Eindruck, daß Sie sich allzu leicht anpassen, sich wie im Reflex beinahe bedingungslos unterordnen und dabei Ihr Verhalten sehr streng kontrollieren, immer darauf bedacht, bei niemandem anzuecken. Sie wollen sich keine Feinde schaffen, sondern lieber der freundliche, kleine Junge sein, den alle mögen. Denken Sie einmal darüber nach: Wäre es denn nicht sinnvoll, auch mal einen Konflikt zu wagen, wenn eine Situation es erfordert? Was können Sie dabei verlieren? Grob formuliert heißt das: Lieber eine Auseinandersetzung riskieren als einen Rückfall aufgrund aufgestauten, unterdrückten Ärgers!«
Mit diesen akzentuierten Einwänden nimmt er mir prompt den Wind aus den Segeln! Ich verzichte auf eine ausgefeilte und pflückreife Antwort und wage den Versuch, frei aus meinen Gefühlen zu sprechen:
»Eigentlich verhalte ich mich so wie immer. Vielleicht bin ich jetzt, ohne Alkohol, etwas zurückhaltender und ver-

schlossener als in den Zeiten meiner Rückfälle. Ich freue mich natürlich, wenn mir Freundlichkeit und Einfühlsamkeit zugeschrieben wird, obgleich dies nichts Neues für mich ist. Solange ich nichts trinke, fällt es mir leicht, mein Verhalten zu kontrollieren, sobald ich Alkohol trinke, verändere ich mich – wenn auch in eine völlig falsche Richtung: Nach ein, zwei Flaschen Sekt fiel es mir nie sonderlich schwer, meinem Ärger Luft zu machen, manchmal allerdings reichlich überzogen. Ich provozierte mehr, als meine Wut zu äußern. Und damit schuf ich neue Konflikte und auch neuen Ärger, den ich wieder umleiten mußte oder, je nach Trunkenheitsgrad, unverhältnismäßig scharf rauspoltern ließ. Das führte dann dazu, daß ich mir am nächsten Morgen heftige Vorwürfe machte, unter massiven Schuldgefühlen litt und mich geradezu unterwürfig benahm, nur um meine Ausbrüche vergessen zu machen.
Ja, es ist richtig: Ich ertrage es nicht, abgelehnt zu werden. Es tut mir weh, jemandem weh tun zu müssen – und das tue ich, wenn ich Aggressionen zeige oder mein Mißfallen ausdrücke –, denn ich ertrage es auch nicht, wenn dadurch eine Beziehung gleich welcher Art, zu Ende geht; ich empfinde das als maßlose Kränkung.
Ich glaube, daß mein nüchternes und damit gefälliges Verhalten eine negative, depressive und ängstliche Geschichte aufweist. Übrigens ziehen sich Depression und Aggression wie ein roter Faden durch meine Geschichte; mit diesen Gefühlen hatte und habe ich am heftigsten zu kämpfen.
Gegen die Depressionen kann ich mich nicht zur Wehr setzen, sie brechen aus heiterem Himmel über mich herein, ziehen mich in die Tiefe und verziehen sich dann wieder.
Die Aggressionen hingegen verlaufen stumm und gänzlich in mir, ohne daß meine Umwelt etwas davon bemerkt. Ich schaffe es nicht, meiner Wut und meinem Verletztsein direkt Ausdruck zu verleihen, vielmehr trage ich es immer hinter meiner Stirn aus.
Ich habe nicht gelernt, Gefühle zu zeigen. Ich hatte gefälligst auf Gefühle zu verzichten, und wenn ich tatsächlich welche entwickelte, durfte ich sie nicht zeigen.
Mein Vater bleute mir ein: ›Ein Mann zeigt keine Gefühle!‹ Zeigte ich mich weich, verletzt und sensibel, dann war ich

›ein Versager, ein Weichling, eine von Mutter verzärtelte Mimose‹.
Mutter hingegen lag mir schon in meiner frühen Kindheit in den Ohren: ›Nimm dich nicht so wichtig!‹, oder wenn ich mich einer Anforderung gegenübersah, konnte ich sicher sein, sofort zu hören: ›Laß das doch, das schaffst du sowieso nicht‹ oder ›Laß die Finger davon, das ist nichts für dich!‹
Ich glaube, wenn ich diese prägenden Eindrücke auf meine Sucht übertrage, so wird mir deutlich, daß ich mein Suchtmittel benutzte, um erstens meine Aggressionen zu kontrollieren und zweitens, was vielleicht noch wichtiger ist, um mich vor unbequemen, erwachsenen Problemlösungen und Entscheidungen zu drücken.
Ich möchte meine Zeit hier dazu verwenden, eine bewußte Auseinandersetzung mit meinem bisherigen Verhalten zu suchen, und hoffe, daß ich dabei lerne, Probleme ohne Alkohol zu überwinden. Und ich beginne jetzt zu verstehen, welch eine wichtige Rolle Gefühle dabei haben.«
Später, bei einem langen Waldspaziergang im Nieselregen (im Regen spazierenzugehen ist einfach herrlich – und ich begegne dabei garantiert niemandem!), staune ich über meinen Mut, in der Gruppe so freimütig gesprochen zu haben. Sicher gab ich keine Sensationen preis, aber ich offenbarte mich ein gutes Stück mehr als üblich – und üblich war Null. Ich konnte bislang nur betrunken über meine Gefühle sprechen und dann stets in selbstanklägerischen, verschlüsselten Phrasen, die niemand verstand.
Mir widerfuhr heute etwas sehr Wohltuendes: Ich gewährte ein wenig Einblick in meine Gefühle und durfte dabei feststellen, daß keiner in der Gruppe über mich lachte, die Nase rümpfte oder Mißfallen äußerte.

In mir vollzieht sich eine kraftvolle Veränderung: Sowohl die Einzelgespräche mit J. als auch die Gruppensitzungen und nicht zuletzt meine abendlichen Spaziergänge tragen dazu bei, die charakteristischen Fäden meines Problemknotens zu entwirren. Manchmal kann ich nur mühsam die Tränen zurückhalten, obgleich ich weiß, daß ich weinen darf,

denn es würde mir nicht als Schwäche angekreidet. Dennoch will ich nicht weinen.
Ich bewege und wandele mich in winzigen, teils unbewußten Schritten, keinesfalls mit einem großen Knall oder in sensationeller Größe. Die alltäglichen Begegnungen, jede noch so unbedeutende Konfrontation mit Vergangenheit und Gegenwart sowie jedes zufällige Gespräch gelangen nun als unverzichtbare Mosaiksteinchen meiner inneren Revision zur Geltung; Steinchen für Steinchen nähere ich mich einem neuen Lebensgefühl.

Visite beim Internisten; die Laborbefunde sind eingetroffen: Die Leberwerte liegen noch etwas über dem oberen Normbereich, büßten aber deutlich ihre Dramatik ein.
Der AIDS-Test verlief negativ.
Während der Maltherapie kreisten meine Gedanken um das letzte Einzelgespräch mit J.: Ich knüpfte an meine erste Öffnung in der Gruppe an und monologisierte nochmals über die wiederbelebten Gefühle meiner Kindheit:
Ich erinnere mich deutlich an mein Verletztsein, wenn Vater oder Mutter mich kränkten, und auch an meine Unfähigkeit, entsprechend darauf zu reagieren. Ich hatte immer eine passive Rolle inne. Ich nahm nicht das wahr, was sich in mir ereignete, sondern ich tat stets das, was die anderen von mir wollten und erwarteten.
Jetzt, da ich wieder die Möglichkeit besitze, klar und gezielt in mir zu forschen, wird mir deutlich, daß ich auch ein anderes Verhalten aus meiner Kindheit unbesehen mit in mein Leben nahm; ich kann es kurz fassen: Ich hätte Mutter sehr weh getan, wenn ich meiner kindlich-hilflosen Rolle entschlüpft wäre. Diese fixe Idee zog sich mannigfaltig durch mein gesamtes Leben. Hinzu gesellte sich eine maßlose Anspruchshaltung, »Ich will alles, und zwar sofort!«, die mir ungezählte Frustrationen und Konflikte bescherte, denn natürlich erhielt ich im Leben weder alles noch das eine oder andere sofort.
Ich blieb klein, hilflos und infantil. Dies spiegelt sich auch in den alltäglichen zwischenmenschlichen Kontakten, aber auch in meinen Liebesbeziehungen wider.
Statt erwachsen, reif und problemlösend zu reagieren, ver-

harrte ich ängstlich und enttäuscht, zornig und verletzt in meiner kindlichen Ecke; statt nervenaufreibenden, zerstörerischen Situationen so rasch wie möglich ein Ende zu bereiten, flüchtete ich in das Kind zurück und begann zu trinken. Jetzt wird mir auch deutlich, weshalb ich nach den ersten Konflikten, Widersprüchen und Enttäuschungen die Beziehung zu E. nicht löste und weshalb ich mich in meinem Leben immer wieder zu Dingen hinreißen ließ, die mir im Grunde zuwider waren, die mir schadeten und die im krassen Widerspruch zu meinen eigenen Wünschen standen.
Meine erste Reaktion in der Maltherapie: O Gott, ich kann beim besten Willen nicht zeichnen! Ich möchte mich am liebsten verdrücken, einfach verschwinden oder mich mit einer Kreislaufkrise entschuldigen. Ich spüre die geheime Angst, mit Farbe und Pinsel eine neue Auseinandersetzung heraufzubeschwören, und: Ich kann wirklich nicht zeichnen! Höchstens ein kümmerliches Strichmännchen, über mehr Talent verfüge ich nicht. Ich werde sogar ein wenig zornig und trotzig, weil mir etwas abverlangt wird, wovor ich mich fürchte. Aber nachdem ich erfahre, daß nur mit groben Pinseln und ohne Bleistiftskizzen gearbeitet werden soll, versuche ich wenigstens halbherzig das vorgegebene Thema »Neubeginn« in Formen und Farben umzusetzen.
Ich kenne die Hintergründe nicht, die mich bewegen, ausgerechnet die Kykladeninsel Amorgos mit der Neuerung meiner Lebensinhalte zu verknüpfen. Aber mit diesem kargen und für den aufmerksamen Betrachter doch unerwartet farbenprächtigen Eiland verbinden sich für mich die Sehnsüchte nach einem natürlichen, einfachen Leben, nach Rückzug aus der Großstadthektik, nach Entspannung und Besinnung. Nein, ich möchte nicht zurückflüchten oder weiterflüchten; sobald ich mein Leben geordnet und eine neue Lebensmitte gefunden habe, werde ich wieder einen Urlaub auf Amorgos verbringen.
Es wäre unrealistisch, dort meinen Lebensabend verbringen zu wollen. Verfügte ich tatsächlich über die finanziellen Mittel, um mich auf dieser Insel niederzulassen (aber auch hier verdränge ich nicht mehr die Realität, die besagt, daß von tausend Schriftstellern etwa sieben ausschließlich von ihren Honoraren leben können!), so wäre zwar die Sprachbar-

riere nach einer gewissen Zeit beseitigt, aber das zöge beileibe noch keine Integration in das soziale Gefüge nach sich: Rolf, ein schrulliger Lebenskünstler aus Kopenhagen, ließ sich vor vierzehn Jahren auf Amorgos nieder – und ist in den Augen der Inselgriechen immer noch »der Däne«; ich würde trotz aller Bemühungen immer der Fremde, »der Deutsche«, bleiben.

In meinem Bild dominieren die typischen Kykladenfarben blau und weiß. Ich male schwungvoll, bringe die Farben fast leidenschaftlich zu Papier, bemüht, meinen Impressionen und Gefühlen gerecht zu werden. Vieles in mir ist aufgewühlt und befindet sich in der Schwebe. Mein Umbruch zerklüftet die Sehnsüchte, Wünsche und Ziele in fragmentarische Erinnerungsfetzen und verworrene Vorsätze. Noch überwiegen in mir Unruhe und Furcht angesichts des Wandels; mein aufgewühltes, tiefblaues Meer tost unerbittlich, so als wollte es seine delphischen Tiefen an Land speien; die hellblaue Kirchenkuppel hingegen vermittelt Obdach, Angenommensein und Vergebung.

In meinem zweiten Bild, einer Improvisation, drängen sich die Farben Rot und Schwarz in den Vordergrund. Die gesamte Fläche stöhnt unter wilden Turbulenzen, orgiastischen Farbkaskaden und scheinbar sinnlosen, feurigen Klecksen, die sich wie Störenfriede in die Tumulte meiner Geschichte mogeln. Noch ist keine durchscheinende und fest umrissene Lebenslinie erkennbar, aber die wilden Elemente des Bildes weichen zum Ende dann doch den Farbinseln der Ruhe und Einsicht.

Bei den Mahlzeiten fällt mir Fabian auf, der den Tischgebeten in außergewöhnlicher Versunkenheit lauscht. Bei einem Abendspaziergang teile ich ihm meine Beobachtung mit.

»Bist du Christ?«

Er antwortet mit einem strahlenden Lachen:

»Ja! Vor zwei Jahren fand ich über einen Freund zu Gott; ich bin sehr glücklich darüber.

Ich möchte dir kurz meine Geschichte erzählen. Sie ist eigentlich nicht so ausgefallen, wie ich noch vor einiger Zeit dachte, aber es ist mein Weg, und ich bin froh, die Strecke hierher überlebt zu haben.

Meine Sucht hätte mich um ein Haar das Leben gekostet. Ich bin ein sogenannter Polytoxikomane, bin also eingeschossen auf Medikamente, Alkohol und Opiate.
Vollgepumpt mit Alkohol und Captagon drückte ich mir einen Speedball, eine Mischung aus Kokain und Heroin, und erwachte nach einigen Tagen auf der Intensivstation. Im Notarztwagen kam es zum Atemstillstand, und für zwei Tage hing mein Leben an einem seidenen Faden.
Als ich mir das Zeug drückte, kalkulierte ich ganz bewußt meinen Tod mit ein, denn nach sieben süchtigen Jahren gab es nichts auf dieser Welt, was mich noch ans Leben hätte binden können. Selbst die allmächtigen Drogen, für die ich ja wie besessen lebte, waren nun nicht mehr fähig, mir einen winzigen Lebensimpuls vorzugaukeln; ich vegetierte auf Kredit mit stündlicher Kündigungsfrist.
Ich verschwendete bis zu jenem Erlebnis keinen einzigen Gedanken an Gott – weshalb auch? Für mich war dieser alte Mann da oben nichts weiter als ein Geist, der in der Kirche zu Hause war, und mit der hatte ich nach meiner Konfirmation gebrochen, im Zorn, in Enttäuschung und unwiderruflich. Meine Kindheit erlebte ich in der größten Gottesferne, die man sich vorstellen kann: Mein Vater war ein grober Klotz, ein gewalttätiger Säufer der übelsten Sorte. Ich kann die Nächte nicht aufzählen, in denen er meine Mutter, meine Geschwister und mich verprügelte. Es verging mit Sicherheit kein Monat, in dem nicht mindestens einmal die Polizei zu uns ausrücken mußte. Strafanzeigen, Untersuchungshaft, schließlich Bewährung, dann wieder Suff und Prügel, Endstation Knast. Schon wenige Wochen nach seiner Entlassung kam er erneut wegen gefährlicher Körperverletzung in U-Haft und wurde abermals verurteilt; dieses Drehtürspektakel zog sich über Jahre hin. Kaum war er in Freiheit, trank er wieder und terrorisierte die Familie, warf mit einem Küchenmesser nach Mutter, schlug seine sieben Kinder grün und blau.
Er bestand darauf, daß ich eine Lehre als Fleischer machen sollte – einen abscheulicheren Beruf konnte ich mir nicht vorstellen! In den ersten Wochen prügelte mich mein Vater buchstäblich zur Arbeit. Ich spielte immer öfter mit Selbstmordgedanken, war aber zu feige, sie in die Tat umzusetzen.

Ich begann zu trinken und zu kiffen und hielt schließlich, ich weiß nicht wie, zwei Jahre der Lehre durch. Dann wurde Vater mit einem Blutsturz ins Krankenhaus eingeliefert, und die Ärzte gaben ihm kaum eine Chance.
So grausam es klingen mag: Keiner von uns war traurig darüber. Hatten wir ihm denn nicht schon x-mal den Tod gewünscht, sagte denn nicht selbst Mutter unzählige Male: ›Wenn er doch nur vor ein Auto laufen oder sich endlich zu Tode saufen würde!‹ Ich hätte nie gedacht, zu solchen kaltschnäuzigen und unbarmherzigen Gefühlen fähig zu sein, aber Wut, Angst und Haß deformierten mich gänzlich. Vielleicht kann dies auch nur jemand verstehen, der sich in einer ähnlichen Lage befand?
Ich nutzte die Gelegenheit und verschwand. Ich war siebzehn und sah meinen Vater nie wieder; er starb ein Jahr später.
Ich schloß mich einem kleinen Zirkus an und reiste quer durch Deutschland. Zuerst half ich nur beim Auf- und Abbau des Zeltes, doch nach einem Jahr hatte ich eine kleine Nummer als Feuerschlucker. Nachdem das beim Publikum gut ankam, wurde ich fest ins Programm übernommen, so daß ich eine gute Gage bekam.
Dennoch: ich spürte, daß etwas in mir in Unordnung ist, aber ich wußte nicht, was es ist. Und irgendwann wird so ein dumpfes Gefühl auch zur Gewohnheit. Ich lebte damals sehr oberflächlich und verdrängte jeden Anflug einer bewußten Auseinandersetzung.
Zum erstenmal fühlte ich mich frei. Es gab niemanden mehr, der mich schlug, mich bedrohte und mir immer wieder ins Gesicht brüllte, daß ich nichts taugen würde.
Und jetzt taugte plötzlich meine Freiheit nichts mehr, ich hatte nie gelernt, sie sinnvoll zu leben. Ich trank immer heftiger und fühlte mich auch in eigenartiger Weise von Junkies angezogen. Es kam, wie es kommen mußte: Gefängnis, Psychiatrie, Gefängnis, Entgiftung; zurück zur Szene, Entzug – bis zu jenem Tag, an dem ich in der Intensivstation erwachte.
Im Krankenhaus lernte ich einen trockenen Alkoholiker kennen, der durch seinen Glauben nach elf nassen Jahren zur Abstinenz fand. Er versuchte nicht, seinen Glauben an Jesus Christus mit dem Kopf zu erfassen, nein, in fast kind-

licher Hingabe ließ er sich am tiefsten Punkt seiner Sucht fallen und vertraute sich Gott an, ohne sich in philosophischen Fragestellungen zu ergehen und ohne geringsten Zweifel an der göttlichen Liebe.
Dieser Mann hatte einen weiten Weg hinter sich, eine Gratwanderung zwischen Abhängigkeit und Tod mit vielen bizarren Stationen. Er ließ sich auf das Wagnis Glauben ein, und es wurde ihm ein völlig neues Leben geschenkt.
Aus jedem seiner Sätze klang Glaubwürdigkeit. Er bedrängte nicht, er berichtete über sich. Seine Sprache war einfach, natürlich und ehrlich; in seinem Bekenntnis lag Wahrheit. Dieser Mann hatte Hilfe und Vergebung erfahren, und: Er hatte sich auch selbst vergeben. So war es ihm jetzt möglich, selbst zu vergeben und zu helfen. Und nachdem er sich mit seinen Schwächen und Fehlern von Gott angenommen wußte, nahm er sich selbst an, ebenfalls mit seinen Schwächen und Fehlern. Danach war es ihm möglich, auch die anderen anzunehmen, so wie sie sind, mit ihren Problemen, ihren Suchtgeschichten und Ängsten.
Dieser Mann löste in mir eine tiefe Sehnsucht nach einem sinnvollen Leben aus. Ihm verdanke ich meine ersten kritischen Gedanken über mich; er wies mir die Richtung zu diesem Weg, den ich heute gehe...«

Nach der ersten Phase des Abtastens entblößen sich jetzt zusehends die individuellen Züge der Gruppenmitglieder. Die Schonzeit ist vorüber, und die Rückmeldungen färben sich jetzt unverblümt mit persönlicher Kritik ein. In der Gruppe bilden sich Grüppchen; Martin und Thomas entlarven sich als Einzelgänger.
Beim gemeinsamen Kegelabend enthüllen sich die ersten Eigenheiten: Martin fällt in sein altes Kneipenverhalten zurück, grölt und drängt sich augenblicklich in den Mittelpunkt. Er gibt sich penetrant besserwisserisch; einige rümpfen darüber die Nase und meiden seine Nähe. Georg gibt die Schuld an seinen miserablen Würfen einer alten Bandscheibenverletzung; Markus stellt sich sehr ungeschickt an, findet sich aber widerspruchslos damit ab, daß die Kugel nur einen oder zwei Kegel trifft. Peter erweist sich als Profi und genießt seine gezielten Würfe, Peter und Werner sind mit

Leib und Seele dabei, Thomas hält sich beim Kegeln vornehm zurück und berichtet dafür ausführlich über seine negativen Erfahrungen mit einer amerikanischen Fluglinie. Ich, völlig unbegabt, lustlos und garstig, fege mit dem ersten Wurf alle Neune hinweg – keiner glaubt mir, daß es einfach nur Zufall war...

Die Chorproben für das Jahresfest laufen auf Hochtouren. Georg und Peter versuchen drei Tage lang hartnäckig, mich zum Singen zu überreden, doch ich lehne immer wieder aufs neue ab. Ich habe einfach keine Stimme und kann mit dem besten Willen nicht singen. Ja, am Tresen, da war das völlig anders! Und wie da geschmettert wurde, so nach dem zehnten Bier! Da blieb wirklich kein Augen trocken.
Am vierten Tag gebe ich schließlich nach und trotte zu den Proben – unter dem Vorbehalt, jederzeit aussteigen zu können. Und dann bin ich doch erstaunt: Zwar reicht meine Stimme nicht für das dreifach gestrichene F, aber zum untrainierten, durchschnittlichen Tenor reicht es tatsächlich! (Und überdies verliert sich ja die eine oder andere Dissonanz im Stimmentrubel...)
Nach drei Wochen stelle ich in der Gruppe den Antrag, mich nach Therapiestufe III umzustufen. In dieser Stufe wird mir das verwahrte Geld ausgehändigt, ich erhalte Ausgang, die Post bleibt verschlossen, und in dringenden Fällen darf ich telefonieren.
Um in Stufe III zu gelangen, muß ich darlegen, wie ich mich bisher mit meiner Sucht und meinem Rückfall beschäftigte und welche Erkenntnisse ich erlangte, um gezielt mein Suchtverhalten zu verändern.
»Ich bin Alkoholiker; Gamma-Alkoholiker im chronischen Stadium. Das bedeutet, daß es mir nie wieder möglich sein wird, kontrolliert Alkohol zu trinken. Ich bin rückfällig geworden, und ich wußte bislang nicht, weshalb; vielleicht wollte ich die Gründe meines Rückfalles auch gar nicht in Erfahrung bringen...«
Es fällt mir nicht mehr schwer, vor den anderen offen über meine Sucht zu sprechen. Offen in bezug auf die Sucht, jedoch noch zurückhaltend, verschlossen in meinen Gefühlen.

J. meint zum Schluß: »Sie konnten überzeugen. Das war aalglatt, fehlerfrei und tadellos gut! Aber ich vermisse Ihre persönliche Betroffenheit, den Ausdruck Ihrer Gefühle. Sie sprechen so, als würden Sie ein Manuskript formulieren...«
Ich werde ohne Gegenstimme umgestuft.

Gedanken zum Rückfall: Mir fällt auf, daß meine Ausführungen und Tagebuchnotizen zum 23. Dezember 1987 sehr spärlich ausfielen. Ich gab de facto nicht zu erkennen, was sich unmittelbar *nach* dem ersten Cognac in mir ereignete. Diese erstaunliche Zurückhaltung kann nicht auf einem Zufall beruhen, vielmehr glaube ich, daß ich diese vernichtenden Augenblicke bis heute entschieden abwehrte und verdrängte, denn sie bergen die größte Niederlage, die ich mir jemals zufügte.
Doch jetzt schwinden die Widerstände gegen diese Erinnerung, und mein Scheitern verliert an Schroffheit und Rigorosität: In der Vergebung gibt es kein »Unmöglich!«.
»Herr Ober, einen Cognac bitte!« – die erste alkoholische Bestellung nach mehr als acht Jahren! Ich schaue mich um: Es ist niemand hier, der mich kennt und der weiß, daß ich Alkoholiker bin.
Als das Glas vor mir steht, führe ich mich auf wie ein Gesetzesbrecher, schaue nervös nach links und rechts, füchte, bei meinem Vergehen erwischt und zur Verantwortung gezogen zu werden.
Ich weiß, daß eventuell mein Leben auf dem Spiel steht, aber diese Furcht erweist sich als nutzlos, zumal ich nur *einen* Cognac trinken möchte, danach ist sofort Schluß.
Mit dem ersten Cognac verliert mein Ich einen jahrelangen Kampf! Mein Selbst erliegt fast spielerisch jener infamen Verführung, gegen die ich so lange erfolgreich focht. Ich durchbreche ein Gesetz, zerstöre ein Tabu, und ich bin fassungslos: *Es* ist passiert!
Es gelingt mir nicht mehr, mich gegen meine Vorwürfe zu behaupten, ich muß sie betäuben. Jetzt ist alles egal; ich bin Alkoholiker, und ich kann nach dem ersten Glas nicht mehr aufhören...
»Noch einen Cognac bitte!«

Die Abstinenz, die mir jahrelang Halt gewährte, zerrinnt. Ich versuche erst gar nicht aufzuhören, denn es wird mir mit Sicherheit nicht gelingen. Ich trinke und trinke und weiß, daß ich mich damit zerstöre. Und jetzt noch einen Cognac bitte, denn ich bin ja Alkoholiker, und ich süchtige nach meiner bejahrten, kontrollverlustigen Devise: Alles oder nichts!

Beim ersten Ausgang schwitzen meine Hände. Ich fühle mich, als gestatte man mir für zwei Stunden den Blick in eine böse, schmutzige Welt, die absolut nichts mit der Käseglocke Ringgenhof verbindet.
Auf dem Dorfplatz lümmeln sich einige Jugendliche mit Bierdosen in den Händen. Die Zigarettenautomaten gebärden sich als schrille Monster und ziehen magisch meine Blicke auf sich. Der gesamte Platz dünstet kloakenhaft Zigarettenrauch aus, und bei der grellen Spirituosenreklame verspüre ich eine Gänsehaut.
Bereits nach einer Stunde kehre ich erschöpft zurück. Werde ich mich jemals wieder draußen, mitten im Leben, wohlfühlen?

Ich erwache mit einem Todesschrei und bin nach wenigen Sekunden überglücklich, daß es nur ein bitterböser Traum war!
Hamburg, U-Bahnstation St. Pauli: Ich wurde rückfällig und stehe mit der Flasche Wodka am Bahnsteig. In einem Mundwinkel baumelt eine filterlose Zigarette, in der rechten Hand halte ich ein Glas mit Eis und Zitronenscheiben. Ich trinke so zitternd, daß ich den meisten Wodka verschütte, ehe ich das Glas zum Mund führen kann. Die U-Bahn fährt ein, ich tausche noch einen Blick mit S., torkele und stürze auf die Schienen. Ich liege zwischen den Gleisen, den Stromabnehmer bedrohlich dicht vor Augen. Mein Herz rast verzweifelt; ich versuche, mich aufzurichten, die funkensprühenden Räder kommen immer näher, unaufhaltsam, endgültig!
Ich kann es nicht fassen, daß ich noch lebe! Und dies in doppeltem Sinne: Ich sitze auf dem Bettrand, und plötzlich beschleicht mich eine tiefe Verzweiflung. Die Erinnerungen

an meinen Rückfall steigen in mir auf, und ich versinke in Schuld und Scham. Jäh erlischt meine Hoffnung auf ein zufriedenes, nüchternes Leben – ich fasse mir an die Stirn und bin gänzlich fassungslos:
Wie konnte ich das alles nur tun?
Wie konnte ich – entgegen aller Vernunft – mehrere zehntausend Mark in Alkohol umsetzen?
Wie konnte ich – entgegen aller Einsicht – ein kleines Vermögen verflüssigen?
Wie um alles in der Welt konnte ich mich so gehenlassen?
Wie konnte ich nur?
Wie konnte ich nur so bestialisch trinken, daß am Ende mein Arbeitsplatz verlorenging?
Wie konnte ich nur solche Unsummen für Flugtickets und Luxushotels verbraten?
Wie konnte ich nur so hirnlos meine Beziehungen und meine Freundschaften riskieren?
Wie konnte ich mich nur in den schmuddeligsten Reeperbahnkneipen an die Schwelle des Todes saufen?
Wie konnte ich mich nur von der Sucht so willenlos versklaven lassen?
Wie konnte ich nur mit E. eine von Grund auf unlautere und zerstörerische Beziehung führen?
Wie konnte ich nur so hinterhältig S.s aufrichtige Gefühle niedertreten?
Wie konnte ich nur meinen eigenen Lebenslügen so verbissen Glauben schenken?
Wie konnte ich nur so skrupellos schuldig werden?
Wie konnte ich nur so verhängnisvoll an der Sucht zerschellen?
Diese Verfehlungen sind unverzeihlich! Niemand wird mir vergeben; ich selbst kann es nun auch nicht mehr. Ich stehe vor meiner Schuld und sehe keinen Ausweg; ich kann und darf nicht mehr glücklich sein.
Ich bin völlig verunsichert, denn zum erstenmal seit Jahren erlebe ich meine Gefühle unverfälscht und intensiv, ja, mitleidlos hart und ohne den lieblich-verzerrenden Filter des Rausches, ohne besänftigenden Puffer Alkohol.
Daß ich die heimtückischen Suchtnächte überlebte, erscheint mir plötzlich wie ein Mysterium. Vor zwei Tagen

sagte ich im Scherz zu Fabian: »Mein Schutzengel muß wohl ein überzeugter Abstinenzler sein, sonst hätte ich das alles nicht überlebt...«, und ich begreife nicht, wie ich so selbstmörderisch mein Leben aufs Spiel setzen konnte! Es ist fast ein Wunder, daß ich meinen Herzschlag noch spüre.

Hätte ich in jener brisanten Dezembernacht meine Pistole nicht verloren; was wäre wohl geschehen?

Was wäre aus mir geworden, wenn mir Serge Heroin angeboten hätte?

Ich denke mit Grauen an meine knochenbrecherische Todesangst, als auf der regennassen Autobahn plötzlich die Räder blockierten und der Wagen wie ein ferngelenktes Geschoß über den Asphalt schlitterte und schließlich nur wenige Zentimeter hinter einem Tanklastzug zu stehen kam...

...oder jene Nacht im Rotlichtbezirk in Paris in der Nähe der Rue St. Denis, als plötzlich ein Farbiger mit einem Messer in der Hand vor mir stand... Im selben Moment bogen zwei Polizisten um die Ecke...

...und in den übelsten Kneipen immer wieder dieses lebensgefährliche Protzen mit Geldbündeln; einmal schlief ich mit siebentausend Mark in der Tasche auf einer Bank im Alten Elbpark ein: ein famoses Opfer für Räuber und Totschläger...

...und als Schlußakkord jene Szene auf der Reeperbahn, als mich ein Passant in letzter Sekunde von der Straße riß...

Ich jammere wieder, obwohl ich ohne Schrammen davongekommen bin. Erneut wird die Sehnsucht nach S. lebendig, aber auch die Schmerzen. Ich überwinde meinen Abstieg nicht und suhle mich weinerlich in meinen Champagnermemoiren.

Mein Stolz ist gebrochen.

Mein Größenwahn spaziert resigniert davon.

Welche Unmengen an Wohlergehen, Zeit und Geld warf ich doch so leichtfertig in den Rachen der Sucht!

Einen neuerlichen Rückfall werde ich nicht überleben (wollen).

Ich provoziere J., indem ich über einige vulgäre Erlebnisse aus meiner nassen Zeit berichte. Ich möchte ihn schockieren, zu etwas mehr Nähe und einer direkten persönlichen Äußerung zwingen, auch wenn es nur sein Mißfallen sein sollte.
Ich spüre die Distanz zwischen uns. J. schuf sie, um zum Kern meines zentralen Problems zu gelangen: extreme Nähe oder feindselige, irreversible Distanz.
Ich gebe mich trotzig, sorgsam darauf bedacht, ihn mit ausgewählten Wortspielereien zu einer unbedachten Äußerung hinzureißen, über die ich mich entrüstet und verletzt zeigen kann.
Ich dränge mich in seine Nähe – dies erweist sich als beschwerliche Millimeterarbeit – und dezimiere systematisch seine Freiräume.
Ich tausche die Rolle des trotzigen Kindes geschwind mit der des Clowns, ich bitte, verlange, weiche aus, ironisiere und schlage verbale Purzelbäume –, um mich im nächsten Moment aufgezehrt und hündisch unterwürfig zu geben.
J. weigert sich, mit mir über S. zu sprechen. Er meint, ich müsse meine Gefühle ertragen. J. setzt Prioritäten, wobei mein Vater den höchsten Stellenwert einnimmt.
J.s Gleichförmigkeit und sachliche Zurückhaltung zehren an meinen Nerven. Seit Tagen trete ich auf der Stelle; in den Einzelgesprächen bewegt sich nichts mehr.
»Am liebsten würde ich jetzt mitten in der Sitzung aufhören, meine Koffer packen und nach Hause fahren!«
J. richtet sich auf: »Gut, dann hören wir auf. Fahren Sie nach Hause!«
»Ich denke nicht daran. Weshalb nehmen Sie ausgerechnet diese Äußerung so ernst?«
»Ich gehe davon aus, daß Sie als erwachsener Mensch das sagen, was Sie meinen. Also nehme ich Ihren Entschluß, die Therapie abzubrechen, ernst, sehr ernst sogar.«
»Ich hatte bislang nicht den Eindruck, daß Sie mich ernst nehmen. Ich erlebe Sie sehr distanziert und dogmatisch, ja, beinahe feindselig.«
»Ich erlebe Sie als Süchtigen. Sie sind süchtig nach Alkohol, Sie sind süchtig nach Anerkennung, Sie sind süchtig nach

Bestätigung, Sie sind süchtig nach Zuwendung – auch negativer. Sie umschreiben die schrecklichsten Szenen Ihres Deliriums so teilnahmslos, als würden Sie mir berichten, daß heute morgen die Sonne aufging. Ich vermisse Gefühle, ich warte auf Betroffenheit und innere Bewegung. Kehren Sie zu Ihren Wurzeln zurück...«

Ich offenbare der Gruppe einen abstrakten Rückfall: Beim Sonnenuntergang schwelgte ich aus heiterem Himmel in meinen abstrusen griechischen Impressionen, und plötzlich tauchte der Wunsch auf, noch ein allerletztes Mal einen Sonnenuntergang in der Ägäis mit einem doppelten »Metaxa« zu krönen...

So sehr mir dieser Gedanke auch einen Schrecken einjagte, so intensiv war auch meine Trauer über das Bewußtsein, daß solch eine Episode nie mehr möglich sein kann.

Ich zögerte lange, ehe ich mich entschloß, meinen imaginären Rückfall und die heimliche Wehmut über meinen lebenslänglichen Drogenverzicht in die Gruppe einzubringen. Ich fürchtete, einer aufbrausenden Entrüstung nicht gewachsen zu sein. Aber die große Katastrophe blieb aus! Ich löste mit meinem »kleinen Geheimnis« eine fruchtbare Diskussion aus, in deren Verlauf auch Georg und Werner über ähnliche Gedankenspiele berichteten. Und allen Gruppenmitgliedern schließlich war diese »Wehmut des Verzichts« aus eigenen Erfahrungen bekannt.

Werner meinte dazu: »Das ist ein Stück jener Trauerarbeit, die jeder Süchtige ableisten muß. Erst wenn das Leiden durchlebt ist, wird es begreifbar. Ich glaube sogar, daß diese Trauerarbeit sich über einige Jahre hinzieht. Aber erst dann, wenn diese zähen Erinnerungen an die vermeintlich schönen und guten Momente der Abhängigkeit restlos desillusioniert sind, wird eine sinnerfüllte Abstinenz möglich sein. Diese Trauerarbeit ist wohl erst dann zu Ende, wenn die geistigen, trockenen Rückfälle einem anderen, höherwertigen Interesse weichen, Gott zum Beispiel...«

Mein fiktiver Rückfall ereignete sich bei einer mehrseitigen Tagebucheintragung, die ich hier gekürzt wiedergebe:

Trübsinnig denke ich ein Jahr zurück: S. kam gegen 3 Uhr vom Spätdienst, ich hatte meine Reiseutensilien gepackt und saß vor einer Flasche »Mumm« am Küchentisch.
»Das wird die letzte Flasche sein; laß sie uns gemeinsam trinken...«, und wir tranken sie gemeinsam, etwas schwermütig vielleicht, aber es sollte wirklich die letzte Flasche in meinem Leben sein.
Um 5.30 Uhr fuhr mich S. zum Flughafen.
»Bitte hab Verständnis dafür, daß ich jetzt ein paar Wochen alleine sein muß – es geht ums Überleben. Ich muß mit meiner Sucht ins reine kommen. Bitte, umarme mich jetzt nicht – ich würde es nicht ertragen...« (Ich weiß nicht mehr, ob wir uns umarmten oder nicht.)
Athen und Piräus: Bier, Wein, »Metaxa«.
Ich weine, denn ich bin mit meiner Sucht alleine. Und ich spüre, daß ich sie mit meiner Flucht nicht besiegen kann. Es ist ein hoffnungsloser Kampf, ein dirty fight ohne Gott, ohne Sinn, ohne Ziel.
Ich gestehe, daß ich vor wenigen Minuten während meines Abendspaziergangs *mit leuchtenden Augen, warmer Seele und pochendem Herzen* daran dachte (melancholisch, nostalgisch), daß ich vor ca. einem Jahr mit der »Olympia« in die leicht stürmische und sonnentrunkene Ägäis fuhr, ein köstliches Glas »Metaxa« in der Hand... Und ich fühlte mich dabei so herrlich unglücklich, ich wurde sentimental, beschwipst, romantisch verklärt, schließlich hundsgemein traurig; aber zuerst: tränenüberströmt happy!
(...) Ich spüre noch immer einen unterschwelligen Suchtkitzel, und es wäre töricht, dieses alarmierende Gefühl zu verleugnen.
(...) Und heute, ein Jahr danach: Ich versuche, mich mit der Einsicht anzufreunden, daß es keinen Sonnenuntergang mehr mit »Metaxa« geben darf! Dies läßt mir tatsächlich für einen Moment den Atem stocken: NIE WIEDER dieses pulsende und fiebrige Brandygefühl im Magen, zwischen den Ohren, wohlig und so sanft in die geheimsten Seelenschluchten plätschernd?

NIE WIEDER ein heimliches Stückchen Seelenflucht?
NIE WIEDER ein verborgenes Häppchen Illusion?
NIE WIEDER diese zuverlässige, verdammt-glückselige Phase der Erleichterung, Erlösung, Vergebung und Hingabe spüren dürfen? Dieses unvergleichbare Hinauswachsen, diese hitzige, sinnliche Flucht aus dem eigenen Hirn, hinaus zu jener heiteren Inbrunst, in der die Sucht wie ein frivoles Scharmützel erscheint...
NIE WIEDER zu jenem Charme gelangen und zu jener leichtfüßig-hochmütig-stilvollen Contenance, die meine Seele so prächtig schnurren ließen und mit denen die Sprache so flüssig, galant und mit erquicklichem Esprit über die Zunge schlüpfte...
NIE WIEDER jene glorifizierten Seelenmomente, in denen es keine Vergangenheit, keine Schuld und kein Gewissen gab – NIE WIEDER?
Ich erschrecke über mich!
O Gott, meine Sucht wird mich bis ins Grab verfolgen...
...Suchtgedanke contra Schöpfungsgedanke...
...Spiritus contra Spiritum...

Ich hätte es nie für möglich gehalten, aber die Chorproben bereiten mir wirklich Freude! Es ist ein schönes Gefühl, ein vierstimmiges Lied zu erarbeiten, es zwanzig- oder dreißigmal zu üben, um dann schließlich die Feinheiten des Gesanges wie filigrane Ornamente zu begreifen.
In der knappbemessenen Freizeit spiele ich häufig Schach mit Fabian. Er erweist sich rasch als mittelmäßiger Spieler, und es kostet mich wenig Anstrengung, unsere Partien für mich zu entscheiden.
Anders verhält es sich mit Jan, einem siebenundzwanzigjährigen Kokainabhängigen. Er spielt vorzüglich, und es fällt mir schwer, ihm hin und wieder wenigstens ein Remis abzuringen.
Jan zerstört nach wenigen Tagen einen weiteren Teil meiner Allmachtsphantasien: Ich bin keinesfalls, wie ich mir immer einbildete, der größte Schachspieler auf dem Kontinent! Und obgleich ich in früheren Jahren einen Großmeister besiegte, gibt es dennoch Spieler, die einfach besser sind als

ich. Ich versuche zunächst, für die verlorenen Partien meine Ungeübtheit und temporären Konzentrationsschwächen verantwortlich zu machen, aber nach zwanzig Spielen gestehe ich es mir und Jan schließlich ein: Kompliment, du bist um einiges besser als ich!
Jan gibt auf persönliche Fragen sehr offene Antworten, wenngleich ich dabei eine eindeutige Aussage zur Sucht vermisse.
Jan kam nach zweijähriger Haft direkt aus dem Gefängnis zur Therapie und kann seine offensichtliche Abhängigkeit auch im dritten Monat noch nicht akzeptieren.
Nach einigen Gesprächen und Schachspielen verdichtet sich unsere Beziehung, und bald gelten Fabian, Jan und ich als »die Unzertrennlichen«.
Meine Gruppe äußert Verwunderung und Skepsis über diese ungewöhnliche Dreiergilde, denn intensive Beziehungen zwischen Alkoholikern und Junkies gelten als undurchschaubare Rarirät. Und eben dieses extravagante Bündnis dient als Aufhänger für meinen ersten bewußten aggressiven Ausbruch.
Während einer zäh dahinfließenden Gruppensitzung beschreibt Peter eine Situation, die beinahe zu einem Rückfall geführt hätte:
»In der Hektik einer großen Karnevalssitzung brachte mir eine Kellnerin statt einer Apfelsaftschorle eine Weinschorle; aber ein trockener Alkoholiker riecht den Stoff eben meilenweit, so daß ich sofort reklamierte. Nach meiner Therapie ging es mir in Fleisch und Blut über, zuerst an einem Getränk zu schnuppern, ehe ich trinke; Hans wird dieses Verhalten sicher aus seinen trockenen Jahren kennen...«
»Das stimmt«, erwiderte ich, »auch mir fiel auf, daß ich nach meiner Therapie eine äußerst sensible Nase entwickelte. Ich roch selbst minimale Alkoholmengen in Speiseeis oder Kuchen, die ein Nichtsüchtiger erst wahrnahm, nachdem ich ihn darauf ansprach. Ja, diese kritische Distanz zu vermeintlich alkoholfreien Getränken ist mir nicht fremd, und ich roch in meinen abstinenten Jahren automatisch an jedem Glas, das mir vorgesetzt wurde. Ich glaube, daß es für einen Alkoholiker so etwas wie ein Rückfall aus Versehen nicht geben darf und kann...«

»Wir wurden gerade Zeuge, wie unser Musterbeispiel einer gescheiterten Abstinenz den angestrengten Versuch unternahm, verlorenes Terrain zurückzuerobern ...«, wirft Thomas süffisant ein, »und dabei wundere ich mich, daß du überhaupt noch mit der Gruppe sprichst, wo du doch neuerdings Gefallen an Junkies findest. Fast könnte man meinen, wir Alkoholiker genügen deinen Ansprüchen nicht mehr. Ich unternahm einige Male den Versuch, mit dir ins Gespräch zu kommen, aber du gabst dich mehr als zurückhaltend.«

»Deine permanente Süffisanz, deine gekünstelte Herablassung und dein unnatürlich-elitärer Sprachgebrauch stören mich erheblich«, kontere ich, »deine Managerallüren erstikken jeden Versuch einer Beziehung bereits im Keim. Im übrigen erinnerst du mich fatal an meinen Vater: Auch er wußte immer alles besser, behielt immer das letzte Wort und kultivierte seine näselnde Arroganz bis zum Erbrechen. Außerdem ist es fast unmöglich, mit dir in eine Beziehung zu treten, denn du sonderst dich ebenso von der Gruppe ab wie Martin.«

»Ich sondere mich nicht ab, ich möchte nur allein sein«, entgegnet Martin barsch, »ich konzentriere mich auf die Einzelgespräche, da erreiche ich wesentlich mehr als in der Gruppe. Die Gruppe ist mir gleichgültig ...«

»Dann sind wir dir also alle gleichgültig?« fragte Werner sichtlich betroffen.

»Wenn dir die Gruppe egal ist, könntest du eigentlich auf der Stelle verschwinden, oder?« Georgs Stimme zittert. »Es ist wahrlich kein Kompliment für uns, wenn wir dir gleichgültig sind!«

»Ich möchte noch etwas zu Thomas äußern«, meldet sich Markus zu Wort, »ich glaube, Hans sprach da etwas an, was auch in mir seit einiger Zeit schwelt und was auch mich gewaltig stört ...«

»... ich möchte gerne zu den Vorwürfen von Hans Stellung beziehen«, unterbricht Thomas und blickt an mir vorbei, »denn ich halte es nicht für richtig, mich als arrogant und unnahbar zu bezeichnen ...«

»Du bist es! Ich nehme dich so wahr, und du hast bislang nichts getan, um dieses Bild zu korrigieren ...«

»... dies wurde mir bereits während meiner Langzeittherapie vorgeworfen; aber ich glaube, daß ich mich verändert habe. Vielleicht wird auch einiges in meinem Verhalten falsch gedeutet...«

»Das ändert nichts an der Tatsache, daß du mich in leidiger Weise an meinen Vater erinnerst. Kurzum: Ich erlebe dich als eitlen und dünkelhaften, einzelgängerischen Fatzke, und ich spüre in jeder Gruppensitzung erneut, wie ich plötzlich in deiner Gegenwart angriffslustig und zornig werde!«

»Schön; oder auch nicht. Ich sondere mich nicht ab – ich benötige lediglich viel Zeit für mich alleine; wie das von der Gruppe bewertet wird, mag dahingestellt sein.«

»Meine Beziehungen zu Fabian und Jan ergaben sich, ohne daß ich sie in besonderer Weise forciert hätte. Ich fühle mich bei beiden sehr wohl, und ich glaube nicht, daß die Kontakte zu meiner Gruppe darunter leiden, jedenfalls gab mir noch niemand eine entsprechende Rückmeldung. Ich denke natürlich auch darüber nach, weshalb ich mich mit Drogenabhängigen so gut verstehe – ich machte diese Erfahrung bereits öfter. Aber dies würde jetzt zu weit führen... vielleicht erklärt auch die Definition eines befreundeten Soziologen einen Teil unserer Fragen: Darauf angesprochen, worin sich Alkoholiker und Drogenabhängige prinzipiell unterscheiden, gab er mir zur Antwort: Ein Alkoholiker versucht vergebens, sich anzupassen; einem Junkie gelingt es nicht auszusteigen. Vielleicht befinde ich mich genau dazwischen; ich weiß es nicht.«

»Lassen wir das einfach im Raum stehen. Ich möchte noch zu deiner These ›aus Versehen wird man nicht rückfällig‹ Stellung beziehen: Mir unterlief vor einigen Jahren solch ein versehentlicher Rückfall, ebenfalls mit einer Weinschorle, die mir als Apfelsaftschorle serviert wurde. Ich hatte großen Durst und leerte die Hälfte des Glases in einem Zug – erst dann bemerkte ich den Irrtum...«

»Das ist eine faule Ausrede«, meldet sich Martin lautstark zu Wort, »jeder trockene Alkoholiker verfügt über einen ausgeprägten Geruchssinn; ich lasse mir doch hier keinen Bären aufbinden!«

»Martin hat völlig recht – auch ich rieche Alkohol meilenweit. Einen Rückfall aus Versehen gibt es nicht. Wenn ich rückfällig werde, dann ist das kein Versehen im üblichen Sinne, sprich ein Irrtum, sondern dann beruht dieser Rückfall auf Leichtsinn und unverantwortlicher Nachlässigkeit«, meint Georg hitzig.

»Ach, Unsinn!« entgegnet Thomas heftig, »ich habe doch mit Alkohol seit Jahren keine Probleme mehr! Und im Eifer des Gefechtes, wie man so schön sagt, kann es ja passieren, daß...«

»Völliger Blödsinn«, unterbreche ich ihn ungewöhnlich scharf, »haarsträubender, hirnverbrannter Schwachsinn! Du versuchst wieder einmal, recht zu behalten und dich mit Floskeldreherei über Wasser zu halten! Wenn ich aus Versehen Alkohol trinke, dann ist das für mich ein gefährliches Zeichen dafür, daß ich äußerst unkritisch meiner Sucht gegenüberstehe. Auch für dich, Thomas, gilt: Bei der Sucht geht es letztendlich um Leben und Tod! Und jetzt habe ich wirklich keine Lust mehr, mir noch länger deine absurden und idiotischen Ausführungen anzuhören!«

Es ist also geschehen: Der freundliche, aufmerksame, zuhörwillige, verständnisvolle und anpassungsfähige Hans gebärdete sich als kritischer, entschiedener und unfreundlicher Beteiligter, dem es wichtiger war, seine Meinung zu vertreten, als betulich darauf zu achten, nirgends anzuecken und sich damit Kritik und Ablehnung einzuhandeln. Zum erstenmal überwand ich diese elende, starre Front in mir!

Und ich schaffte es ohne Alkohol!

Zugegeben – vielleicht war ich stellenweise ein wenig unfreundlich und eine Spur zu rigoros, aber es mußte einfach sein, und ich fühle mich jetzt ein gutes Stück reifer und erwachsener.

Die befürchtete Katastrophe bleibt aus; kein Gruppenmitglied zieht sich von mir zurück oder reduziert die Beziehung zu mir – im Gegenteil: Die Gespräche werden lebendiger, intensiver und offener; und ich meine, daß mir nun ein wenig mehr Ernsthaftigkeit und Kritikfähigkeit zugestanden wird.

Ich glaube, daß ich mit meinen Äußerungen in der Gruppe eine der endlosen Wiederholungen meines Fehlverhaltens durchbrach und mich dadurch ein gutes Stück veränderte.

Wenn nur S. etwas von sich hören lassen würde!
Wozu?
Was sollte ich fragen oder antworten?
Ich habe lange und intensiv, aber nicht mehr vernichtend oder selbstzerfleischend an S. gedacht.
Interessant: Ich glaube, zwischenzeitlich geht es mir nicht mehr darum, S. zu verzeihen (was auch; eine im Grunde gesunde, natürliche Reaktion?) oder nicht. Es wird auch zusehends unwichtiger, inwieweit S. in der Lage sein wird, mein Suchtverhalten zu verzeihen, vielmehr geht es darum, die vermeintlichen und zum größten Teil überzogenen (und damit künstlichen) Schmerzen ins Kreuzfeuer zu nehmen, ins rechte Licht zu rücken und aufzuarbeiten.
Meine romantisch verklärte Überzeugung, meine aufgeblähte erotische Maxime, »die Beziehung mit S. war die schönste meines Lebens«, hält jetzt einer ehrlichen Betrachtung nicht mehr stand. »Die schönste Beziehung« erweist sich vielmehr als plumpes erotisches Scharmützel, gleichwohl mit Facetten von Geborgenheit, Zärtlichkeit und »so etwas wie Liebe ungefähr«.
Natürlich durchschaue ich jetzt auch zunehmend den perfiden Mechanismus der Co-Abhängigkeit und gewinne damit auch Verständnis für unsere Trennung.
Dennoch kann diese »Affäre« nicht so belanglos gewesen sein, wie ich sie nun gerne darstellen möchte, sonst würde sie mich nicht so beschäftigen, ja, verfolgen...
Charakteristisch für diese Beziehung dürfte es gewesen sein, daß sie von mir unter Alkoholeinfluß begonnen wurde – ausschließlich unter erotischen Gesichtspunkten (...gemeinsam eine Nacht verbringen und dann Schluß...). Ja, sicher wurde von meiner Seite diese Beziehung in »permanenter Champagnerlaune« recht egoistisch und durchkalkuliert geführt – auch unter dem Gesichtspunkt, die eigene Attraktivität bestätigt zu bekommen... zugleich war der sexuelle Kontakt auch der Beweis einer uneingeschränkten, vorbehaltlosen Akzeptanz, zog oftmals den fadenscheinigen Schlußstrich unter einen Streit, ein Versagen, Schuld und Lügen, Heimlichkeiten und die Sünden der Sucht.
Sexualität mit S.: totale, bedingungslose, aufopfernde Nähe. So betrachtet, skizzierte diese Beziehung nichts anderes als

ein Stenogramm meiner Unfähigkeit, in eine echte und verantwortungsvolle Partnerschaft zu treten.
Heute: Noch immer schmerzt die Tatsache, ausgerechnet in einer sehr kritischen Lebensphase verlassen worden zu sein. Das Gefühl der Demütigung nagt noch immer an meiner Seele.
Genug! Beim Schreiben beginne ich zu schwitzen: – eine Neuauflage der Angst.

Ich gestehe, für Martin einen wenig geschmackvollen Spottnamen ins Leben gerufen zu haben: Seit einer heftigen und völlig unsachlichen Auseinandersetzung nenne ich ihn »Hinkebein«, heimlich natürlich. Und das Erschreckende daran: Inzwischen nennen ihn alle so, ebenfalls heimlich.
Jede Begegnung mit Martin hinterläßt einen bitteren Nachgeschmack. Es gelingt mir nicht, seine verhärmte Verschlossenheit aufzubrechen, und ich fühle mich durch seinen Rückzug und seine Abwehr getroffen und beleidigt. Vielleicht bin ich auch nur zu bequem, um mich ein wenig intensiver mit ihm zu beschäftigen?

Den gesamten Tag mit Georg verbracht. Unsere Beziehung eröffnet mir die (ungewohnte) Perspektive auf ein »ganz normales« Leben (Frau, zwei Kinder) mit all seinen Freuden und Problemen. Im Vergleich hierzu nimmt sich mein Leben doch wesentlich unproblematischer und auch unverbindlicher aus – ich muß (darf) letztendlich »nur« Verantwortung für mich übernehmen, ansonsten genieße ich jene lockere Freizügigkeit, die sich aus meiner kinder- und beziehungslosen Situation ergibt.
»Weißt du«, erzählt Georg bei einem Spaziergang, »ich hörte hier auf dem Ringgenhof eine Reihe von mitreißenden Lebensgeschichten, die mich wirklich erschütterten und sprachlos werden ließen. Manchmal wunderte ich mich, wie die Betroffenen solch fürchterliche Ereignisse überleben konnten. Meine Suchtgeschichte klingt da beinahe wie ein fauler, einfältiger Witz: Ich wollte nie so werden wie mein Vater, nie! Und dabei bin ich fast doch so geworden... Ich wuchs auf einem kleinen Bauernhof in Schwaben auf, mein Vater war Alkoholiker, einer von der ganz üblen Sorte: ge-

walttätig, großspurig, im ganzen Dorf wegen seiner Wirtshausschlägereien gefürchtet und verrufen.
Meine Mutter zog vier Kinder groß und war natürlich finanziell völlig abhängig von ihrem Mann, vor dem sie zudem noch furchtbare Angst hatte.
Meine Kindheit glich der eines Sklaven: Kaum von der Schule zurück, mußte ich auch schon mit zur Feldarbeit, oftmals bis zum späten Abend. Was immer ich auch tat, nie konnte ich es meinem Vater recht machen; nie hörte ich ein Lob von ihm, nie war er mit dem, was ich tat, zufrieden. Im Gegenteil: Immer und immer wieder mußte ich mir sagen lassen, daß ich nichts taugte und daß ich für jede auch noch so anspruchslose Arbeit einfach zu dumm sei.
Ich habe meinen Vater nie gemocht, geschweige denn geliebt. Er starb, als ich siebzehn war, und ich glaube, ich war sogar froh darüber: Endlich hatte die Tyrannei ein Ende.
Ich kam zur Bundeswehr und fing das Saufen an. Zuerst fiel es nicht sonderlich auf, denn meine Kameraden tranken ebenso viel wie ich. Doch dann kamen die ersten Filmrisse, und schließlich zettelte ich meine erste Schlägerei an. Das abschreckende Bild meines Vaters verblaßte, und ich entwickelte mich zusehends zu einem rabiaten, unberechenbaren Trunkenbold mit einer Unmenge an Schlägereien, Festnahmen und Strafbefehlen. Nach etwa vier Jahren galt ich als Typ, auf den der landläufige Spruch »bei dem ist Hopfen und Malz verloren« in vollem Umfang zutraf. Trotz all dieser negativen Erscheinungen hatte ich noch keinen Dunst, wie es tatsächlich um mich stand; nie tauchte der Gedanke in mir auf, vielleicht Alkoholiker zu sein. Das waren für mich jene Typen, die auf den Parkbänken lungerten und sich mit ihren Zweiliterflaschen ins Jenseits soffen. So sehr ich einerseits bis zum Abwinken soff, so erstaunlich zuverlässig war ich jedoch in Sachen Arbeit. Ich konnte keinen Beruf erlernen, weil mein Vater am Ende meiner Schulzeit meinte, ich hätte ihm nun lange genug auf der Tasche gelegen und solle jetzt endlich mein eigenes Geld verdienen – was ich dann zu Hause ablieferte, damit es der Alte versaufen konnte. Was blieb mir anderes übrig, als in einer Fabrik am Fließband zu arbeiten. Nun war ich also Hilfsarbeiter, und mehr sollte auch nicht aus mir werden.

Aus gesundheitlichen Gründen – ich hatte ein Magengeschwür – konnte ich über einige Monaten hinweg nur ›sehr wenig‹ Alkohol trinken. In dieser Zeit lernte ich meine Frau kennen, die in einem anderen Ort wohnte und von meinen Trinkgewohnheiten und den aggressiven Ausfällen keine Ahnung hatte.
Ich hatte immer Sehnsucht nach einem richtigen Zuhause; ich wollte einfach wissen, wohin ich gehörte, wollte eine Familie gründen, vielleicht einmal – wie sich das für einen waschechten Schwaben ziemt – ein Haus bauen, meinen Kindern ein guter Vater sein.
Natürlich hatte ich diese harmonische Zukunftsrechnung ohne meine Sucht gemacht: Zwar wußte meine Frau schon vor der Hochzeit, daß ich ›gewisse Probleme‹ mit dem Alkohol hatte, aber sie meinte, daß sich das nach der Hochzeit quasi von selbst erledigen würde; schließlich hätte ich dann ja für eine Familie zu sorgen und für die Wirtshäuser bliebe dann weder Zeit noch Geld übrig.
Aber die Sucht hatte mich nicht vergessen: Es wurde immer schlimmer mit mir, und bei der Geburt meines zweiten Sohnes war ich so betrunken, daß ich erst drei Tage später davon erfuhr.
Es ging rapide bergab, schließlich wurde ich sogar gegen meine Frau gewalttätig. Einmal mußten mich fünf Polizisten bändigen und in die Ausnüchterungszelle sperren, sonst wäre ich in dieser Nacht wahrscheinlich zum Mörder geworden!
Als ich von meiner ersten sechsmonatigen Therapie zurückkehrte, verkittete ich als erstes die Löcher in unserer Schlafzimmertür, die von dem Messer stammten, mit dem ich nach meiner Frau geworfen hatte ...
Meine Frau wollte sich scheiden lassen; niemand hätte ihr daraus einen Vorwurf gemacht, im Gegenteil. Meine Frau ist Christin – ich bin ganz sicher, daß ihr fester, unerschütterlicher Glaube unsere Ehe und damit vielleicht auch mein Leben rettete.
Wir versöhnten uns während meiner Therapie. Zögernd folgte sie der Einladung zu einem siebentägigen Eheseminar, und dabei lernten wir uns erst richtig kennen, mit unseren Fehlern und Schwächen, aber auch mit unseren unaus-

gesprochenen Wünschen und Vorwürfen. ›Wir rauften uns unter therapeutischer Anleitung zusammen.‹
Sie verzieh mir, und ich konnte nach der Therapie wieder in unsere gemeinsame Wohnung zurückkehren. Hatte ich nun gedacht, alles sei vergessen und wir könnten nun ein ganz normales, zufriedenes Ehepaar werden, so hatte ich mich getäuscht. Ich spürte die Angst, die von meiner Frau ausging, wenn ich nur Minuten später als üblich von der Arbeit kam. Sie war mißtrauisch, und sie flatterte am ganzen Körper, wenn ich am Wochenende mit Freunden zum Angeln fuhr.
Wir waren zwar nicht geschieden, aber wir führten auch keine Ehe mehr. Meine Frau konnte nicht mir mir schlafen, irgend etwas in ihr sperrte sich dagegen. Es tat ihr leid, und sie litt sehr darunter. Und je mehr sie sich über ihrem vermeintlichen Versagen in Vorwürfe verstrickte, um so mehr zog sie sich von mir zurück.
Nach einem Jahr vertraute ich mich schließlich meinem ehemaligen Therapeuten an. Er gab mir den Tip, es nochmals mit einem Eheseminar in einer für uns beide fremden Umgebung zu versuchen.
So gingen wir für zehn Tage zu einem solchen Seminar, und diese Zeit wurde zur schönsten in unserem gemeinsamen Leben. Ich glaube, daß wir erst dort begannen, uns aufrichtig anzunehmen und zu lieben.
Knapp ein Jahr nach diesem Seminar wurde unser drittes Kind geboren.«

Beim Einzelgespräch mit J. verschaffe ich nochmals meinem Ärger über Thomas lautstark Luft. J. hörte lange wortlos zu und unterbricht mich schließlich, nachdem ich äußerte: »Dieses hochkarätige Rindvieh mit seinen artifiziellen Problemen geht mir wirklich auf die Nerven!«
»Sie schnörkeln schon wieder!« hält J. nun energisch dagegen, »Sie werten ab, maßen sich ein Urteil an und werden dabei genau das, was Sie Ihrem Widersacher vorwerfen: unausstehlich arrogant!«
Beleidigt und bedrückt verlasse ich sein Zimmer. Ich weiß, daß er mein Verhalten bestechend interpretierte, aber ich müßte wirklich über einen exorbitanten Schatten springen,

um dies einzugestehen. Aber nach einem Waldspaziergang springe ich dann doch:
»Sie haben recht! Sie kennen mich inzwischen ein wenig, und Sie wissen sicherlich, wie schwer es mir fällt, solche Eingeständnisse zu machen. Ja – während ich über Thomas sprach, fühlte ich mich tatsächlich überlegen und viel besser als er. Ich werde über ihn nachdenken, und ich werde versuchen, seine Verhaltensweisen besser zu verstehen ...«

Nach einer Chorprobe treffe ich René, einen zweiundzwanzigjährigen Drogenabhängigen, mit dem ich bislang keinen Kontakt hatte. Um so mehr erstaunt es mich, plötzlich von ihm umarmt zu werden:
»Seit Wochen möchte ich dir etwas sagen, aber ich schob es immer wieder vor mir her, weshalb, weiß ich nicht: Du hast, ohne es zu wissen, etwas Wunderbares in mir ausgelöst! Vor einem Jahr lag ich mit einem höllischen Entzug mehrere Wochen im Krankenhaus. Nicht daß ich mich von der Spritze lossagen wollte, nein, soweit war ich noch nicht – ich hatte schlechten Stoff erwischt, wurde bewußtlos im Park gefunden und ins Krankenhaus gebracht.
Meine Großmutter war der einzige Mensch, der noch zu mir hielt und der mich in dieser Zeit fast täglich besuchte. Irgendwann brachte sie mir dein Buch ›Mein Weg aus der Nacht‹ mit und legte es wortlos auf den Nachttisch. Erst nach einigen Tagen begann ich es zu lesen und war dann am Ende der Lektüre so fasziniert von deinem Lebensweg, daß ich mich entschloß, mich mit aller Kraft um einen Therapieplatz zu bemühen ... Und nun bin ich bereits vier Monate hier!
Ach, übrigens: Komm doch heute abend mal in den ›Raum der Stille‹, Werner aus deiner Gruppe wird auch da sein; wir beten da öfter gemeinsam ...«

Ich bin gerührt – und auch ein wenig stolz. Gibt es eine schönere Resonanz auf mein Buch als die eindrucksvolle Aussage von René?
Vielleicht bin ich tatsächlich ein wenig zu stolz, denn J. bremst meinen Redefluß bereits nach wenigen Minuten: »Ich finde, daß Ihnen René eine sehr schöne und wichtige

Rückmeldung gab, die auch ich sehr ernst nehme. Dieses Echo zeigt Ihnen, daß Sie etwas Gutes vollbracht haben. Aber Vorsicht ist geboten: Sie wissen, daß Sie in Extremen handeln und fühlen – schreiten Sie also nicht durchs Klinikgelände als Lebensretter vom Dienst, sondern bleiben Sie auf der Erde...«

»Durch René erfuhr ich auch, daß ich nicht so grenzenlos schlecht und verdorben bin, wie ich glaubte. Ich werde manchmal das Gefühl nicht los, als hätte ich mich über weite Strecken meines Lebens unter meinem Wert verkauft...«

»Und Sie haben sich ausnutzen lassen; sowohl in Ihrer Arbeitskraft als auch in Ihren Gefühlen...«

»In meinen Anfängen im Gästehaus schuftete ich Tag und Nacht, ja, ich nahm sogar Arbeit mit nach Hause – obwohl ich es irgendwann nicht mehr wollte, aber da stellte meine Opferbereitschaft bereits eine Selbstverständlichkeit dar, und ich fand nicht mehr den Mut, meiner Opferrolle zu entschlüpfen; ich fraß den Ärger hierüber in mich hinein...«

»Diese Opferrolle, von der Sie gerade sprachen – denken Sie einmal darüber nach, wo Ihnen dieses Verhalten in Ihrem Leben bereits begegnete; vielleicht erhalten wir auch dadurch eine Antwort auf Ihr Suchtverhalten. Ich wage einmal die Hypothese, daß dieses Opferverhalten erstens nicht neu für Sie ist; zweitens daß es ein wichtiger Schlüssel zum Verständnis Ihrer Sucht darstellt. Zum Schluß behaupte ich auch noch, daß Ihre langjährige Abstinenz Sie vielleicht daran hinderte, konsequent und rigoros mit Ihrer Kindheit abzuschließen. Denken Sie daran, daß Ihre tränenseligen Erinnerungen immer nur mit Alkohol an die Oberfläche gespült wurden...«

Als ich die Tür öffne, bittet er mich, noch einen Moment zu bleiben.

»Was haben Sie am Wochenende vor?«

»Bei diesem phantastischen Wetter werde ich mit Fabian und Jan an einen See fahren; weshalb fragen Sie?«

»Ich stehe Ihrem engen Kontakt zu Fabian und Jan mit gemischten Gefühlen gegenüber...«

»Das sollte nicht Ihre Sorge sein...«

»Ist es auch nicht. Vielmehr ist es im Moment nur eine kleine Furcht, Sie werden wieder in einer extremen Ecke verschwinden.«

»Manchmal verstehe ich Sie nicht! Einerseits infantilisiert mich die Institution Suchtklinik nachhaltiger als vergleichsweise ein Gefängnis, andererseits soll ich gleichzeitig erwachsene und reife Entscheidungen treffen – tue ich dies dann, indem ich beispielsweise Beziehungen pflege, versuchen Sie mich zu korrigieren...«

»Ich begleite Sie auf Ihrem Weg, und ich versuche, Ihre Handlungsweisen zu interpretieren und zu reflektieren.«

»Also, was wollen Sie?« unterbreche ich ihn gereizt.

»Ich möchte, daß Sie am kommenden Wochenende den Verzicht lernen. Fahren Sie nicht mit Fabian und Jan weg, sondern unternehmen Sie zum Beispiel etwas mit Patienten aus Ihrer Gruppe...«

»Sie verfügen wirklich über ein hinreißendes Talent, mir jede Lebensfreude zu rauben!« empöre ich mich. »Ich denke gar nicht daran, mich in einem künstlichen, nichtsnutzigen Verzicht zu üben. Wenn ich mit den beiden nicht wegfahren soll, dann müssen Sie es mir schon verbieten!«

Er überlegt einen Moment und meint dann völlig ruhig:

»So weit dachte ich nicht. Okay – dann verbiete ich es Ihnen!«

Wütend knalle ich die Tür ins Schloß.

Er tat mir weh, verdammt noch mal, er tat mir wirklich weh! Ich kämpfe mit meinen Schmerzen, walze sie mit meiner Phantasie flach, wehre mich gegen sie, doch sie sind stärker.

Dieser Verzicht faucht wie ein obszöner Salzsturm über eine tiefe Wunde in meiner Seele; ich falle abwechselnd in Wut und Trotz, weigere mich schließlich, mich von diesen Wechselbädern gefangennehmen zu lassen. Dennoch rollen mir beim Abendbrot die Tränen über die Wangen (zum Glück bemerkt es niemand), denn der schmerzhafte Trotz in mir ist doch stärker als der Wille und meine Vernunft.

Ich hätte nicht gedacht, daß es so schwierig und schmerzhaft sein kann zu verzichten. Und dabei glaubte ich immer, mein ganzes Leben im Verzicht auf Anerkennung, Nähe

und Akzeptanz verbracht zu haben. Weshalb bereitet es mir jetzt solche Schmerzen, am Wochenende auf Fabian und Jan zu verzichten?
Natürlich ist es nicht der Verzicht auf die Gesellschaft der beiden, der mich so angreift, vielmehr wehre ich mich gegen die Tatsache, auf ein Verlangen verzichten zu müssen. Diese Korrektur meiner Wunscherfüllung, das ist es, was meine Widerstände entfacht!

Das

wäre jetzt eine klassische Situation, um zu einem Cognac zu greifen und dabei J. gedanklich flachzubügeln!
Und jetzt muß ich dieses widerliche Gefühlsgemetzel schutzlos ertragen! Ich hätte wirklich große Lust, meine Koffer zu packen und zu verschwinden! Erstens bringt mir diese idiotische Therapie sowieso nichts mehr, zweitens bleibe ich trocken, und drittens lerne ich es verdammt noch mal nie, nie, nie, da Verzicht zu üben, wo ich es am wenigsten einsehen und akzeptieren kann!

Während eines Spazierganges weine ich mich bei Peter aus, ich vergieße wirklich ein paar Tränen der Wut. Und ich weine auch einige ganz besonders dicke Tränen über mein uneinsichtiges, herzloses Schicksal, das mich wieder einmal zum Erbarmen beutelt...
Und während ich meinen abgeschmackten Lebensschmerz mit Tränen beträufele, kann ich mir ein Schmunzeln nicht verkneifen: Ich kenne mich in der Rolle des immer wiederkehrenden, impulsiven und alles in Frage stellenden Schmerzes; fast glaube ich, mein Trotzverhalten gleicht einer zerkratzten Schallplatte, die seit Jahren an der gleichen Stelle hängenbleibt. Ich weiß, daß J. es gut mit mir meint und daß sein »Experiment Verzicht« nicht dazu dienen soll, mich zu quälen – ich weiß es, aber meine Gefühle hinken (wie immer) dieser Einsicht hinterher.
»Das ist das KPS«, meint Peter amüsiert, »das Koffer-Pack-Syndrom; das macht jeder mindestens einmal durch hier. Schlaf eine Nacht darüber, und morgen hat sich der erste Seelensturm gelegt!«
»Ich habe inzwischen so viele und dramatische Lebensge-

schichten gehört«, erwidere ich, »und ich weiß, daß meine Geschichte, die ich für die wichtigste und ungeheuerlichste hielt, nur eine von vielen ist. Aber dieses Wissen hält mich nicht davon ab, in bestimmten Trotzsituationen immer wieder in ein aufpeitschendes Selbstmitleid abzutauchen, wobei ich meine geschundene Seele dann stunden- und tagelang mit den abgedroschenen Phrasen meines angeblich so grausamen Schicksals einlulle. Und dabei fühle ich mich inzwischen längst nicht mehr so benachteiligt wie noch in meinen einsamen Nächten in Hamburg. Und obwohl sich mein eigenes Leben durch die Gruppe relativierte, sehe ich mich noch immer so gerne leiden...«

Peter hält inne, schaut mich an und meint: »Ich fühle dasselbe in mir, und ich frage mich so oft: Weshalb mußte mich das Schicksal ausgerechnet mit meinem Schicksal bestrafen? Verstehst du: Mein Leben, mein Los scheint einfach nicht zu mir zu passen! Mir scheint, das Leben hält mich im falschen Schicksal gefangen! Weißt du, vor einigen Tagen erzählte Georg in der Gruppe von seinem brutalen Vater, dabei hatte ich Mühe, meine Tränen zu verbergen. Es geschieht nicht oft, daß mich eine Erzählung weinerlich werden läßt, aber als ich Georg zuhörte, tauchten plötzlich längst vergessene Bilder meines Elternhauses auf, und ich entdeckte so erschreckende Parallelen zwischen Georg und mir! Wenn ich mich an meinen Vater erinnere, werde ich entweder sofort aggressiv oder weinerlich. Mein Vater war Alkoholiker, obgleich er nie sozial auffällig wurde oder abglitt. Er war Spiegeltrinker und soff sein Leben lang, ohne jedoch dadurch aus der Bahn geworfen zu werden.

Er mochte mich nicht und gab mir das immer wieder zu verstehen. Ich konnte ihm nie etwas recht machen, ich erfuhr nie eine Anerkennung; für ihn war und blieb ich ein Schwächling, ein Taugenichts, ein weltfremder Weichling. Nie erlebte ich etwas Schönes oder Angenehmes mit ihm, nie konnte ich seinen überspannten Erwartungen gerecht werden.

Ich wuchs auf mit dem vernichtenden Gefühl, ein Versager zu sein. Irgendwann arrangierte ich mich leidlich mit diesem Gefühl, und mir war klar, daß ich wohl immer ein Versager bleiben würde.

Nur der Beharrlichkeit meiner Mutter ist es zu verdanken, daß ich meine Lehre durchhielt und schließlich in einer Großstadt Arbeit fand – damit beendete ich die Beziehung zu meinem Vater. Ich erschien erst nach seinem Tod wieder zu Hause.

Ich möchte dir etwas sagen, was ich einfach nicht in die Gruppe bringen kann: Ich gab vor, wegen meiner immensen Arbeit rückfällig geworden zu sein – das ist nur eine Hälfte der Wahrheit.

Ich bin seit vier Jahren verheiratet, und die Ehe blieb kinderlos, obwohl wir uns so sehr ein Kind wünschen. Meine Frau verzweifelte fast bei dem Gedanken ›nur eine halbe Frau‹ zu sein und niemals schwanger werden zu können.

Kurz vor meinem Rückfall meinte der Frauenarzt, ich solle mich doch mal einer ärztlichen Untersuchung unterziehen. Ich sträubte mich zunächst dagegen, da ich mir nicht vorstellen konnte, daß ausgerechnet ich... Und dann traf mich das Ergebnis wie ein Keulenschlag! Es liegt an mir, daß wir keine Kinder bekommen können!

Für mich stellte diese Mitteilung eine Katastrophe dar! Meine Minderwertigkeitsgefühle wucherten ins Unermeßliche, plötzlich fühlte ich mich noch kleiner, unscheinbarer und lebensuntauglicher als bisher... Zwei Tage später begann ich wieder zu trinken, denn ich fühlte mich schuldig am Unglück meiner Frau. Und dabei weiß ich doch, daß hier der Begriff Schuld völlig fehl am Platz ist, handelt es sich doch lediglich um eine perfide Laune der Natur.«

Gedanken zum Rückfall: Erneut fällt mir auf, wie dürftig bisher meine Auseinandersetzung mit dem Zeitraum unmittelbar *vor* dem 23. 12. 1987 ausfiel.

Erst hier, in der bewußten Begegnung mit mir, gelang es mir, die verhängnisvollen Momente meines Rückfalles und die tragische Eigendynamik meiner Sucht zu begreifen und zu schildern. Und erst jetzt, fast dreieinhalb Jahre nach diesem Ereignis, bin ich in der Lage, den nüchternen Intervall zwischen Therapieende und dem erneuten Griff zum ersten Glas unumwunden und präzise, ohne Selbstmitleid und Schuldzuweisung zu beschreiben:

Nach meiner Therapie fuhr ich zunächst für vier Wochen nach Südfrankreich. Ich wollte vergessen, alles Gewesene symbolisch ins Mittelmeer versenken und ein völlig neues Leben beginnen. Nie wieder sollte mich Freund Alkohol zu fassen bekommen!
Froh, meiner Sucht endgültig entronnen zu sein, zog ich einen Schlußstrich, fest davon überzeugt, die Erkenntnisse meiner Therapie bequem in mein Leben integrieren zu können. Ich befand mich in einer Situation, in der es mir möglich war, ohne den äußeren Ballast meiner Geschichte völlig neu zu beginnen; eine einmalige, köstliche Gelegenheit! Bereits in Südfrankreich erfuhr ich, daß es mir keine Mühe bereitete, inmitten einer alkoholgewohnten Gesellschaft abstinent zu bleiben. Ja, ich war sogar ein wenig enttäuscht, daß es so einfach war, keinen Alkohol zu trinken, und daß ich mich »unter Alltagsbedingungen« so rasch mit diesem permanenten Verzicht arrangieren konnte. Und ich war auch ein wenig enttäuscht darüber, daß meine Exklusivität als nüchterner Alkoholiker langsam verlorenging. Meine Geschichte, meine beschwerliche Überwindung der Sucht verlor den Nimbus der Einmaligkeit – dieser Umstand kränkte mich sehr. Bald kannten alle die Story meines Niederganges und meiner Rückkehr in ein drogenfreies Leben bis ins schnörkeligste Detail, und selbst meine pikanten Nächte in Istanbul lösten nach einem Jahr in meinem Bekanntenkreis nur noch ein gelangweiltes Gähnen aus.
Ich zog einen Schlußstrich – aber an der falschen Stelle. Zwar konnte ich mich noch eine Zeitlang mit meiner Tiefgaragenepisode profilieren, aber ich scheute jeden Kontakt mit anderen trockenen oder nassen Alkoholikern, wobei mit der Fortdauer meiner Abstinenz die Berührungsängste gegenüber den aktiven Süchtigen immer krasser in den Vordergrund traten. Bereits nach wenigen Monaten besuchte ich keine Gruppen mehr, in denen nasse Alkoholiker anzutreffen waren; etwa zwei Jahre nach meinem Therapieende fror ich dann auch die Kontakte zu jenen Gruppen ein, in denen sich »nur« trockene Alkoholiker trafen.
Ich wollte der süddeutschen Provinz den Rücken kehren, endgültig mit meinen Schandtaten in Sindelfingen, Waldenbuch, Böblingen und Stuttgart brechen, nichts und niemand

sollte mich mehr an mein vergangenes Lotterleben erinnern. Jeder, der mich jetzt neu kennenlernen würde, sollte mich als geschichtslosen, nüchternen Alkoholiker erleben. Auch das Glück stand auf meiner Seite: Hatte ich mich in Hamburg auf eine monatelange, zermürbende Wohnungssuche eingestellt, so war ich beinahe fassungslos vor Glück, bereits am ersten Tag eine passende Bleibe zu finden! Am 21.10.1981 bezog ich eine Dreizimmerwohnung in einer Seitenstraße der Reeperbahn, eine Woche später trat ich meinen Dienst im Hafenkrankenhaus an.
Die Welt war wieder in Ordnung. Nach einer langen, süchtigen Irrfahrt hatte ich mich wiedergefunden, überzeugt, daß nun alles anders, ja, besser werden wird.
Ich schrieb zwei Bücher und veröffentlichte einige Kurzgeschichten; diese bescheidenen Erfolgserlebnisse signalisierten meinen richtigen Kurs, den ich eingeschlagen hatte und beibehalten wollte.
Ich verinnerlichte meine Abstinenz völlig, ohne Wenn und Aber. Es war mir klar, daß es das in meinem Leben nie wieder geben darf: der Griff zum Alkohol, gleichgültig aus welchen Gründen auch immer.
Freimütig gab ich mich als Alkoholiker zu erkennen: Wurde mir Alkohol angeboten, so lehnte ich stets mit Worten ab wie: »Ich bin Alkoholiker und trinke nichts mehr. Meine Sucht hätte mich beinahe das Leben gekostet. Ich trinke nichts mehr, weil ich bereits nach dem ersten Schluck mein Leben nicht mehr unter Kontrolle habe.« Ich begegnete niemandem, der diese Worte nicht verstanden hätte. Und ich war auch erstaunt: So dürftig bei vielen Leuten das Wissen um die Krankheit Alkoholismus auch sein mochte, eines wußten alle: Ein trockener Alkoholiker wird nach dem ersten Glas aufs neue verloren sein!
1985 wurde mir meine exemplarische Alkoholikerrolle zusehends lästig. Ich empfand einen tiefen Unwillen, wenn ich mich als Alkoholiker offenbaren mußte, zumal mein Leben so unauffällig, fast bieder und sensationslos verlief, daß selbst für meine engste Umgebung eine Rückfallgefahr ins Märchenhafte verwiesen wurde.
Anläßlich eines Geburtstages, bei dem ein Obstsalat mit Orangenlikör serviert wurde, distanzierte ich mich jäh von

meiner Krankheit und verniedlichte sie galant: »Ich vertrage keinen Alkohol, bitte haben Sie Verständnis dafür. Wissen Sie, ich habe eine kleine Schwäche: Fange ich erst einmal an zu trinken, höre ich nicht wieder auf!«

Das klang wesentlich witziger und charmanter als das graue, monotone Credo des abstinenten Alkoholikers; damit konnte ich mich lieb und hold aus jeder alkoholischen Affäre ziehen – aber um welchen Preis? Ein Jahr später zweifelte ich über all meinem Charme und Witz manchmal selbst daran, Alkoholiker zu sein.

Ende 1985 quittierte ich meinen Dienst im Krankenhaus; die Bezahlung war schlecht, und die fortwährenden Schicht- und Wochenenddienste erwiesen sich als unerträglich.

Ich arbeitete nun in einer Pizzeria, einen Steinwurf von der Reeperbahn entfernt. Mein Gehalt verdoppelte sich, und die Arbeit machte mir Spaß. Ich übernahm die Buchhaltung, stand am Tresen, erledigte den Einkauf und steigerte den Umsatz innerhalb weniger Monate um 80%. Vor meinem Tresen lümmelten sich abgetakelte Prostitutierte, undurchsichtige Gestalten aus der Halbwelt und Legionen von Alkoholikern.

An meiner eisernen Haltung zur Abstinenz veränderte sich nichts, bald wußten die Stammkunden über meine Sucht Bescheid und akzeptierten respektvoll meine Enthaltsamkeit.

Als mein Buch »Mein Weg aus der Nacht« erschien, verärgerte mich Thomas, ein verwöhnt-arroganter Medizinstudent, mit einem schnodderigen Kommentar: »Das Buch ist voll von blassen Klischees: Morphium-Lilly und Max, der einarmige Fremdenlegionär – solche Figuren gibt's doch nur in schlechten Hollywoodfilmen...«

Thomas mußte es schließlich wissen, denn er kannte das dralle Leben: Aufgewachsen in seinem Othmarschen, einziger Sohn einer angesehenen Arztfamilie, der im ersten Semester auf Wohnungssuche in St. Pauli ging – und mit Vaters Hilfe auch sofort eine fand.

»Man zieht jetzt nach St. Pauli, weil es schick ist, hier zu wohnen und vor allen Dingen wegen Kultur und so...«, klärte er mich bei Scampis und »Prosecco« auf.

Klischees? In jeder Stadt gibt es Gestrandete und an den

Rand gedrängte Existenzen, dazu gehörten auch Morphium-Lilly und Max. Und manchmal wechseln eben nur die Namen, die Geschichten und Dramen wiederholen sich: Erich, der einst angesehene, tüchtige Rechtsanwalt, Dr. jur., der sich täglich bei *Mutti* ausweinte. Nach seiner Scheidung verlor er jeden Halt und verfiel der Droge Alkohol. Klischee?

Bomber-Elli, die jeden Tag punkt neun Uhr abends bei mir auftauchte, im Stehen vier Portionen Spaghetti verdrückte und immer wieder ihre Lebensgeschichte erzählte: *Bomber-Elli* (sie wog hundertfünfundvierzig Kilo bei einer Körpergröße von hundersechsundfünfzig Zentimetern) fuhr zwanzig Jahre als Köchin zu See, war mit einem Seemann aus St. Pauli verheiratet, der irgendwann nicht mehr aus Sansibar zurückkam... Seitdem findet man Elli Tag für Tag im grölenden Pennerpulk an der Ecke Reeperbahn/Hamburger Berg.

»Ich bin Alkoholikerin aus Überzeugung«, lallte sie einmal zu mir, »ich kann dieses Leben ohne Stoff nicht mehr ertragen. Ich weiß, daß ich auf St. Pauli mit einer Flasche Fusel in den Händen abnibbeln werde, aber das interessiert mich nicht mehr... Das Schicksal gab mir einen Tritt, und ich schaffe es nicht mehr aufzustehen.«

Klischee?

Korn-Willi, der seinem Namen zur Ehre, »nie vor der dritten Flasche Korn ins nächtliche Koma fällt«, einst ein geschätzter Abteilungsmeister bei Blohm & Voss; Reihenhaus in Farmsen, Urlaub auf Mallorca, verheiratet, zwei Kinder. 1976 kommt seine Frau bei einem Verkehrsunfall ums Leben, Willi beginnt zu saufen. 1980 werfen ihn die Kinder aus dem Haus, drohen mit Entmündigung. Willi verliert seine Arbeit und jobbt in schmuddeligen Spelunken auf St. Pauli, gibt sich heute mit seiner makabren Rolle als Clown zufrieden. »Ich habe zwar nur ein erbsengroßes Gehirn, dafür ist meine Leber inzwischen so groß wie das Steuerrad der Cap San Diego!«

Klischee?

Oder Heidi, die resolute Ex-Krankenschwester, die ihren Dienst am Krankenbett aufgab und nun zahlungskräftige »Patienten« in einem schäbigen Kabuff in der Herbertstraße

»behandelt«: Sie benötigt mindestens vier Ampullen Dolantin, um die Nacht durchzustehen.
Klischee?
»Und zudem ist es ganz witzig, hier zu wohnen und dabei die Leute zu beobachten«, philosophiert Thomas.
Die Transvestiten, die sich, vollgepumpt mit Aufputschmitteln, in der Schmuckstraße kreischend um einen Kunden prügeln ... Witzig?
Die süchtigen Mädchen, die gegenüber der Davidwache wie festgewachsen stehen und für einen Schuß Heroin fast alles tun ... Witzig?
Der Zuhälter, der im Hinterhof »meiner Pizzeria« eine Prostituierte auspeitscht, weil sie wieder einmal unerlaubterweise Geld bunkerte ... Witzig?
Eine alltägliche Szene: Gaby, siebzehn Jahre, vor einem Jahr aus einem Heim in Bayern ausgerissen, nach Hamburg getrampt, von einem Zuhälter aufgelesen, von ihm dann unsanft-routiniert für den Straßenstrich abgerichtet. Gaby sitzt allein an einem Tisch, plötzlich wird die Tür aufgerissen und *Champagner-Charly*, ein dunkelhäutiger Zuhälter aus Mannheim, stürmt ins Lokal, baut sich drohend vor Gaby auf und geifert: »Du hast zehn Minuten, dann stehst du an deiner Ecke, sonst gibt es einen Satz heiße Ohren!« Witzig?
Wahrscheinlich muß man wirklich gänzlich oberflächlich, dumpf und in einem guten hanseatischen Hause aufgewachsen sein, um St. Pauli witzig zu finden!
Thomas, armer Wicht: In zehn Jahren wirst du in einem der eleganten Elbvororte eine gutgehende Arztpraxis dein eigen nennen, und du glaubst, das Leben in seinen Höhen und Tiefen genossen zu haben ... Du hast wenig gesehen und nichts begriffen, und du wirst in zehn Jahren *Bomber-Elli*, Gaby, *Korn-Willi* oder den viertklassig schreibenden Alkoholiker Hans D. Wallburg nie gekannt haben – es sei denn, meine Bücher erscheinen dann bereits in der 21. Auflage, oder ich erhalte den Nobelpreis.
Natürlich beinhaltet St. Pauli nicht das Leben schlechthin, aber es stellt ein symptomatisches Produkt dieser verlogenen, heuchlerischen und kalten Gesellschaft dar, ein Teil des Lebens, in dem wir alle leben. Und wenn ich hier nur

lernte, einen Menschen nicht zu beurteilen, ehe ich seine Geschichte kenne, dann genügt mir das völlig.
Es mag paradox klingen, aber nie fiel es mir leichter, zu meiner Abstinenz zu stehen als in diesen zwölf Monaten, die ich hinter einem Tresen auf St. Pauli verbrachte.
Lange bevor ich rückfällig wurde, vollzog sich ein Rückfall in mein altes, gefährliches Verhalten: Ich konnte nicht nein sagen.
Susanne, eine attraktive und lebenslustige Studentin, verliebte sich Hals über Kopf in mich. Ich wünsche mir eine schöne und leidenschaftliche Liebesbeziehung, schwärmte sie immer wieder, doch ich konnte ihre Gefühle nicht erwidern. Ich mußte ihr die Wahrheit sagen, mußte ihr weh tun, und genau davor fürchtete – und drückte ich mich!
Ich liebte sie nicht, aber ich fand nicht den Mut, dies zu sagen. So quälte ich mich sieben Monate durch eine Beziehung, die mir tiefe und nachhaltige Schuldgefühle einflößte, die denen glichen, die mich früher beim Trinken heimsuchten. Jetzt war es nicht der Alkohol, der mich in Gewissensnöte stürzte, sondern jedes geflüsterte »Ich liebe dich«.
In einer unentschlossenen Weise, gespalten und hinterhältig, quälte ich mich durch eine einseitige Liebesbeziehung und sehnte mich nach einer Person oder einer drastischen Situation, die mich erlösen würde.
Diese absonderliche Liebe lief sich schließlich tot – und bescherte mir eine grauenhafte Depression, die ich medikamentös zu überwinden suchte.
Mit meinem Rückfall in mein klassisches, suchtfreundliches Verhalten büßte ich augenblicklich die Souveränität meiner Nüchternheit ein. Plötzlich zogen mich erneut die ganzseitigen Alkoholwerbungen der Illustrierten magisch an, und das Feindbild Alkohol begann sachte zu wanken. Die Droge verlor ihre Bedrohlichkeit und diente nun in meiner Phantasie dazu, mein Leben zu verfeinern. Ich malte mir köstliche Bilder aus, beispielsweise einen Sonnenuntergang in Südfrankreich mit einem guten, alten Cognac... Das Suchtmittel diente jetzt als exquisite Belohnung eines beschwerlichen Tages.

1987, bei einer schweren Bronchitis, nahm ich erstmals seit 1979 wieder alkoholhaltige Hustentropfen ein – und spürte augenblicklich die altbekannte, verführerische Hitze in den Ohren!

Die Skala meiner Abstinenz dezimierte sich in Abschnitten:

1979–1984: Ich will keinen Alkohol mehr trinken, egal was geschieht.

1985: Du darfst unter keinen Umständen Alkohol trinken!

1986: Du darfst nicht trinken!

1987: Du darfst nicht trinken – oder doch? Einmal vielleicht...

Ohne daß ich trank, hatte mich der Alkohol wieder fest im Griff. Meine Gedanken kreisten immer häufiger um das verhängnisvolle und zugleich verflucht-ersehnte erste Glas. Nun beherrschte ich die Sucht nicht mehr, sondern sie verfügte wieder über mich, und aus meiner unerschütterlichen Souveränität wurde ein täglicher, verbissener Kampf. Ich mußte alle verfügbaren Energien aufbieten, um einen drohenden Rückfall zu verdrängen.

Immer häufiger drängte sich das kokette Bild eines beschlagenen Glases Sekt in meine Gedanken, und ich kostete diese frivolen Vorstellungen genüßlich aus.

Im Gästehaus ließ ich mich erneut willig in die Schmollecke des hilflosen, schwachen und unentschlossenen Opfers drängen: Claus bürdete mir ein unerträgliches Arbeitspensum auf, das ich willig, aber mit zerfahrenen Gefühlen bewältigte – und dabei alle aufbrechenden Konflikte, Aggressionen und Widerstände still in mir erduldete.

23. Dezember 1987, Pizzeria, Reeperbahn:

Ich hatte mich vom heruntergekommenen, verwahrlosten Alkoholiker aus der Tiefgarage des Hotels »Zeppelin« in Stuttgart zu einem zuverlässigen, rechtschaffenen Bürger hochgearbeitet. Ich hatte mehr erreicht, als ich je zu hoffen wagte. Es war eine Frage der Zeit, und man würde mir die Leitung des Gästehauses übertragen. Ich hatte mit 2000 Mark in der Tasche ein neues Leben begonnen, und nun verdiente ich plötzlich mehr Geld, als ich ausgeben konnte.

Es ging mir gut, aber: Hatte ich das auch wirklich verdient? Konnte ich es zulassen, daß ich nun in eine Position zu rükken schien, die mir ein gesichertes und sorgenfreies Leben bescheren würde.
Ich war allein.
Ich hatte viele Bekannte, aber mit keinem konnte ich über meine Sucht sprechen, denn ich klammerte bereits seit Monaten das Thema Alkoholismus aus jedem Gespräch aus.
Ich war einsam.
Und obwohl es mir so gutging, fühlte ich mich ausgestoßen; ja, in meinem Glück fühlte ich mich wie ein Außenseiter, und selbst die tragende Säule meines Lebens, meine erkämpfte Abstinenz, war mir seit langem nicht mehr geheuer...
Und haargenau in dieser Gefühlslage winkte ich den Kellner herbei:
»Herr Ober, einen Cognac bitte!«

Im »Raum der Stille« erfahre ich meinen entscheidenden Durchbruch: Obwohl der winzige, holzgetäfelte Raum karg und nüchtern wirkt, empfinde ich sogleich eine tiefe Ruhe und Behaglichkeit. Werner zündet eine Kerze an und setzt sich zu René und mir auf den Fußboden.
»Wir treffen uns jeden Abend hier«, sagte René, »und sei es nur für ein kurzes Gebet. Aber dieser regelmäßige Rückzug in die Stille stärkt unser Vertrauen – sowohl in uns, als auch in Gott.«
»Ich denke daran, wie schwer es mir fiel, in Gegenwart von René laut zu beten«, fährt Werner leise fort, »es kostet Überwindung, gemeinsam seine Sorgen und Nöte, aber auch seinen Dank auszusprechen.«
Ich blicke zum Kreuz, dessen scharfe Konturen vom flakkernden Kerzenlicht gebrochen werden, um dann sanft auf die hellen Holzwände zu gleiten.
»Ich weiß, daß Gott kein strafender Gott ist, sondern ein Gott der Liebe«, sage ich nachdenklich, »denn ich habe diese Liebe erfahren. Ich kann meine These nicht beweisen – wie sollte ich auch? –, aber ich glaube daran. Und ich glaube, daß ich ohne diesen liebenden Gott nicht mehr am Leben wäre.«

»Auch ich glaube an diese göttliche Liebe, die sich nicht an menschlichen Maßstäben orientiert«, antwortete René, »und ich glaube auch, daß Jesus Christus tatsächlich die Sünder liebt, denn sonst säße ich heute nicht bei euch; auch ich wundere mich, daß ich die Sucht überlebte.«

»Ich habe Unrecht verübt, aber ich litt auch unter Unrecht«, meint Werner, »und indem ich im Gebet um Verzeihung bat und auch verzieh, wuchs ich ein unbeschreiblich schönes und großes Stück über mich und meine Schuld hinaus.«

»Meine Gebete sind unvollkommen und laienhaft; manchmal habe ich das Gefühl, als hätte ich meine Gedanken und meine Sprache verloren«, erkläre ich bedrückt, »meine Sucht ließ mich redselig, aber sprachlos werden. Und damit nicht genug: Ich spüre, daß es mir an Hoffnung und Demut mangelt, und ich finde keine Worte, Gott darum zu bitten.«

René schaut mich lächelnd an und sagt: »Die Zeit hier unten, der Rückzug in die Besinnlichkeit, wird dich um alles bitten lassen, wonach du dich sehnst; das ist eine Frage der Zeit und der Bereitschaft, sich fallen zu lassen; dazu braucht man Vertrauen.«

Ich bewundere die Ruhe, die dieser Junge ausstrahlt.

»Ich habe oft den Verdacht, daß ich in meiner nassen Zeit mehr Vertrauen in den Alkohol setzte als heute in Gott. Hoffnung und Vertrauen – diese beiden Eigenschaften sind mir so vertraut, und doch traue ich ihnen nicht. Ich weiß, daß der Vorsatz, nüchtern zu bleiben, nicht genügt; zur Abstinenz gehört eben gerade diese fast kindliche Hoffnung in Gottes Geschicke, dieses hoffnungsvolle Sich-fallen-Lassen, dieses unsichere Wagnis Vertrauen, vor dem ich mich so fürchte.«

Werner schmunzelt: »Dieses riskante Wagnis Vertrauen, bei dem man sich so schutzlos fühlt – wer kennt dieses Gefühl nicht? Aber riskieren wir dabei wirklich so viel? Setzen wir mit der Droge nicht täglich unsere Gesundheit, unser Leben aufs Spiel? Und heute? Wir, die Meister der Manipulation, erkennen unsere Grenzen, und wir zögern dennoch, uns Gott anzuvertrauen, so wie wir sind, mit unseren Entgleisungen, Fehlern und Unzulänglichkeiten. Wie

tief muß die Angst in uns sitzen, zurückgewiesen und verlassen zu werden...«
»Ich möchte mich wieder Gott und dem Leben überlassen«, entgegne ich, »und ich wünsche mir, daß mein Ja zur Kapitulation vor der Droge auch in die tieferen Schichten meiner Persönlichkeit dringt, denn dort glimmt noch immer ein trotziges Nein. Ich möchte mich dem Leben wieder stellen und mich nicht ständig darüberstellen wollen, doch gerade dieser Sprung wird plötzlich zum schwierigsten meines Lebens... Und es geschah einfach zu viel, als daß ich unbefangen wieder von vorne beginnen könnte...«
René weist mit einer Hand zum Kreuz.
»Was glaubst du, wie schwer mir dieser Weg fiel? Ich war so tief gesunken, daß ich mich selbst nicht mehr kannte. Als ich an der Nadel hing, zählte nichts anderes mehr für mich als nur die Jagd nach Stoff – die gnadenlose Jagd, ohne Rücksicht auf mein Leben oder das Leben anderer. Auf Turkey hätte ich zum Mörder werden können. Was lud ich durch die Sucht auf mich: einen Apothekenüberfall, Handtaschendiebstähle, Wohnungseinbrüche – und wenn gar nichts mehr ging, stellte ich mich in München in die Schalterhalle des Hauptbahnhofs und verdiente mir bei einem Freier das nötige Geld für einen Druck.
Ich war wirklich ganz unten; tiefer kann ein Mensch wohl nicht sinken. Aber ich erfuhr, daß Jesus Christus vergibt. Ja, ich machte in mir und in meinem neuen Leben diese wunderbare, kaum beschreibbare Erfahrung. Und da mir vergeben wurde, war ich plötzlich in der Lage zu vergeben – auch mir selbst! Das war ein ungeheueres Erlebnis! Aber erst dadurch wurde es mir möglich, mich wieder selbst anzunehmen, ohne Drogen und mit den Ruinen meiner Vergangenheit. Ich lebe mit der Gewißheit, daß mir verziehen wurde. Und ich bin bereit, mich in meiner fehlerhaften Persönlichkeit zu akzeptieren und mich täglich ein kleines Stück zu ändern...«
»Ich erfuhr bei meiner ersten Kapitulation, wie gut es mir tat, meine Widerstände gegen das Leben aufzugeben und mich ihm vertrauensvoll hinzugeben. Ich verzichtete Schritt für Schritt auf meine übermächtige Abwehr, pflückte meine sinnlosen Allmachtsphantasien auseinander, vertraute mich

Gott an und stellte mich schließlich der nüchternen Realität. Heute kehre ich als Versager, als zweifach verlorener Sohn zurück. Ich schäme mich immer noch, und ich suche jene zufriedene Gelassenheit, die es mir ermöglicht, wieder ja zu meinem Leben zu sagen. Ich glaube, daß mein Alkoholismus auch dazu diente, mein Leben permanent und eisern unter Kontrolle zu halten. Ich möchte endlich diese anstrengende, widersinnige Kontrolle fallenlassen und mich meinen Gefühlen, meinen realistischen Wünschen und dem nüchternen Leben stellen dürfen...«

Werner wirkt gelöst und erzählt mit ruhiger Stimme:

»Ich gab mich jahrelang dem irrigen Glauben hin, meine Lebensgeschichte, die gewiß eine atemberaubende Dramatik offenbart, sei die fürchterlichste auf diesem Planeten. Diese völlig falsche Einschätzung führte erstens zu einem unsäglichen und hinderlichen Selbstmitleid, zweitens verharrte ich dadurch in einer verhängnisvollen Passivität, die mich immer mehr in die Krakenarme der Sucht trieb. Ich fühlte mich als erbärmlichster und benachteiligster Mensch auf dieser Welt, und ich gab meinen Eltern, meiner Umwelt und Gott die Schuld an meinem fatalen Zustand. Auf die Idee, an mir etwas zu verändern, kam ich natürlich nicht – bis mir ein nichtsüchtiger Freund die Leviten las. Er meinte, ich sei ein widerlicher kleiner Scheißer, der sich stückchenweise umbringt und dabei keine Gelegenheit ausläßt, andere als seine Mörder zu beschimpfen. Tief beleidigt zog ich mich von ihm zurück und vergrub mich in Suff und Tabletten. Aber es half nichts, seine Vorwürfe ließen mich nicht mehr los, und je mehr ich über mich jammerte, um so bewußter wurde mir, daß er recht hatte. Dennoch verging ein weiteres süchtiges Jahr, ehe ich den Mut fand, ihm recht zu geben und ihn zu bitten, mir zu helfen. Er ist Christ, ein offener und anständiger Kerl, der viel im Leben erdulden mußte, ehe er zu seinem Glauben fand, und vielleicht waren es gerade diese Erfahrungen – er erkrankte mit sechs Jahren an Kinderlähmung, und seine Mutter nahm sich wenig später das Leben –, die ihn so vieles verzeihen ließen und die ihm ein wirklich offenes Herz für alle menschlichen Abgründe bescherten. Er hatte – und das klingt für einen normalen Menschen fast unglaublich – seine Behinderung lieben gelernt denn so sehr sie ihn einerseits von vielen Menschen entfernte, brachte sie ihn andererseits sich selbst, Gott und allen menschlichen Außenseitern in einer sehr sensiblen und offenen Weise näher.

Seine Behinderung wird ihn ein Leben lang auf Schritt und Tritt verfolgen, er kann sie vor den Menschen nicht verbergen so wie wir unsere Sucht, die wir einfach nur verschweigen müßten, damit sie keiner erkennt, und er mußte so manche geringschätzige Miene erdulden – dennoch traf ich in meinem Leben noch nie so einen lebensbejahenden, aufrechten und auf Gott vertrauenden Menschen wie ihn.

In unzähligen Gesprächen durchbrach er mein chronisches Mißtrauen; wir wurden Freunde, und ich verdanke ihm eine tiefe Einsicht in meine Sehnsucht nach Frieden, nach Sinn und nach Gott.

Meinem Freund ist es auch zu verdanken, daß ich von der Flasche und den Medikamenten loskam. Und obgleich ich einige dutzendmal an Abstinenzversuchen scheiterte, hielt er zu mir und gab mich nicht auf. Schließlich war ich so tief gefallen, daß ich um einen Therapieplatz flehte – er brachte mich zur Klinik und begleitete mich mit Briefen und Gebeten durch meine Therapie.

Es ist keineswegs selbstverständlich, daß ich heute nüchtern und clean bin, und ich weiß auch, daß mein nüchternes Leben nicht mein Verdienst ist; ohne Kapitulation und Glauben wäre ich längst tot.

Ich wurde im Kreiskrankenhaus einer schwäbischen Kleinstadt geboren. Meine Eltern waren nie verheiratet. Meine Mutter, eine Norditalienerin, verschwand drei Tage nach meiner Geburt spurlos. Bis heute blieben alle Nachforschungen nach ihr ohne Erfolg. Mein Vater, ein Arbeiter, gab mich kurzerhand in ein Heim. Wäre es nach ihm gegangen, wäre ich ohnehin nie geboren worden: Wie er mir viel später einmal betrunken erzählte, drängte er meine Mutter sehr energisch zu einer Abtreibung, doch sie blieb stur und brachte mich zur Welt.

Mein Vater starb, als ich achtzehn war. Man fand ihn in seiner Garage, er war offenbar völlig betrunken bei laufendem Motor eingeschlafen. Erst durch die Obduktion erfuhr ich, daß er medikamentenabhängig war, genau wie ich.

Mein Vater war auch alkoholabhängig; heute weiß ich, daß er ein Epsilon-Alkoholiker war, damals beschimpfte ich ihn als charakterlosen Quartalssäufer.
Als ich acht Jahre alt war, holte er mich für ein Wochenende aus dem Heim und nahm mich mit nach Hause. Ich erinnere mich sehr deutlich an eine halbnackte, verlotterte Frau, die mich mit glasigen Augen wortlos anstarrte und dabei immer wieder nach einer Rotweinflasche griff.
An diesem Wochenende soff sich mein Vater an den Rand der Besinnungslosigkeit. Am Samstagabend geriet er mit seiner Freundin in einen heftigen Streit, Teller und Flaschen flogen an die Wand, schließlich ohrfeigte er die weinende Frau so lange, bis sie mit einem leisen Wimmern zu Boden sackte.
Doch zu meiner Verwunderung tranken die beiden, nachdem sich die Frau aufgerappelt und das Blut aus den Mundwinkeln gewischt hatte, gemeinsam weiter.
Vater schickte mich ins Badezimmer, ich sollte ein Bad nehmen. Plötzlich hörte ich durch die Badezimmertür, daß die beiden sich wieder stritten, und dabei sagte mein Vater: »Ich schaffe mir jetzt endgültig diesen kleinen Bastard vom Hals!«, kam ins Badezimmer – und versuchte, mich in der Wanne zu ertränken!
In Todesangst gelang es mir, mich immer wieder seinem Griff zu entwinden; vielleicht rettete mir auch der Umstand, daß ich mich von Kopf bis Fuß eingeseift hatte und daher recht schlüpfrig war, das Leben.
Nach einigen Versuchen gab er sein mörderisches Vorhaben resigniert und völlig außer Atem auf und torkelte ins Schlafzimmer zurück.
Es gab polizeiliche Ermittlungen, doch Vater und seine Geliebte verstanden es geschickt, diesen Mordversuch als Unfall zu kaschieren, so daß keine Anklage erhoben wurde. Da die Polizei aber seine verwahrloste Wohnung kennenlernte, wurde ihm das Sorgerecht entzogen; er durfte mich nicht mehr im Heim besuchen.
Ich hatte bei diesem Vorfall etwas Wasser geschluckt, so daß ich in den folgenden Jahren einige Lungenentzündungen bekam.
Im Alter von elf Jahren erkrankte ich plötzlich an einer

schweren, offenen Tuberkulose und wurde eilends in eine Lungenheilstätte verfrachtet. Dort blieb ich fast ein Jahr. Sechs Monate davon verbrachte ich fast ausschließlich im Bett, an Infusionen angeschlossen und mit Medikamenten ruhiggestellt.

Ich war ein aufgewecktes und quirliges Kerlchen, und so verfielen die Ärzte darauf, mich mit Tranquilizern zu bändigen. Und gerade dieser Umstand zeigte verheerende Folgen: Als ich das Sanatorium verließ, war ich von diesen Mitteln abhängig! Als die Medikamente abgesetzt wurden, rutschte ich in einen tagelangen, waschechten Entzug, den niemand als solchen erkannte; mein Zustand wurde als Spätfolge meiner Krankheit interpretiert.

Mit dreizehn Jahren hatte ich meinen ersten Rausch. Kurz danach begann ich heimlich und exzessiv zu rauchen. Mit neunzehn kam ich erneut mit Tranquilizern in Berührung – und war bereits nach wenigen Wochen abhängig. Mein Leben wankte nun zwischen Flaschen und Tablettenröhrchen, und ich mußte mir immer neue Tricks ersinnen, um an die rezeptpflichtigen Mittel zu gelangen.

Ich suchte mir eine junge Krankenschwester, verführte sie nach allen Regeln der Kunst und ließ mich einige Monate von ihr mit Medikamenten aushalten. Schließlich erkannte sie, daß es mir gar nicht um sie, sondern um die Tabletten ging, und die Beziehung war zu Ende.

Es kam alles, wie es kommen mußte: Ich verlor meinen Job und rutschte immer tiefer ab. Ich stahl wie ein Rabe, um mir Medikamente auf dem Schwarzmarkt besorgen zu können, schließlich klapperte ich alle Arztpraxen der Stadt ab, fälschte Rezepte, bestach Apotheker und beteiligte mich an Apothekeneinbrüchen.

Über Monate hinweg unterhielt ich ein homosexuelles Verhältnis mit einem Apotheker. Ich ließ alles mit mir geschehen, versuchte es als eine Art Job zu betrachten, für den ich mit einigen Klinikpackungen Lexotanil, Mandrax, Vesporax und Captagon entlohnt wurde.

In der Endphase meiner süchtigen Zeit bestand mein Frühstück aus einem halben Liter Jägermeister und zehn Lexotanil.

Am Ende meiner ›aktiven Phase‹ war ich fassungslos, mich

und meine Geschichte überlebt zu haben. Ich benötigte einige Monate, um die zerstörerischen Mechanismen in mir zu begreifen – und zu verändern.
Du siehst, mein Weg zur Abstinenz, mein Weg zu Gott war alles andere als einfach, und ich zweifelte ebenso wie du heute, ob mir vergeben wird und ob ich mir über den Trümmern meines Lebens vergeben kann... Aber ich fand zu mir zurück, und ich fand zu Gott. Und damit war ich seiner und meiner Vergebung sicher. Und so wie mir Gott verzieh, so verzieh ich meinem Vater.«
Ich weiß nicht, wie lange wir schweigen und uns unseren Gedanken hingeben. Schließlich löst René scherzhaft die Stille zwischen uns: »Wenn wir schon so herzhaft über den Zapfen hauen – wir müßten seit drei Stunden im Bett liegen –, dann wollen wir zum Abschluß noch gemeinsam beten.«
Dann dankt er Gott in einfachen Worten für diesen gemeinsamen Abend, für einen neuen Tag ohne Drogen und für das Erlebnis der Nüchternheit.
Während Werner betet, fällt mein Blick in die geöffnete Bibel, die in unserer Mitte liegt, und ich entdecke einen Vers, der mich sogleich ergreift und fasziniert:

Darum, ist jemand in Christus, so ist er eine neue Kreatur; das Alte ist vergangen, siehe, es ist alles neu geworden!
2. Korinther 5,17

Ich spüre, daß diese Botschaft eine Änderung in mir bewirkt. Meine Kapitulation erhält eine neue Qualität. Ich verstehe sie nun nicht mehr als Eingeständnis der passiven Ohnmacht, sondern begreife sie als Ende eines sinnlosen, zersetzenden Kampfes. Ich gebe zu, daß ich gegenüber der Droge Alkohol machtlos bin. Aber diese Machtlosigkeit gibt mir jetzt die Freiheit, mich der Realität zu stellen und mich dabei wieder neu zu entdecken und zu verändern.
Ich gebe es auf, mich zu bemitleiden, zu jammern und zu klagen und den Umständen meines Lebens die Schuld an meiner Sucht zuzuweisen. Dieser Abschied von meinem bisherigen Leben vollzieht sich in jenem Mut, den ich aus den Worten dieser Nacht schöpfe.
Ich fühle mich befreit, so als habe mir Gott die Erlaubnis für ein neues Leben erteilt.

Ich beende diesen widersinnigen, nutzlosen Kampf mit der Droge.
Ich will mich nicht mehr zerstören.
Ich muß nicht mehr beweisen, daß ich die Droge überlisten kann.
Ich kann mein Leben annehmen, ohne mich verteidigen zu müssen.
Ich darf leben, nüchtern und bewußt leben!
Ich möchte dieses Leben annehmen, ohne dagegen kämpfen zu müssen.
Dieses spirituelle Erlebnis im »Raum der Stille« prägt und formt mich in tiefer Weise. Es verändert nachhaltig die bislang eingeschränkte und voreingenommene Betrachtungsweise meiner Lebensumstände, und es löst auch meine kränkelnden Verkrustungen.
Ich schaffe mir Raum und Gelegenheit – meine tägliche stille Zeit –, um frühmorgens beten, meditieren und nachdenken zu können. Noch bevor der Tagesablauf in meinen Alltag greift, rüste ich mich in Gedanken auf die kommenden Ereignisse und Begegnungen – eine Regel, die ich sicher auch in Hamburg beherzigen werde.
Ich spüre, daß ich ein Stück gewachsen bin, ohne daß ich dieses immaterielle Wachstum definieren kann. Ich begreife meinen Aufenthalt nunmehr als exemplarisches Trainingsfeld, um neue Qualitäten in meine Beziehungen zu tragen, aber auch, um die Beziehung zu mir positiv zu verändern.
Mir wird bewußt, daß ich Zeit benötige, um meine Wünsche und Ziele umzusetzen; mit sechs oder acht Wochen ist es nicht getan. J. bittet mich um eine Entscheidung; er läßt mir die Freiheit, mein Entlassungsdatum selbst zu bestimmen. Während eines langen Spaziergangs schwanke ich zunächst zwischen zwei Daten: 26. Juni oder 31. Juli 1991, wobei mit dem letzten Julitag die vorläufige Kostenzusage voll ausgeschöpft wäre. Einerseits reizt es mich, als gereifter Mann möglichst rasch nach Hamburg zurückzukehren, andererseits begreife ich auch die Notwendigkeit, die begonnenen Veränderungen konsequent fortzuführen, damit das Fundament der neuen Abstinenz an Stabilität gewinnt.
Am Ufer meines Moorsees zähle ich meine Therapieziele auf:

Grundsätzlich strebe ich keine Überanpassung an Menschen und Umstände an, aber eine realistische, soziale Anpassung halte ich für wünschenswert.

Ferner:

Weitere Aufarbeitung meines Konfliktes Nähe–Distanz.

Neinsagen lernen.

Vater und Mutter neu kennenlernen und verstehen.

Beziehungen: Abschied nehmen von der Alles-oder-nichts-Mentalität.

Psychosexuelle Revision.

Weitere Reifung; Endziel: Integrität.

Auf dem Rückweg entscheide ich mich für den 31. Juli 1991.

Einzelgespräch: Wir geben uns wie gewohnt die Hand, aber ich sprudele sofort los: »Als ich in Ihr Zimmer kam, war ich fest entschlossen, Sie nicht mit Handschlag zu begrüßen – Sie taten mir sehr weh!«

J. nimmt wortlos Platz, ich stelle mich schweigend ans Fenster und genieße das majestätische Panorama der verschneiten Berggipfel. Ein Tag, perfekt wie eine Ansichtskarte: Eine außergewöhnliche Fernsicht zu den Alpen verzaubert meine Gedanken; der Säntis scheint zum Greifen nah, und plötzlich fühle ich Fernweh und Reiselust in mir aufsteigen.

»Die Kontaktsperre zu Fabian und Jan tat mir sehr weh«, fahre ich fort, ohne mich umzudrehen, »und dieser Schmerz löste etwas aus, was mir nüchtern noch nie widerfuhr: Ich mußte weinen, und ich konnte nichts dagegen tun! Und ich erlebte ein wahres Potpourri an Widerständen und Kämpfen in mir ...«

»Ich gratuliere Ihnen!« entgegnet J. freudig, »Sie erlebten sich zum erstenmal seit langer Zeit wieder ungeschminkt und echt. Was kann Ihnen Besseres widerfahren?«

»Ich wundere mich nur, was da alles in mir ablief«, erwidere ich, »es ist wirklich nicht einfach, die eigenen Gefühle ertragen zu müssen ...«

»Ihre Gefühle sind nicht neu für sie; ich bin sicher, daß Sie das, was Sie in dieser konkreten Situation empfanden, bereits schon viel früher in ähnlichen Konflikten spürten.«

Ich nehme in einem der Sessel Platz und blicke ihm in die Augen.

»Ja, sicher stellten diese Gefühlswirbel keine neue Erfahrung für mich dar – oder vielleicht doch? Ich glaube, daß ich zum erstenmal bewußt über die Ursachen nachdachte. Und ich gab Ihnen auch recht; Sie taten mir weh, indem Sie einen Verzicht von mir forderten, und ich sah ein, daß dieser Verzicht notwendig war. Nur so konnte ich spüren, was es heißt, tatsächlich in meinem Verhalten und in meiner Sucht Entsagung und Mäßigung zu üben.«

»Aber dieser Eingriff in Ihre Entscheidungsfreiheit und die damit verbundenen Gefühle waren Ihnen nicht fremd?«

»Nein, natürlich nicht! Dieses Spektakel der verwundeten Emotionen glich einem alten Aufguß – allerdings mit der Neuerung, jetzt bewußt zu fühlen und die Auslöser suchen zu wollen.«

»Und wieder befanden Sie sich in der Position eines Opfers...«

»Das ist, wenn Sie so wollen, eine meiner Grundpositionen; leider. Aber auch hier bin ich einen guten Schritt vorangekommen.«

In meinem Flur hängt das schlicht gerahmte Hochzeitsbild meiner Eltern. Es ist das einzige Foto meiner Familie, das meine Sucht überdauerte; alle anderen Fotos, die in meiner Kindheit entstanden oder die einen Bezug zu meinen Eltern hatten, verbrannte ich während meiner Zeit in der Heidelberger Wohngemeinschaft – als symbolischen Bruch mit meiner bürgerlichen Vergangenheit.

Bei meiner Spurensicherung in Sachen »Opferrolle« glaube ich, bei diesem ganz normalen Hochzeitsfoto fündig zu werden. Zwar erzählte mir meine Mutter sicher einige Male die Geschichte dieses Fotos, aber ich hatte diese wehmütig-nostalgischen Erläuterungen längst wieder vergessen. Erst jetzt, in der relativ unbefangenen Auseinandersetzung mit meiner Elterngeschichte, tauchen die verschütteten Erinnerungen wieder auf.

Das Hochzeitsfoto entstand 1940, während eines Fronturlaubes meines Vaters. Mutter trägt ein tiefschwarzes Kleid mit einem dezenten, eher angedeuteten Schleier, ihre Gesichtszüge wirken versteinert, so als käme sie eben von einer Beisetzung zurück. Ich erinnere mich jetzt genau daran, wie mir bereits als Kind dieses Bild unheimlich und düster erschien, doch ich kannte lange nicht den Grund für dieses absonderliche Empfinden, bis Mutter schließlich die Hintergründe dieses Fotos aufhellte.

Sie war, als jüngste von drei Mädchen, die Lieblingstochter ihres Vaters, einem schwer zuckerkranken, übergewichtigen und gutmütigen Hotelier. Er verbrachte einige Jahre seines Lebens im Krankenbett, aufopfernd und unermüdlich von Mutter gepflegt. Sie verzichtete auf alle Vergnügungen und saß schließlich, als das Ende absehbar war, mehrere Wochen Tag und Nacht bei ihrem sterbenden Vater.

Großvater starb zwei Tage vor ihrer Hochzeit; das erklärt sowohl die dunkle Kleidung als auch ihre erstarrte Miene im Atelier des Fotografen. Die Hochzeit konnte nicht verschoben werden, sagte Mutter, denn Vater hatte nur drei Tage Urlaub erhalten und mußte an die Front zurück.

Den Brautstrauß warf sie einen Tag später ins offene Grab ihres Vaters.

»Diese Opferhaltung meiner Mutter ist mir nicht unbekannt.« Ich gehe wieder zum Fenster und fixiere erneut die prächtige Alpenkette. »Ich glaube sogar, daß sich diese Gesinnung durch ihr gesamtes Leben zog und entscheidend ihre Ehe prägte. Ich weiß, ich benötigte viel, vielleicht zuviel Zeit, um mich damit auseinanderzusetzen, aber ich sperrte mich bislang immer vor diesen Einsichten und Erkenntnissen.«

»Die Haltung eines Opfers zeichnet sich in der Regel durch Unterwerfung, übertriebene Fügung in scheinbar Unabwendbares aus, vielleicht gemischt mit Passivität und Angst. Welche dieser Eigenschaften machten Sie sich zu eigen?«

»Ich erlebte meine Mutter als übermäßig gute, nachgiebige und stets unentschlossene, zögerliche Frau, die sich in ihrer dienenden, ihre eigenen Bedürfnisse verleugnenden Rolle einerseits wohl zu fühlen schien, andererseits sehr unter ihrem Schattendasein litt. Ich weiß nicht, welche Wesenszüge ich verinnerlichte, aber ich bin sicher, daß meine im Grunde übersteigerten Sehnsüchte nach Anpassung, Harmonie, Beherrschung und Einreihung in ein Gefüge der Unterordnung als Folgen meiner Geschichte betrachtet werden müssen.«

»Helfen Ihnen diese Erkenntnisse, künftig wieder abstinent zu leben?«

»Ja und nein. Das nackte Wissen um die Zusammenhänge bewirkt keine Motivation für ein drogenfreies Leben. Aber diese Zusammenhänge, die sich nun herauskristallisieren, machen es mir möglich, meine Eltern neu und besser zu verstehen, mich und mein Verhalten neu zu interpretieren – und an kritischen Punkten zu ändern.«

»Das bedeutet zunächst ein Eintauchen in die Geschichte Ihrer Eltern, um sie verstehen zu lernen. Der nächste Schritt führt Sie zu Ihrem eigenen Verhalten zurück und zu Ihren Gefühlen, die mit denen Ihrer Eltern unverkennbar verknüpft sind und dies auch bleiben werden.«

»Und ich wünsche mir sehr, daß dem Verständnis für meine Eltern eine Vergebung folgt – keine Aufrechnung, denn die wäre ungerecht und nichts weiter als eine kindische Bilanzierung diverser Lebensumstände, die sich jeder Beeinflussung entzogen...«

»Die kindliche Bilanz sollte jetzt durch ein erwachsenes Fazit abgelöst werden. Sie können das Wissen um sich und auch Ihre Gefühle nun nicht mehr trotzig beiseiteschieben und andere für sich fühlen, leben und entscheiden lassen.«

Ich drehe mich um und spüre, daß er es ehrlich mit mir meint.

»Mein Trotz sitzt sehr tief. Er übernahm im Laufe der Jahre die Funktion einer Festung, einer Trutzburg...«

«...und hielt jedem Versuch einer Reifung, der Invasion durch die Realität und dem Ansturm aller anderen Gefühle stand. Ihr Trotz ist sicher eine Reaktion unter vielen auf Erlebnisse und Gefühle. Jetzt, da Sie beginnen, die Ursachen hierfür zu begreifen, wird dem Trotz seine Grundlage entzogen. Ein falsches Verhalten, das erklärbar wird, verliert seinen Schrecken; denken Sie an die Sucht: Kennen Sie erst einmal die Mechanismen, dann ist es auch möglich, sich angstfrei und erwachsen damit auseinanderzusetzen.«

»In meinem Trotz versuchte ich Sie zu provozieren, indem ich Sie ziemlich ungalant mit meinen Bordellbesuchen und anderen, nicht gerade jugendfreien Episödchen während meines Rückfalls konfrontierte. Ich wollte mich damit nicht brüsten, im Gegenteil, ich mußte eine Schamschwelle überwinden, um darüber sprechen zu können. Vielmehr wollte ich Ihnen eine Reaktion, ein Gefühl, eine Zuwendung entlocken...«

«...und sei es eine negative Zuwendung, denn auch dies ist eine Form der Zuneigung. Vielleicht können Sie jetzt das Verhalten Ihrer Mutter während ihrer Ehe besser verstehen? Und vielleicht finden Sie genau hier auch einen Teil Ihrer Suchtgeschichte wieder.«

»Schockierten Sie meine vulgären Offenbarungen? Veränderte sich Ihre Meinung über mich, nachdem ich Sie gegen Ihren Willen durch meine Intimsphäre stolpern ließ?«

»Ich war zu keinem Zeitpunkt in Ihre Affären verwickelt; dieser Umstand ermöglichte es mir, die geschilderten Amouren recht leidenschaftslos und distanziert zu betrachten. Ich stellte mir die Frage: Was bedeutet mir dieser Hans-Dieter Wallburg? Und ich gelangte zur Überzeugung, daß Ihre in unverblümter Offenheit geschilderten Erlebnisse keinen Einfluß auf unsere Beziehung haben. Ihre Persönlichkeit besteht nicht nur aus Sucht und Sexualität...«

»Ich entsetzte Sie also nicht? Und Sie rümpfen auch nicht die Nase über mich und denken: ›Eigentlich ist dieser Wallburg ja ein Riesenferkel‹?«

»Nein. Wie gesagt, erläuterten sie einige Facetten Ihrer Person, aber längst nicht alle. Da gibt es durchaus welche, die ich sehr positiv empfinde: Sie sind witzig, charmant und redegewandt; es bereitet mir Freude, mich mit Ihnen zu unterhalten. Sie sind ein attraktiver, gebildeter und ehrlicher Mann; auch ich konnte vieles aus unserer Beziehung schöpfen. Und Sie erfuhren, daß wir beide durchaus mit harten Bandagen in den therapeutischen Ring steigen können, ohne daß dadurch unsere Beziehung zu Ende gehen muß. Machen Sie diese Erfahrungen möglichst rasch Ihrem überholten Alles-oder-nichts Prinzip deutlich!«

»Ich erreichte einiges, aber noch nicht alles. Es schmerzt,

an S. zu denken und unseren mißratenen Abschied; ich knabbere wohl noch lange an dieser Beziehung...«
»Drehen Sie den Spieß einmal um und denken Sie daran, was Sie hier alles ohne S. erreichten.«
»Obgleich ich Neuland sehe und vielfältige Veränderungen in mir spüre, falle ich doch noch in meinen alten, überzogenen Egoismus zurück: Unentwegt nervt mich Hinkebein; Thomas' halbintellektuelles Geschwafel läßt mich aggressiv werden! Und zudem möchte ich schneller vorankommen, als dies momentan möglich ist. Ich werde es wohl nie lernen, mich in Geduld zu üben...«
Beim Abschied bringt mich J. zur Tür:
»Ich gratuliere Ihnen nochmals zur inneren Öffnung. Ich freue mich, daß sich etwas in Ihnen bewegt, daß Sie wieder etwas fühlen und darauf reagieren und sogar darüber sprechen können. Ich dachte oft darüber nach, ob Sie die Schmerzen um S. ertragen können – ich hatte und habe den Eindruck, daß Sie es ganz gut können. Ich ließ Sie nicht alleine, auch wenn es manchmal so wirkte: Ich begleitete Sie stumm im Hintergrund, jederzeit bereit, in kritischen Situationen Hilfestellung zu geben. Und noch etwas: Ich spüre, daß Sie gewachsen sind. Ich höre, ohne daß Sie es aussprechen, daß Sie aus Ihrem Rückfall herauswachsen; das freut mich sehr. Ihre Sprache ist einfacher geworden, Sie schnörkeln und schrauben nicht mehr; Ihre Ironie reduziert sich auf ein erträgliches Maß. Sie veränderten sich spürbar und tatsächlich: Ich glaube, heute fand das erste erwachsene Gespräch zwischen uns statt.«

Die letzten Chorproben finden im Festzelt statt, und es kostet einige Wiederholungen, ehe wir uns an die veränderte Akustik gewöhnen. Nach drei Stunden sind wir schließlich davon überzeugt, daß beim großen Fest nichts daneben gehen wird.
Jetzt erscheint es mir geradezu lächerlich, daß ich mich so vehement gegen eine Mitwirkung im Chor gesträubt hatte: Bereits nach der ersten Probe freute ich mich auf die nächste, und ich entdeckte bislang kaum vermutete Fähigkeiten in mir.
Daneben kam es nach den Proben zu zahlreichen, guten Ge-

sprächen, die mich schrittweise, manchmal fast unbemerkt, aus meiner egozentrischen und engsichtigen Denkweise lösten...

Ich bin über mich erstaunt.
Weshalb?
Weil Licht, Wahrheit und Vernunft in mein Leben einziehen.
Weil ich aus meiner Ichsucht heraustrete und mich öffne.
Weil ich plötzlich wieder intensive, freundschaftliche und auch liebevolle Gefühle in mir entdecke, die sich aber deutlich von vergleichbaren Emotionen der Vergangenheit abheben.
Weil ich endlich Ruhe, Ordnung, Zuversicht und Zukunft spüre und erkenne.
Weil meine Gedanken und meine Verhaltensweisen endlich wieder positive und auch (selbst-)kritische Strukturen erkennen lassen.

Es kostet Überwindung und Mut, um in »ungebrochener Freude« eine mehrstündige Arbeitstherapie durchzustehen, ohne schreiend davonzulaufen! Na gut: einmal die Woche Fensterputzen – ich betrachte es als Test: Durchhaltevermögen, Regelmäßigkeit, Gewissenhaftigkeit und auch ein Stück Überwindung, sprich Unterordnung: Versuch einer realistischen Anpassung und damit zugleich die Anerkennung vernünftiger Autorität: eines meiner erstrebenswerten Ziele.

Therapiestufe V: Telefonate sind nun ohne Genehmigung möglich, an Wochenenden erhalte ich bis 21.30 Uhr Ausgang, und ich kann fast täglich auf einen Kaffee in den Ort eilen.

Ich begreife, wie mir der Abend mit René und Werner Erleichterung, Einsicht, Erlösung und eine sanfte, spirituelle Dynamik vermittelte, die ebenso wichtig erscheint wie eine Vergebung ohne Vorbehalte. Denn ich erfahre jetzt einen Akt der inneren Befreiung, den ich vorbehaltloser und in-

tensiver erlebe als alle bisherigen Analysen, Strategien und Rechtfertigungen.
Ich beginne zu verstehen, ja, mit dem Herzen zu fassen, daß jeder Mensch (so auch meine Eltern, Hinkebein oder Thomas) mit seiner Prägung, seinem Lebensdrehbuch leben muß, ohne daß darin auch nur eine Zeile korrigierbar wäre.
Jeder Mensch trägt eine Geschichte auf der Seele und fühlt und handelt nach diesem Skript – so auch meine Eltern.
Hier, jetzt, in dieser Situation, in der Begegnung mit einigen positiven und auch negativen Vaterfiguren, wird mir erstmals bewußt, wie gravierend (im Sinne des Wortes) und wie unmittelbar doch das Lebensdrehbuch der Väter an die Söhne weitergegeben wird...

Ich lasse die ersten Tage und Nächte nochmals an mir vorüberziehen: die ersten verlorenen Gebete, das profunde Erlebnis der väterlich-göttlichen Geborgenheit, mit dieser wohltuenden Erfahrung des Angenommenseins, der Zuversicht und der Vergebung.
Ich versuche, meinen erneuten inneren Aufbau zu betrachten: Ich habe viel getan und schürfe den Kern in mir bloß – dennoch: Es fällt schwer, sehr schwer, Abschied zu nehmen von den »Brandy-Phantasien« in der Ägäis, von der erstarrten Monotonie des alten Verhaltens, von den verschrobenen Gefühlen, die stets in einem Fiasko endeten, und von der Sehnsucht nach einem kurzen Rausch ohne süchtige Konsequenzen. Es fällt der Seele schwer, Abschied zu nehmen, wobei dieser Abschied im Kopf längst klar und überfällig ist.
Fabian meinte bei einem Spaziergang zu mir: »So einen Freund wie dich wünschte ich mir schon lange – und so sehr ich mich auch bemühe, es gelingt mir nicht, dich zu manipulieren. Du bist wirklich verdammt ehrlich geworden...!«

Natürlich wird nun aus dem Hans Wolf kein Schäfchen Hans, aber als langsam ergrauendes, im Grunde seines Wesens gutmütiges Wölfchen könnte ich mich schon mögen...
Beim Frühstück las der Tagesdienst aus meinem zweiten

Buch, dem Gebetbuch »Du, Herr, bist größer...« vor; wenig später klopfte mir Ludwig, ein fünfzigjähriger Feinmechaniker von Daimler-Benz, anerkennend auf die Schulter: »Du schreibst genau so, wie ich fühle...«
Ich wurde weder verlegen noch überheblich, nein, ich spürte eine solide, getragene Stimmung in mir, kräftig und zu mir gehörend – endlich etwas von mir / in mir, mit dem ich mich völlig identifizieren und hinter dem ich vorbehaltlos stehen kann!

In tiefer Freude erinnere ich mich an die erste Umarmung mit René. Sicher ein spontan-ehrliches Ereignis, an das ich lange und gerne zurückdenken werde: eine großartige, liebevolle Geste, die mir spürbar unter die Haut ging.
Fabian bewundert mich – ich weiß nicht, weshalb. Manchmal ist mir danach, ihn an den Ohren zu ziehen, damit er endlich Abschied von seinem unerwachsenen Trip nimmt. Ich bin so etwas wie der große Bruder für ihn geworden; na ja...
Nach einer heftigen Gruppensitzung fahren wir ins Thermalbad. Ich kündige an, daß ich mich zurückziehen möchte; ziehe mich dann auch zurück und genieße drei köstliche, menschenleere Stunden.

Immer häufiger taucht der Wunsch in mir auf, mit Vater ein langes, ehrliches Gespräch zu führen.
Weshalb beschäftigt mich Vater plötzlich so konstruktiv? Wieso geistert neuerdings ein positives Vaterbild durch meine Gedanken, mit dem ich mich nie auseinandersetzte, auseinanderzusetzen wagte?
Ich weiß es nicht. Ich spüre nur, daß ich mit meinen Gedanken an Vater auch meine Beziehung zum »himmlischen Vater« stärke, kräftige und vertiefe.

Langes Gespräch mit René (so einen Freund wünschte *ich* mir immer!); unsere Ehrlichkeit verblüfft mich. Wir suchen, finden und respektieren unsere Grenzen. Zwischen uns entwickelt sich eine ernst zu nehmende Freundschaft, die auch Kritik und Widersprüche zuläßt, ohne dabei Achtung oder Zuneigung einzubüßen.

Indem ich zu René Vertrauen fasse, ihn respektiere und als Freund zu lieben beginne, revidiere ich schrittweise und sorgfältig meine durch die Sucht zerfledderten Konventionen.
Nunmehr dient eine Beziehung nicht mehr als Mittel zum (Selbst-)Zweck, sondern bewegt sich auf einer ehrlich-kritikfähigen Ebene, die dem gegenseitigen Wachstum dient.

Ich verändere mich nicht schlagartig, mit einem monströsen Knall oder im Rahmen eines festlichen Aktes. Es sind die kleinen, alltäglichen, fast unscheinbaren Ereignisse, Begegnungen, Gefühle und Reflexionen, die eine Steinlawine in mir bewegen, fast nebensächlich und unaufdringlich, jedoch in offensichtlicher Beständigkeit.
Ich denke nochmals zurück und versuche den wichtigsten Eindruck in Worte zu fassen: Mir wurde meine Würde zurückgegeben! Auch dies vollzog sich in vielen Kontakten, Worten und Gesten, deren Echtheit und Aufrichtigkeit sich aber letztlich zu einem glanzvollen Gefühl summierten...

Meine Endloskonflikte mit Nähe und Distanz scheinen gebrochen: Ich lerne es tatsächlich, nein zu sagen!
Fabian wollte sich Geld von mir leihen, aber ich lehnte ab – erst nach längerem Zögern zwar, aber immerhin: Ich sagte nein. Fabian hätte das geliehene Geld nur für sinnlosen Kram ausgegeben (so schätze ich ihn zwischenzeitlich ein), und genau dies sagte ich ihm auch.
Wieder blieb die befürchtete, große Katastrophe aus; Fabian akzeptierte meinen Entschluß, und unsere Beziehung funktioniert tadellos. Ich zog eine Grenze, und ich bin sehr froh darüber.
So sehr ich versuche, die bruchstückhafte Geschichte von Hinkebein zu verstehen, es klafft dennoch eine gewaltige Distanz zwischen uns. Er sondert sich beharrlich ab, spricht mit der Gruppe nur das Notwendigste und wirkt niedergeschlagen.
Thomas legt unausgesprochen größten Wert auf Distanz – unsere zufälligen Gespräche auf dem Klinikgelände er-

schöpfen sich im Notwendigsten und erstarren sofort in lupenreiner Höflichkeit; stilvoll vermeiden wir eine offene Auseinandersetzung.
Markus gibt sich introvertiert und unbeholfen; unbeholfen in der Bewältigung alltäglicher Dinge, unsicher und ängstlich im Umgang mit seiner Sucht. Er redet viel, ohne jedoch etwas von sich preiszugeben. Nur seine Rückfallängste bilden ein unerschöpfliches Thema für ihn.

Als ich in einem Einzelgespräch andeute, daß mich Hinkebein manchmal unangenehm an meinen Vater erinnert, entgegnet J. trocken: »Seien Sie dankbar dafür! Nutzen Sie jede Chance, einen Konflikt zu riskieren. Was kann Ihnen Besseres widerfahren, als auf diese Weise mit Ihrem Vater ins reine zu kommen?«
Manchmal muß er mir nur den nötigen Aufwind geben, dann handele ich schon...
»Ich vergesse jene katastrophale Nacht nicht; dieses Vorkommnis, wie Mutter es zu nennen pflegte...«
»Das war sicher ein grobes Erlebnis für Sie, aber bedenken Sie, Sie kennen nur diese Situation, Sie wissen nicht, was davor und was danach geschah. Sie wurden mit einem Ausschnitt konfrontiert. Wir wissen nicht, welche Umstände zu diesem Ereignis führten – denken Sie an Ihr eigenes Verhalten in Ihrer nassen Zeit: Es gibt Momente, in denen Gefühle eskalieren und zu scheinbar unverständlichen Reaktionen führen...«

Beim Jahresfest wird der Chor mit einem stürmischen Applaus belohnt. Die intensiven Proben trugen ihre Früchte, denn jeder Ton saß, und selbst im Detail wurde unser enthusiastischer Schliff hörbar.
Ja, ich bin ein wenig stolz auf mich. Und ich bin auch gerührt – ein gutes Zeichen, daß sich mein Selbstwertgefühl wieder auf ein gesundes Maß einpendelt und die durch die Sucht zerfledderten Konventionen wieder Konturen gewinnen.
Der nachfolgenden Festansprache lausche ich in einem honorigen Gefühl der Ergriffenheit, und ich freue mich darüber, mit jenen zweitausend Menschen verbunden zu sein, die aus diesem feierlichen Anlaß zum Ort ihrer Genesung

zurückgekehrt sind. Ich bin glücklich, mich in dieser großen Familie verstanden und geborgen zu wissen, und ich bin auch dankbar für meine Erfahrungen in der Chorgemeinschaft, die mir zeigen, daß ich – ohne zu murren – durchaus eine Aufgabe annehmen und zu Ende bringen kann.

Am Abend treffe ich Horst und Rüdiger. Obwohl zehn Jahre vergangen sind, erkennen wir uns sofort wieder und nehmen uns herzlich in die Arme. Für einen Moment glaube ich, unser Wiedersehen müßte mir peinlich sein. Wäre ich nicht rückfällig geworden, stünde auch ich jetzt auf der Besucherseite der Sucht.

»Es muß dir wirklich nicht peinlich sein«, versichert mir Horst, »ich finde es großartig, daß du etwas gegen deinen Rückfall unternommen hast, wirklich!«

Und nachdem ich den beiden die Geschichte meines Rückfalles erzählt habe, meint Rüdiger fühlbar betroffen: »Es spricht für dich, daß dein Rückfall erneut hier im Ringgenhof sein Ende fand; es ist nie zu spät, um trocken und nüchtern zu werden. Denken wir auch an die vielen Abhängigen, die keine Chance mehr haben, denen keine Hand mehr gereicht wird. Du bist hierher zurückgekehrt – vielleicht erhält so das Erlebte doch noch seinen Sinn.«

»Gib deine Rückfallerfahrungen weiter«, meint Horst ernst, »ich bin ganz sicher, daß es vielen von uns helfen wird. Ein Rückfall läßt einsam und hoffnungslos werden – sag es den Leuten, daß es dennoch eine nüchterne Zukunft für sie geben kann!«

Rüdiger blieb seinem Vorsatz treu und trank bei jedem Richtfest Mineralwasser; er kehrte an seinen Arbeitsplatz zurück und mußte zunächst einmal fast ein Jahr lang kämpferische Aufklärungsarbeit leisten, ehe seine Kollegen akzeptieren konnten, daß ein erneutes erstes Glas seinen endgültigen Abstieg bedeuten könnte.

»Das war nicht einfach«, resümiert er leidenschaftslos, »ich kehrte in eine Firma zurück, in der mich alle Kollegen als derben, charakterlosen Säufer in Erinnerung hatten, und keiner billigte mir länger als drei Monate Abstinenz zu, ja – es wurden sogar Wetten über den Zeitpunkt meines Rückfalls abgeschlossen!

Aber ich lernte während der Therapie, mich durchzusetzen und endlich nach meinem nüchternen Willen zu leben: Das war mein größter und schönster Erfolg! Alleine hätte ich es nicht geschafft. Ich fand während dieser sechs Monate zu meinem Glauben zurück, und trotz allem, was meine Frau mit mir erleben mußte, blieb sie bei mir, hielt zu mir, vertraute mir und wagte den unsicheren Schritt in eine neue, gemeinsame Zukunft.«

Insgeheim rechnete damals jeder in der Gruppe damit, daß Rüdiger schon bald nach dem Therapieende wieder zur Flasche greifen würde. Wir erlebten seine impulsiven, affektgeladenen Ausbrüche, die sich an lächerlichen Vorkommnissen entzünden konnten; und keiner hatte die Hoffnung, daß es je wieder zu einer Aussöhnung mit seiner Frau kommen würde.

»Ich glaube, erst beim Partnerschaftsseminar sprachen meine Frau und ich erstmals seit Jahren offen und ungezwungen über meine Sucht. Monate später gestand sie mir, daß sie am Tag meiner Abreise zur Therapie einen Termin bei einem Scheidungsanwalt hatte. Aber meine Veränderung, die vielleicht in manchen Phasen der Gruppe verborgen blieb, gab ihr neue Hoffnung, und sie entschloß sich, es nochmals mit mir zu versuchen. Wir schlossen uns nach meiner Entlassung sofort einer Selbsthilfegruppe an, in der wir gerade in den Krisen des neuen Anfangs eine wunderbare und warmherzige Unterstützung fanden.«

Horst mußte einige Hürden nehmen, ehe er mit seiner Vergangenheit abschließen konnte. Seine Frau ließ sich scheiden und erhielt das Sorgerecht für die Kinder; als er entlassen wurde, stand er vor dem Nichts.

»Ich werde nie vergessen, wie sich damals die Gruppe um mich kümmerte, das war ein großartiges Erlebnis für mich; und ich bin heute noch allen Freunden dankbar, daß sie mich davon überzeugten, wie sinnvoll und wichtig es für mich sei, die Therapie zu beenden.

Es dauerte lange, ehe ich die Trennung von meiner Frau und den Kindern überwunden hatte. Auch ich schloß mich sofort einer Gruppe an und wurde dort in vielen kritischen Situationen aufgefangen. Ohne diesen Rückhalt wäre ich mit Sicherheit rückfällig geworden!

Ich heiratete vor drei Jahren wieder. Meine Frau lebt mit mir abstinent und schloß in der Gruppe einige herzliche Freundschaften.
Mein Verhältnis zu Gott, zur höheren Macht, war über viele Jahre hinweg undurchsichtig; jetzt, nach so vielen nassen und nüchternen Jahren, beginnen der Glaube und das Vertrauen in mir zu wachsen. Ich bin seit zehn Jahren nüchtern, und ich begreife, daß dies nicht alleine mein Verdienst ist.«

Ich denke an die Abhängigen, denen man keine Chance mehr zugesteht, und dabei erinnere ich mich unweigerlich an die Viererclique im Hafenkrankenhaus, die mit mir das »Tresenzimmer« teilte.
Heute betrachte ich meinen Krankenhausaufenthalt als glückliche Fügung, die mich sicherlich meinem Ziel, einer erneuten Kapitualtion und Abstinenz, ein beachtliches Stück näherbrachte. Ich ergriff erneut eine Gelegenheit zur Umkehr, die sich vielleicht nie wieder böte.
Wolfram, einundvierzig, Ex-Lehrer, ohne festen Wohnsitz:
»Meine Frau ließ sich vor fünf Jahren scheiden; sie ertrug mein heimliches Trinken und meine Lügen nicht mehr. Danach ging's rasch bergab: Ich verlor meinen Job an einer Privatschule, machte enorme Schulden, verlor schließlich meine Wohnung und bin jetzt seit vier Jahren auf der Rolle*. Ich habe drei Therapieversuche hinter mir und büxte jedesmal aus. Ich habe einfach kein Durchhaltevermögen mehr. Es ist auch sinnlos, ein viertes Mal den Antrag auf eine Therapie zu stellen... Ich bin zur Entgiftung hier, danach stehe ich wieder auf der Straße, allein. Ich weiß heute schon, daß ich dies ohne Korn nicht durchstehen werde. Es ist mir ehrlich gesagt auch völlig gleichgültig...«
Robert, dreiunddreißig, ohne Beruf, ohne festen Wohnsitz:
»Es gibt nicht viel über mich zu berichten. Ich pendele zwi-

* ohne festen Wohnsitz; auf Wanderschaft

schen Knast, Psychiatrie, Ausnüchterungszellen und einem schlichten Sozialbegräbnis. Ich kenne meine Eltern nicht, wuchs im Heim auf, riß aus und ging verschütt. Ich wuchs in Baden-Württemberg auf und habe die klassische Heimkarriere hinter mir: Kinderheim, Adelsheim, Stammheim*. Ich weiß nicht, ob ich Alkoholiker bin; vielleicht bin ich nur ein Säufer, ich weiß es wirklich nicht. Ich erwarte nichts mehr vom Leben. Ende.«

Timo, siebenunddreißig, Ex-Matrose, ohne festen Wohnsitz:

»Ich hatte nie eine Chance. Egal, was ich tat, immer wurde ich ausgenutzt. Ich war verlobt. Meine Verlobte und ich versoffen Hab und Gut; schließlich klaute sie mir noch mein bescheidenes Sparbuch und verschwand. Ich kann aus gesundheitlichen Gründen nicht mehr zur See fahren, Hepatitis und so, und lebe vom Sozialamt. Therapie brauche ich nicht, da ich fest entschlossen bin, mich zu Tode zu saufen. Man läßt mir ja keine andere Wahl.«

Norbert, vierzig, Gelegenheitsarbeiter, ohne festen Wohnsitz:

»Ich weiß eigentlich gar nicht, wie alles anfing. Irgendwann war ich unten, und da bleibe ich auch. Ich mache mir da keine Illusionen. Meine Mutter starb viel zu früh; meinen Vater kenne ich nicht. Und irgendwie ging alles schief in meinem Leben – aber ich möchte nicht sentimental werden, vielen geht es noch dreckiger als mir.

Alkohol? Irgendwann wird mich das Zeug umbringen, das weiß ich, und damit habe ich mich auch abgefunden. Ich habe eine Sechswochentherapie hinter mir, so 'ne Art psychologischer Durchlauferhitzer; brachte aber nichts. Jetzt ist sowieso alles zu spät. Sobald ich wieder draußen bin, knalle ich mich mit Sprit zu; was soll ich sonst tun...?«

Ein heiterer, sommerlicher Sonntag, der mit einem häßlichen Eklat zu Ende geht: Am Schluß einer Radtour, an

* Adelsheim – Jugendgefängnis; Stuttgart-Stammheim – Untersuchungsgefängnis

der sich außer J. und Martin die ganze Gruppe beteiligte, kehren wir in einem schlichten Landgasthaus ein. Markus kauft sich am Tresen einen Eisbecher und nimmt an unserem Tisch Platz. Wenige Minuten später ruft Peter entsetzt: »O Gott, du hast ja ein Tiramisu-Eis erwischt!«
Jäh verstummen die Gespräche am Tisch, alle blicken erschrocken zu Markus.
»Aber ich verlangte doch ausdrücklich ein Eis ohne Alkohol...«, murmelt er verdattert und mustert den halbvollen Eisbecher von allen Seiten, »und die Bedienung versicherte mir ausdrücklich, daß dies ein alkoholfreies Eis sei...« Sein Grinsen wirkt linkisch und hölzern. »Ich verstehe das einfach nicht. Sie kann so etwas doch nicht sagen, wenn es nicht den Tatsachen entspricht...«
»Es war ein Irrtum«, schaltet sich Peter energisch ein, »ein bedauernswerter Irrtum, aber so etwas kann schließlich passieren; davon wirst du nicht rückfällig!«
»Du hättest die Zutatenliste auf der Packung studieren sollen«, meint Werner kühl, »dann hätte es keine Mißverständnisse gegeben.«
»Malagawein, hier steht es deutlich; jetzt sehe ich es auch«, stottert Markus, »... ich kann es einfach nicht begreifen...«
Ungläubig wiegt er den Eisbecher in seinen Händen.
»Tiramisu enthält nun einmal Alkohol«, bemerke ich ärgerlich, »das weiß doch jeder. Dieser Zwischenfall war wirklich unnötig!«
»Richtig«, pflichtet mir Thomas bei, »wirf den Rest einfach weg, und wir vergessen den Vorfall. Es lohnt nicht, weiter darüber zu sprechen, denn es ist wirklich nichts passiert.«
Georg und Werner pflichten ihm nickend bei.
»Wir haben den Irrtum noch rechtzeitig bemerkt, damit wollen wir die Angelegenheit auch gut sein lassen«, meint Peter gereizt. »Du mußt es dir wirklich zur Gewohnheit machen, bei jeder Süßspeise auf versteckten Alkohol zu achten; schließlich geht es um deine Sucht und dein Leben!«
Plötzlich erscheint Markus wie verwandelt. Trotzig stellt er den Becher auf den Tisch zurück, greift zum Löffel und meint: »Ich habe es gekauft, und ich habe es bezahlt, und jetzt esse ich es auch auf! Diese drei Tropfen Äthylalkohol werden mich wahrhaftig nicht ins Grab hieven!«

Ich traue meinen Augen nicht, aber er ißt das Eis tatsächlich zu Ende. Wir sind sprachlos, verärgert, erzürnt und erschrocken.

Wir verdrängen diesen leidigen Zwischenfall und frotzeln über die guten alten Saufzeiten... Galgenhumor.

Dieser Vorfall mobilisiert eine Vielfalt an Ängsten und Aggressionen, verleitet zu vordergründigem Verständnis und trifft uns gleichermaßen an unserer empfindlichsten Stelle: der Angst vor dem Rückfall.

»Ich verstehe es nicht«, sage ich zornig, »ich verstehe dein Verhalten wirklich nicht: Statt deinen Aufenthalt hier als eine echte Chance zu begreifen, verhältst du dich wie ein trotziges, unartiges Kind. Und damit nicht genug: Du schadest dir und deiner Abstinenz, und uns ziehst du in dein affiges Verhalten mit hinein! Was sollen wir tun? Etwa deinen alkoholischen Ausrutscher totschweigen, oder müssen wir jetzt aus Solidarität auch ein Tiramisu-Eis essen?«

»Du übertreibst wirklich«, versucht sich Markus zu wehren. »Ich will nicht bagatellisieren, aber ich möchte auch nicht aus der berühmten Mücke einen Elefanten werden lassen. Das hier war doch alles andre als ein Rückfall, das war ein versehentliches Geplänkel.«

»Ich finde, wir sollten uns jetzt nicht in einen Diskussionsstrudel ziehen lassen«, wiegelt Thomas ab, »du wirst diesen Vorfall dem Therapeuten schildern, danach sehen wir weiter...«

Markus scheint freudlos, aber nicht betroffen; vielleicht ist es das, was mich jetzt an ihm stört. Er gibt sich unbeteiligt und bedripst, so als hätte er versehentlich zur Ketchupflasche statt zum Senftöpfchen gegriffen. Ich bin so aufgewühlt, daß ich jeden Wortwechsel vermeide.

Noch am Abend wird für den nächsten Tag, neun Uhr, eine außerplanmäßige Gruppensitzung mit offenem Ende anberaumt.

Ich fühle mich unwohl, erwache mehrmals in der Nacht und werde von wirren Träumen geplagt. Ich habe wirklich Angst um mich; Angst, erneut und verheerend rückfällig zu werden. Und diese Angst kriecht plötzlich wie ein verpesteter Eishauch in mein neues, trockenes Leben.

Montagmorgen: Markus wirkt betreten, aber nicht bestürzt oder bewegt. Die Gruppe scheint betroffener zu sein als er und versucht mit faulen Witzchen, die aufkeimende Nervosität zu überspielen. Es ist nicht nur die Angst vor einem persönlichen Rückfall, die uns ironisch und gereizt werden läßt, vielmehr empfinden wir Markus als deplazierten Störenfried, der leichtfertig die mühsam erarbeitete Harmonie der Gruppe lädierte. Dabei stört nicht so sehr die Tatsache seines blöden Rückfalls, sondern die zwingende und lästige Auseinandersetzung hierüber. Die Gruppe war bis gestern ein klarer, ruhiger Teich, bei dem man bis auf den Grund sehen konnte und in dem Markus nun achtlos Schlick aufwirbelte.

Ich bin ganz sicher, daß diese exemplarische Gruppensitzung zahlreiche Gefühle wecken und uns merklich verändern wird.

Markus: »Ich möchte gleich in medias res gehen; es wird wohl das beste sein. Ich habe gestern einen Fehler begangen, und ich möchte auch dafür einstehen, wenngleich ich meine ...«

Martin: »Ich war gestern nicht dabei, dennoch zunächst eine grundsätzliche Frage an dich: Bist du nun rückfällig geworden oder nicht?«

Thomas: »Das ist doch keine Frage! Natürlich ist er nicht rückfällig geworden. Er wurde das Opfer eines Irrtums, mehr nicht ...«

Peter: »Vielleicht kann Markus ja die Fragen, die an ihn gerichtet sind, selbst beantworten ... Im übrigen wurde er rückfällig, daran kann kein Zweifel bestehen.«

Thomas: »Bevor wir dramatisieren, sollten wir klären, was wir unter einem Rückfall verstehen wollen ...«

Ich: »Entscheidend ist nicht der neuerliche, wenn auch nur geringfügige Alkoholgenuß, sondern Markus' Verhalten dabei und danach. Das sind die Umstände, die mir bei dieser Affäre gravierend ins Auge stechen.«

Markus: »Einigen wir uns vielleicht auf ›Rückfällchen‹, das trifft den Kern der Sache, und überdies hatte ich nicht den Vorsatz, wieder Alkohol zu trinken ...«

Ich: »Es gibt ebensowenig ein Rückfällchen, wie es ein Schwangerschäftchen geben kann. Wir können nur zwischen Abstinenz und Rückfall unterscheiden, jede Verniedlichung oder Verharmlosung führt in eine falsche Richtung. Im übrigen würde ich an deiner Stelle wirklich nicht bagatellisieren, schließlich steht die Fortdauer deiner Therapie auf dem Spiel...«

Martin: »Ich meine, daß du dich gestern falsch verhalten hast. Du hättest unbedingt auf die Zusammensetzung des Eises achten müssen, ehe du es kaufst, aber ich bin dagegen, daß du wegen dieser Geschichte die Therapie beenden solltest...«

Therapeut: »Das ist eine andere Sache, denn über eine disziplinarische Entlassung entscheidet das Team. Wir sollten uns darauf beschränken, die Hintergründe dieses Rückfalles aufzuhellen.«

Markus: »Sie meinen also auch, daß es ein Rückfall war, ein Rückfall mit Haut und Haaren?«

Therapeut: »Jede andere Bezeichnung Ihres Verhaltens wäre falsch!«

Thomas: »Entschuldigen Sie, wenn ich Sie unterbreche...«

Martin: »Eigenartig, bei Ihnen entschuldigt er sich, aber mir fällt er seit Wochen ins Wort – und ich rede wirklich nicht viel –, ohne auch nur einmal an eine Entschuldigung zu denken. Du bist einfach ungezogen!«

Georg: »Selbsternannte Co-Therapeuten nehmen eben keine Rücksicht auf das Fußvolk; zwanghafte Abstinenz verdirbt den Charakter!«

Thomas: »Ich wollte Ihnen sagen, daß ich mit dem Terminus Rückfall nicht einverstanden bin...«

Ich: »Das macht uns alle zutiefst betroffen und interessiert uns zugleich nicht im geringsten. Vielleicht sollte jetzt Markus endlich das Tor zur Sachlichkeit aufstoßen und Farbe bekennen...«

Therapeut: »Ich finde es wichtig, daß schon im Vorfelde dieser Rückfalldiskussion die Widerstände der Gruppe sichtbar werden...«

Ich: »Das ist unbestritten. Aber ebenso wichtig erscheint mir, daß wir dieses therapeutisch sicherlich wertvolle Vorfeld schleunigst verlassen, um uns nicht in monotonen Worthülsen zu verhaspeln.«

Thomas: »Wir sind so eine fabelhafte Gruppe, und wir haben so vieles erreicht – klären wir dieses Problem also bitte sachlich. Ich sage es nochmals: Markus wurde nicht rückfällig, denn es fehlt ein wichtiges, ja, typisches Merkmal: der Vorsatz!«
Ich: »Lieber Freund, die Formel Friede, Freude, Eierkuchen greift nicht mehr. Markus wurde rückfällig – vielleicht aus Unachtsamkeit oder Dummheit; dies ändert nichts, absolut nichts an den Fakten...«
Markus: »Wenn alle der Meinung sind, dann bin ich eben rückfällig geworden...«
Therapeut: »Es geht hier nicht um Meinungen, sondern um Ihre Sucht. Ich habe den Eindruck, Sie spielen im Moment damit.«
Markus: »Ich hatte wirklich nicht die Absicht, rückfällig zu werden. Mein Gott, das wäre doch auch unlogisch: Ich bin ja hier, weil ich draußen Angst vor einem Rückfall hatte! Ja, ich stand in Gedanken kurz vor einem Rückfall, deshalb kehrte ich auch hierher zurück...«
Georg: »Du hast gedankenlos gehandelt, leichtsinnig und unverantwortlich. Diese Mißachtung der primitivsten Abstinenzgesetze kann dich einmal das Leben kosten...«
Thomas: »Immerhin ist er seit drei Jahren trocken. Wir wollen keinen Stab brechen.«
Therapeut: »Es geht hier doch zunächst einmal um den kritischen Umgang mit sich selbst. Und da frage ich Sie, Markus, wie kritisch oder unkritisch Sie gestern Ihrer Sucht gegenüberstanden.«
Markus: »Ich lebe seit drei Jahren abstinent, und ich kann mir nichts Schlimmeres vorstellen als einen Rückfall. Ich will nicht rückfällig werden, dazu mußte ich viel zu sehr um meine Nüchternheit kämpfen... Ich habe wirklich viel gelitten in meiner nassen Zeit; wirklich. Und ich will das nicht für einen neuen Rausch riskieren... Ich vertraute einfach darauf, daß die Angaben der Bedienung der Wahrheit entsprechen. Sie nahm das Eis aus der Kühltruhe, gab es mir und sagte: Da ist kein Alkohol drin. Ich habe mich wirklich voll und ganz darauf verlassen, daß in meinem Eis kein Alkohol ist...«
Georg: »Es ist doch bekannt, daß diese Bedienung selbst

gerne einen pichelt – wie kannst du nur so naiv sein, deine Abstinenz in die Hände einer angesäuselten Kellnerin zu legen?«

Markus: »Ich weiß nicht, was gestern mit mir los war... Es funktionierte doch alles so tadellos gut in den vergangenen drei Jahren...«

Therapeut: »Hatten Sie in dieser Zeit Ihre Abstinenz selbst in der Hand, oder vertrauten Sie darauf, daß Ihnen schon irgendwer sagen wird, was Sie trinken und essen dürfen und was nicht?«

Markus: »Ja und nein; das heißt – eigentlich war ich immer froh darüber, wenn mir jemand mit Rat und Tat zur Seite stand...«

Peter: »War es tatsächlich nur Rat und Tat, oder war es Führung oder gar Bevormundung, die Vertuschung der eigenen Unfähigkeit, lebenswichtige Entscheidungen zu treffen, und dazu gehört die Abstinenz nun mal?«

Werner: »Ich glaube, du hast dich dein ganzes Leben lang hinter jemandem versteckt, immer in der kindlich-naiven Hoffnung, daß schon irgendwie die richtige Entscheidung für und über dich getroffen wird.«

Markus: »Ich weiß es nicht; vielleicht will ich es auch gar nicht wissen. Ja, womöglich drücke ich mich vor diesem Eingeständnis, aber...«

Ich: »Aber... Es gibt kein Aber. Es darf kein Aber geben. Du drückst dich davor, deinen Rückfall einzugestehen, du drückst dich davor, dir dein eigenes Leben in all seiner Konsequenz einzugestehen, und du billigst dir nicht das Recht zu, Entscheidungen für dein Leben zu treffen. Wohin soll dieser irrige Weg führen?«

Markus: »Es mag sein, daß ich aus einem Trotz heraus rückfällig wurde. Okay – nennen wir dieses Ereignis am Sonntag ruhig einen Rückfall... Aber ich habe keine Erklärung dafür... und ich bin wirklich nicht absichtlich rückfällig geworden, das stimmt tatsächlich, auch wenn es vielleicht schwer zu verstehen ist... Weshalb nahm mir niemand den Eisbecher weg?«

Georg: »Glaubst du denn im Ernst, daß dies nach deiner Zeit hier jemand für dich tun wird? Was interessiert es die Welt, ob du Alkohol zu dir nimmst oder nicht?«

Peter: »Wen muß es denn interessieren, wenn es dich selbst nicht zu interessieren scheint?«
Markus: »Ich spürte bei meinem Rückfall denselben Trotz, der mich mein Leben lang daran hinderte, nach meiner Vernunft und zu meinem Besten zu handeln. Versteht ihr: Ich kann einfach nichts dafür! Ich bin unschuldig an meinem Rückfall... Was soll ich nur tun?«
Thomas: »Endlich erwachsen werden; endlich!«
Markus: »Wenn du wüßtest, wie schwierig das ist...«
Ich: »Ich glaube, da haben wir alle unsere Schwierigkeiten mit, aber der Aufenthalt hier bietet eine ideale Chance, das Versäumte nachzuholen!«
Werner: »Ja, gleichgültig, wie schwer ein Schicksal ist: Jetzt und hier gilt es, die Weichen für ein suchtfreies Leben zu stellen...«
Thomas: »Viele fürchten sich vor diesem Leben, weil es auf den ersten Blick hart und unbequem erscheint und keine lohnenswerten Perspektiven bietet.«
Georg: »Es gab Tage und Nächte in meinem Leben, da war nichts mehr da, was einen nächsten Tag gerechtfertigt hätte. Jede Stunde, jedes Erwachen, jeder Atemzug, jeder Gedanke an die Sucht wurde zur erbarmungslosen Qual. Erst während meiner Therapie fand ich wieder zum Leben und zu einem Sinn zurück, langsam, behutsam, Schritt für Schritt. Und ich mußte erwachsen, reif und konsequent werden – sonst hätte ich nicht weiterleben können...«
Markus: »Ich wurde nicht zum Erwachsensein erzogen. Ich glaube manchmal, meine Eltern, insbesondere meine Mutter, wünschten sich ein ewiges Kind, das sie verhätscheln, umsorgen und bevormunden konnten. Diese infantile Linie zieht sich durch mein ganzes Leben... Meine Mutter liebte mich auf eine absonderliche, abgöttische Art, mein Vater hingegen war ein sehr strenger, unnahbarer, tyrannischer und doch sehr labiler Mensch. Mein Vater...«
Martin: »Mein Vater, mein Vater! Ich habe hier soviel über Väter gehört, soviel Schlechtes gehört; mein Gott! Ich kann das einfach nicht mehr hören!«
Ich: »Viele von uns, vielleicht sogar alle, knabbern ein Leben lang an der Diskrepanz zwischen dem Wunschvater und dem tatsächlichen Vater.«

Markus: »Ja, es stimmt: Ich bin aus purem Trotz rückfällig geworden. Ich verhielt mich genau so wie in meiner Kindheit, wie in meinem ganzen Leben; und vielleicht wünschte ich mir sogar dieses Tribunal hier, vielleicht möchte ich bestraft werden – ich weiß es wirklich nicht. Ich fühle nur den Trotz in mir, diesen hartnäckigen Lebenskameraden, der mich irgendwann einmal das Leben kosten wird ... Gestern war es *nur* ein Eis, morgen schon kann es ein Schnaps, ein Bier, eine Flasche Cognac sein ... Ich bin gescheitert, kläglich gescheitert. Und: wirklich – als ich das Eis aß, mußte ich an meine Kindheit und an meinen Vater denken, und ich fühlte jenen Trotz in mir, mit dem ich mir immer selbst schadete, aber mit dem ich auch gleichzeitig meinen Vater zur Verzweiflung treiben konnte ...«
Martin: »Ich wäre froh gewesen, überhaupt einen Vater zu haben! Ich wurde herumgereicht, weitergereicht, weitergegeben von Pflegeeltern zu Pflegeeltern wie ein Stück Vieh! Ich erfuhr nie, was es heißt, einen Vater zu haben, und ich wünschte ihn mir doch so sehr. Ja, ich hätte ihn geliebt, auch wenn es ein schlechter Vater gewesen wäre. Aber so hatte ich keinen Vater, noch nicht einmal einen, den ich vielleicht ablehnen oder hassen konnte ...«
Thomas: »Mein Vater starb früh; viel zu früh. Ich bin selbst Vater eines inzwischen erwachsenen Sohnes. Und ich habe heute mehr denn je das Gefühl, versagt zu haben. Meine Frau ließ sich kurz vor meiner Therapie scheiden und zog mit meinem Sohn ins Ausland. Es ist fraglich, ob ich die beiden jemals wiedersehen werde. Ich glaube, sie möchten mich nicht mehr sehen; die Sucht warf zuviel zwischen uns auf.

Ich komme nicht darüber hinweg. Ich werde das Gefühl nicht los, jämmerlich versagt zu haben, meinen Sohn in einer wichtigen Lebensphase alleine gelassen zu haben; die Sucht erschien mir weitaus wichtiger als meine Familie. Mein Sohn wuchs ohne Vater auf – sein Vater durchlebte die Nächte seiner Kindheit und Jugend in drittklassigen Bordellen und Kneipen. Es tut weh, am Ende einer Suchtkarriere allein, gottverlassen und einsam zu sein. Und ich frage mich: War ich denn so schlecht, daß mich meine eigene Familie im Stich lassen mußte? Ist das der Preis, den die Sucht von mir fordert? Und ich frage mich auch: Wie wird mein Sohn mit seinem vorgeschädigten, schmerzhaften und diffusen Vaterbild leben können? Ich fühle ständig diesen Schmerz des Versagens in mir, und ich habe Angst – Angst, irgendwann endgültig und unwiderruflich zu versagen...«

Martin: »Ich habe Angst, große Angst vor einem Rückfall. Ich habe Angst zu leben und Angst zu sterben, obgleich ich mich manchmal sehr nach dem Tod sehne. Ich glaube, mein Leben ist gelaufen, vorbei, zu Ende. Nichts kann mich mehr fröhlich machen, niemand ist da, der mir einen Weg weist, einen Sinn gibt und der mir in manchen Momenten die Hand reicht. Ich war ein lustiger, ein lebenslustiger, fröhlicher, aber kein oberflächlicher Mensch, bis – bis zu jenem Tag, an dem mir mein Bein amputiert wurde. Danach ging es stetig bergab. Trinken und alles vergessen. Alles.

Ich bin ein elender Krüppel; ich wurde aus heiterem Himmel innerhalb von Sekunden aus einem ganz normalen Leben herausgerissen...

Ich fühle mich nur noch als Krüppel, und je mehr ich in diese widerliche Rolle hineinwachse, um so mehr werde ich ein Krüppel, körperlich und seelisch.

Ich lebe seit zwei Jahren mit einer nassen Alkoholikerin zusammen. Ihre Sucht brachte mich an meine Grenzen. Ich hoffe, daß sie demnächst eine Therapie antritt, sonst ertrage ich ihr Leiden nicht mehr.

Ihr werdet euch über mein einsiedlerisches Verhalten gewundert haben, aber meine Angst und meine Schmerzen sitzen so tief, daß ich sie nur allein ertragen kann... Ich weiß, es ist schwer zu verstehen – versucht es wenigstens...«

Ich: »Ich bin froh, daß sich Martin und Thomas endlich öffneten und offenbarten. Vieles von dem, was mir vor dieser Gruppensitzung noch unverständlich, ja, feindselig erschien, wurde nun begreifbar. Ich weiß, daß Markus' Rückfall in uns allen Ängste auslöste, und ich bin sehr dankbar dafür, daß diese Ängste auch dazu führten, daß wir uns alle hier ein wenig preisgegeben haben. Wir sind miteinander ein Wagnis eingegangen, und wir haben unser altes, suchtgefärbtes Verhalten durchbrochen. Ich wünsche uns sehr, daß wir auch nach dieser Therapie, außerhalb dieser Gruppe, den Mut finden, ehrlich zu sein, Wagnisse einzugehen und zum richtigen Zeitpunkt ja oder nein sagen zu können. Wir dürfen uns nicht in uns vergraben, wir dürfen uns nicht hinter unseren vermeintlichen Schwächen und eingefahrenen Suchtgewohnheiten verstecken. Wir müssen uns, wenn es erforderlich ist, querlegen, vorpreschen, ehrlich sein, zu uns selbst stehen. Wir müssen Persönlichkeit kultivieren und manchmal auch unbequem sein, aber gerade das ist es doch, was unser abstinentes Leben sinnvoll und lebenswert erscheinen lassen wird. Wir dürfen nicht mehr wie einst am Tresen kuschen, nuscheln und immer mit dem Kopf nikken. Wir müssen uns wehren, gegen die Sucht, gegen uns selbst, gegen unsere Vergangenheit und gegen die Oberflächlichkeit, mit der man uns hier und da begegnen wird. Wir müssen uns schmerzhaft eine erwachsene Persönlichkeit erkämpfen, und wir werden vielleicht bei vielen Menschen damit anecken, aber das ist gut für uns, denn: Nur tote Fische schwimmen mit dem Strom!«

Zum Abschied nimmt mich J. lange in die Arme.
»Verzeihen Sie mir, wenn ich manchmal hart, sehr hart zu Ihnen war«, sagt er leise. »Ich stellte mir oft die Frage: Ist es richtig, was du machst? Gehst du nicht zu hart mit ihm ins Gericht? Aber Ihre Entwicklung zeigte mir, daß wir den richtigen Weg eingeschlagen hatten. Ich konnte und wollte Ihnen diesen unbequemen, konfliktträchtigen Weg zu sich selbst nicht ersparen. Sie fanden zu sich, Sie erkennen neue Perspektiven, Sie können und dürfen ehrlich zu sich sein. Der Preis hierfür waren Schmerzen, Ängste und Tränen. Wenn Sie sich jetzt auf diesem neuen Fundament sinnvolle, nüchterne Jahre schenken, dann war unsere Arbeit nicht umsonst. Ich danke Ihnen, denn auch ich empfand Trauer, Wut und Angst, aber auch Zuneigung, Vertrauen und Wärme. Ich habe an Ihrer Seite lernen dürfen, dafür danke ich Ihnen . . .«
»Ich danke Ihnen. Ich danke Ihnen sehr«, erwidere ich, »wir benötigten viel Zeit, ehe meine Widerstände brachen. Ich bin nicht gegangen, nicht geflohen wie so oft zuvor. Ich ertrug mein nacktes Ich – das ist eine Erfahrung, die mich zutiefst berührte und die mir den Weg bereitet für ein aufrich-

tiges und kritisches, aber auch freudiges und dankbares Leben.«

»Und denken Sie daran«, gibt er mir mit auf den Weg, »hören Sie nicht auf, das emotionale Brachland in Ihnen zu kultivieren, Tag für Tag aufs neue! Denken Sie weniger über sich und Ihre Sucht nach, nehmen Sie sich nicht so wichtig: Fühlen Sie, und handeln Sie danach! Und wenn Sie noch eine völlig neue Erfahrung machen möchten, dann gebe ich Ihnen einen Tip: Sie lernten sich und Ihren Vater hier völlig neu kennen und vielleicht sogar lieben. Sie können von dem, was war, nicht eine Sekunde ungeschehen machen, aber Sie lernen, mit dem Erlebten in Frieden zu leben. Sagen Sie das Ihrem Vater. Sagen Sie ihm, daß Sie ihm verzeihen. Sie erlebten Vergebung und können vergeben. Sie erfuhren Verständnis und können verstehen. Sie erfuhren Liebe und können lieben. Ja: Schreiben Sie Ihrem verstorbenen Vater, der immer in Ihnen weiterleben wird, einen Brief zum Abschied!«

Vergebung ist das Abnehmen einer Bürde,
das Löschen einer Schuld.
Vergebung bedeutet Aussöhnung.
Wer nicht vergeben kann,
der kann auch nicht lieben.

Martin Luther King

Lieber Vater,

noch vor wenigen Monaten haftete mir ein öffentlicher Makel an: Ich war ein nasser Alkoholiker, ein verkommenes, mißratenes und lichtscheues Subjekt, und so mancher meiner Tresenkumpel sah mich bereits im Grab. Menschen, die mich einst Freund nannten, stahlen sich nun naserümpfend aus meinem abstoßenden Leben davon. Und selbst der Mensch, der mir so oft sagte »Ich liebe dich; ich werde immer bei dir bleiben, komme, was da wolle«, stieß mich von sich, ja verließ mich, ohne mit der Wimper zu zucken, ohne mein weiteres Schicksal zu berücksichtigen, ohne mir eine allerletzte Chance einzuräumen. Meine Krankheit wurde sichtbar, fühlbar und damit unübersehbar. Sie verlor so ihren privaten, intimen Charakter. Ich konnte sie nicht mehr verbergen, vielleicht wollte ich auch nicht mehr. Plötzlich dominierte mein Makel, überragte alle übrigen Merkmale meiner Persönlichkeit, und ich wurde nur noch als Makel wahrgenommen.
Ich litt sehr unter diesen vermeintlichen Ungerechtigkeiten, unter den zynischen Zurückweisungen und dem Sturz in die Kälte der Einsamkeit. Ich war verbittert. Ich war wütend, und ich klagte an: Weshalb machte sich niemand Gedanken über meine Krankheit, weshalb versuchte niemand, mein zerstörerisches Verhalten zu verstehen? Weshalb vergaßen plötzlich alle Menschen die guten, schönen und gönnerhaften Zeiten mit mir? Ich verzweifelte und schwor mir, es all jenen heimzuzahlen, die mich so schändlich von sich gestoßen hatten.
Vier Monate sind vergangen; eine lange und intensive Zeit.

Vier Monate sind nichts, doch für mich, am Endes des Lebens angelangt, bedeuteten sie alles. Ich vergab und versuchte zu verstehen. Ich verurteilte nicht mehr. Ich klagte nicht mehr an. Ich suchte die Veränderung – nicht bei den Menschen, die von mir gingen, sondern in den unbequemen, schmerzhaften und versteckten Facetten meines Lebens.
Ich erfuhr in meiner nassen Zeit eine ungeheuerliche Palette menschlicher Schwächen und Laster; sowohl bei anderen Menschen als auch in mir selbst. Ich habe verziehen, und ich hoffe, daß man mir verzeihen wird. Ich klage nicht mehr, denn es gibt nichts mehr zu klagen. Das Geschehene ist unwiderruflich; ich kann nicht mein Leben ausmerzen, um danach ein neues zu beginnen. Ich suche nicht mehr nach Schuld, um danach – ebenfalls naserümpfend – meiner Geschichte, meinen Eltern, meinen Schwächen und meiner Persönlichkeit den Rücken zu kehren. Es bedarf keiner Schuldigen mehr, um mein Leben zu leben: Ich lebe mit meiner Schuld, mit meinen Schwächen und Stärken, mit meinen Entscheidungen, Erinnerungen und Hoffnungen. Ich zerre meine Vergangenheit nicht mehr herbei, um damit die Gegenwart und die Zukunft zu rechtfertigen: Ich akzeptiere meine Geschichte, und ich verzeihe mir auch; nur so kann ich mich selbst aus den Verstrickungen der Vergangenheit lösen.
Ich schreibe Dir dies, weil ich glaube, daß Dir durch mich ein ähnliches Schicksal widerfuhr, wie es mir zuteil wurde: Auch ich stahl mich naserümpfend aus Deinem Leben, ohne Dir jemals die Chance einer Erklärung oder Rehabilitation zu geben.
Dein Makel war es, mein Vater zu sein.
Ich schob Dich beiseite, so wie man mich wegschob. Ich verdammte Dich, so wie man mich verdammte. Ich verachtete Dich, so wie man mich verachtete. Ich entfernte mich von Dir, ohne mich im geringsten um Dein Schicksal und Deine Geschichte zu kümmern. Du warst böse und schlecht. Du warst tyrannisch und unberechenbar. Du warst nicht gut. Du warst kein Vorbild für mich; ich wollte Dich nicht meinen Vater nennen. Heute erst, lieber Vater, wird mir bewußt, wie sehr Du unter meiner Ablehnung, unter meiner unbeeindruckten Zurückweisung gelitten haben mußt. Heute bin ich an einem Platz in meinem Leben angelangt, an dem ich sagen

kann und sagen möchte: Vater, es tut mir leid. Ich habe Dich zutiefst verletzt, und ich bitte Dich um Verzeihung.
Ich wollte nicht wahrhaben, daß auch Du eine bewegte, ja grausame Geschichte Dein eigen nennst. Erst jetzt, hier, bei meiner inneren Spurensuche, wurde mir deutlich, mit welcher Katastrophe Du bis zu Deinem Tode leben mußtest: 1911 geboren, mußtest Du mit 28 Jahren in den Krieg ... Du kamst als gebrochener Mann 1946 zurück. Dir widerfuhr etwas Entsetzliches, etwas unvorstellbar Grausames, das sich meiner kühnsten Vorstellung entzieht. Fünf Jahre Krieg, fünf Jahre Todesangst, fünf Jahre Ängste, sinnlose Befehle und Kanonenfutter eines menschenverachtenden Regimes. Du erzähltest viel davon, manchmal zuviel. In meiner Jugend verachtete ich Dich, begann ich Dich und Deinen Krieg zu hassen, konnte nicht begreifen, wie Du überhaupt in diesen Krieg ziehen konntest. Heute frage ich mich: Hattest Du denn eine Wahl? Natürlich – aber die Alternative hätte aus einem Todesurteil bestanden. Es ist so einfach, über die Geschichte und insbesondere über die Geschichte eines Menschen zu urteilen, aber: Wie hätte ich mich damals verhalten? Hätte ich das Exekutionskommando vorgezogen? Ich glaube, auch ich hätte die Uniform angezogen.
In meiner Kindheit und Jugend lernte ich einige Deiner Kriegskameraden kennen, und es gab Momente in meinem jungen Leben, in denen ich stolz auf Dich war, obwohl ich es nicht sein durfte, denn es paßte nicht in die Zeit.
Ich erfuhr, daß Du nie Mitglied der NSDAP warst und daß Du deshalb sehr große Schwierigkeiten hattest. Aber Du wurdest Dir und Deinem Gewissen nicht untreu: Das beeindruckte mich zutiefst! Ich erfuhr auch, daß Du, damals Hauptmann, unmittelbar vor dem Ende des Krieges einen Befehl verweigertest und damit ein sinnloses Blutbad verhindertest. Man verurteilte Dich zum Tode; das Urteil konnte nicht vollstreckt werden, da Du in Gefangenschaft gerietest. Du wurdest erst zwanzig Jahre danach rehabilitiert; ich weiß, wie sehr Dich diese zwanzig Jahre demütigten.
Und ich weiß auch, wie sehr es Dich demütigte, als Dir in der Gefangenschaft ein US-Soldat gewaltsam den Ehering abstreifte und dabei fast den Finger abriß.
Vater, ich machte mir nie die Mühe, die Spuren zu sichten, die

dieser Krieg in Dir hinterließ. Und ich beklage mich darüber, daß sich niemand bemühte, die Spuren meiner Krankheit zu sichten...

Ich habe Dein Schicksal ignoriert; ich nahm Deine Gefühle, Deine Vergangenheit und deren Auswirkungen auf Dein Verhalten einfach nicht zur Kenntnis. Wenn ich mit Dir reden mußte, tat ich es meistens über Mutter. Irgendwann gabst Du auf, und ich erlebte Dich sprachlos. Ich errichtete eine Mauer zwischen uns – und wünschte mir doch so oft, ich könnte sie niederreißen. Vater, ich war ungerecht; verzeih mir.

Ich begreife, daß ich mich lange, viel zu lange Deinem Leben verschloß. Es war so einfach, Schuld und Versagen auf Dich abzuwälzen, Dir meine Sucht in die Schuhe zu schieben und nichts dagegen zu unternehmen. Deine vermeintliche Unfähigkeit, mir Ideal und Führer zu sein, erwies sich als willkommener Vorwand, mir mit der Flasche ein Stück meines Lebens zu rauben.

Ich urteilte und verurteilte, ohne nach irgendwelchen Hintergründen zu fragen. Ich verdammte den Augenblick und weigerte mich zugleich, dessen Geschichte zu erfassen. Ich wies zurück, ohne den Versuch einer Nähe. Ich schäme mich dafür.

Ich möchte Frieden schließen und bitte Dich, mir die Hand zu reichen. Laß uns einander vergeben, laß mich zu Dir zurückkehren, laß uns wieder Vater und Sohn sein. Ich möchte nicht mehr ein Sohn sein, der seinen Vater verlor; ich möchte mich nicht mehr alleine fühlen.

In diesen vier Monaten kehrte so viel Gutes über Dich in meine Erinnerung zurück, daß ich zunächst darüber erschrak, denn ich wollte es nicht wahrhaben; ich fürchtete mich davor, Dich plötzlich zu lieben.

Heute mag ich sie, diese Kleinigkeiten meiner Erinnerung: Unsere Waldspaziergänge, bei denen ich die Bäume und Pflanzen kennenlernte... Die Herbsttage, an denen ich Dich zur Jagd begleiten durfte und mich auf einen gefüllten Fasan oder einen Hasenbraten freute... Deine Ermahnungen, ich möge in der Wahl meiner Freunde wachsam und vorsichtig sein... Deine tiefe Lebenserfahrung, Dein Wissen, Dein Charakter und Deine Bildung: Ich habe viel erfahren, viel gelernt. Ich bewundere noch heute Deine Aufrichtigkeit und

Deine Zuverlässigkeit, Dein logisches, präzises Denken und Deinen unverrückbaren Sinn für Gerechtigkeit.
Vater, ich akzeptiere Dich heute so, wie ich akzeptiert werden möchte: Ein Mensch mit positiven, aber auch negativen Seiten. Und ich bin sicher, daß wir beide noch keinen Menschen in unser Leben einbezogen, der nur positive Seiten aufzuweisen hatte.
Vater, morgen kehre ich zurück; zurück in ein Leben, das ich in meiner Entscheidung zur Abstinenz alleine leben muß.
Ich weiß, daß ich nunmehr für das nächste erste Glas weder einen Menschen noch eine Situation oder meine Geschichte verantwortlich machen kann. Ich erfuhr zuviel über mich, als daß ich mich jetzt in dieser erstrangigen Frage meines Lebens noch belügen könnte.
Ich weiß, daß ich meine Abstinenz, mein Überleben, weder in die Hände anderer Menschen noch in die Widrigkeiten meiner Vergangenheit legen darf. Ich kann und möchte mich meinen Entscheidungen nicht mehr entziehen. Ich weigere mich, erneut die Droge Alkohol und die Droge Kindheit über mein nüchternes Leben entscheiden zu lassen.
Vater, ein wenig Angst verspüre ich schon. Alles, was ich hier lernte, muß sich nun bewähren. Ich muß mich und meine Gefühle ertragen, davor drückte ich mich stets. Ich kehre zurück in eine Gesellschaft, die mir zuliebe sicher nicht auf Alkohol verzichten wird. Ich kehre zurück an den vorläufigen Schlußpunkt meiner jüngsten Geschichte, von der nichts blieb als zerstörte Beziehungen, desillusionierte Träume und verlogene Gefühle. Ich kehre demütig, aber nicht gebrochen zurück. Durch meine Demut wird es mir möglich, mich leiten zu lassen, mich Gott anzuvertrauen, mich führen und lieben zu lassen. Und diese Demut macht es mir auch möglich, endlich einzugestehen, daß ein Glas Alkohol stärker ist als jedes Denken und Wollen in mir.
Die Sucht verkörpert den Grenzpfahl meines Lebens.
Jede Grenzverletzung endet unweigerlich im Rausch der Zerstörung.
Es ist für mich unmöglich, mein Trinken in Grenzen zu halten.
Das erste Glas endet in grenzenlosem Leid – für mich und andere.

Jede Lüge zerschellt an dieser endgültigen Grenze der Sucht: Tod.
Meine Lebensgrenze endet beim letzten Gedanken vor dem ersten Glas.
Ich akzeptiere das.
Vater, mein Rückfall ist zu Ende. Was vor fast vier Jahren begann, führte mich auf einen Weg, der schließlich in der Rückkehr zu mir selbst endete. Ich begreife, daß diese Lebensphase zum Wichtigsten zählt, was ich erfahren konnte.
Ich bin dankbar dafür.
Vater, ich liebe Dich.
Mein Rückfall ist zu Ende.

Ein Ende.
Ein Anfang.

Quellenvermerke:

Zitate entnommen aus:

Reiner Kunze, Sensible Wege, Reinbek 1976
Antoine de Saint-Exupéry, La citadelle, Paris 1948
Martin Luther King jr., Kraft zum Lieben, Konstanz 1983
Samuel Beckett, Murphy, Frankfurt/M. 1961
Albert Schweitzer, Kultur und Ethik, München 1967
Thomas Randall, Falle Alkohol, Frankfurt/M. 1984